인간관계론

How to Win Friends and Influence People

인간 관계론

Dale
Carnegie

How to Win
Friends
and
Influence
People

인간관계의 영원한
바이블

데일 카네기
송보라 옮김

월북

이 책 따위는 읽을 필요 없는
나의 소중한 친구 호머 크로이에게
이 책을 바칩니다.

추천의 글

　내가 유일하게 사무실에 걸어두는 것은 대학교 졸업장이 아니라 데일 카네기 코스 졸업장이다. 대학에서는 복잡한 내용들을 배우지만, 삶에서 정말 중요한 것은 다른 사람이 당신의 생각과 아이디어를 따르게 하는 능력이다. 당신이 영업 사원이라면, 사람들이 당신의 말을 따르기를 원할 것이다. 당신이 회사의 리더라면 직원들이 당신을 따르기를 원할 것이다. 무엇을 하든 사람과의 관계는 매우 중요하며, 이것은 개선할 수 있는 것이다. 이것이 내가 스물한 살 카네기의 가르침에서 배운 것이다. 내 인생을 바꾸었으며, 내 성공에 가장 큰 영향을 미쳤다.

워런 버핏

질리언 조 시걸 Gillian Zoe Segal**과** *Getting There: A Book of Mentor* **인터뷰 중**

인간관계를 위한 책이자,
나를 자유롭게 하는 기술이 담긴 책.

드로우앤드류_『**럭키 드로우**』**저자**

살아가면서 가장 좋은 것도 인간이고 힘든 것도 인간이다. 심리학자라고 어디 예외겠는가. 그런데 이 인간관계에서 가장 중요한 것은 무엇일까? 이를 얄팍한 기술로 둔갑시켜 가르쳐주는 듯한 사람과 책은 무수히 많다. 하지만 이런 것들을 아무리 공부해봐도 결국 '실천'할 수 없다. 왜일까? 두 가지 이유 때문이다. 첫째, 인간의 근본적 욕망의 구조에 대한 이해가 뒤따르지 않았기 때문이다. 둘째, 타인을 향한 내 말과 행동의 진정성이 얼마나 중요한가를 간과하고 있기 때문이다. 인간이 가장 열렬하게 바라는 것이 무엇인지에 기초해 진정성 있는 말과 행동으로 관계와 대화에 접근하는 것은 기본 중의 기본이다. 문제는 이 기본을 우리가 너무나도 가볍게 여긴다는 것이다. 그래서 지금까지도 수많은 심리학자들이 데일 카네기의 『인간관계론』을 언급한다. 그 기본을 가장 충실하게 알려주는 걸작이기 때문이다. 우리가 앞으로도 오랜 세월 동안 이 고전을 읽어야 하는 이유다.

김경일_인지심리학자

차례

❖

❖

누구도 알려주지 않았던
인간관계에 대한 기술을 알려준 사람

1935년 1월의 어느 밤, 추운 날씨에도 불구하고 2500여 명의 사람이 뉴욕 펜실베이니아 호텔 연회장에 모여들었다. 7시 30분이 되자 모든 좌석이 찼으나 8시까지도 열정적인 청중들은 계속해서 몰려들었다. 널찍한 발코니까지 사람들이 들어차서 입석도 찾기 힘들 정도였다. 종일 업무에 시달렸을 수많은 사람이 그날 밤 한 시간 반 동안 서서 보려 한 건 대체 무엇이었을까?

패션쇼? 경륜 대회? 아니면 유명 영화배우? 전혀 아니다. 사람들은 신문광고를 보고 모여들었다. 이들은 이틀 전《뉴욕 선》에 실린 전면 광고를 보았다.

효과적으로 말하는 법을 알려드립니다.
리더가 되기 위해 준비하세요.

너무 구식이라고? 그렇다. 그러나 믿을 수 없겠지만 지구상 가장 세련된 도시에서, 시민의 20퍼센트가 정부의 구호를 받던 불경기에, 2500명이 그 광고를 보고 호텔로 모여들었다. 이들은 주로 임원, 고용주, 전문직 종사자 같은 상위 경제 계층에 속한 사람으로, 데일 카네기 연구소가 주최한 '비즈니스에서 효과적으로 말하고 상대의 마음을 움직이는 법'이라는 매우 현대적이고 실용적인 수업을 들으러 온 것이었다. 그 많은 사람이 그곳에 모인 이유는 무엇일까? 불황 때문에 배우고 싶은 갈증이 갑자기 더 커진 걸까?

그건 아니었다. 지난 24년간 뉴욕시에서 같은 수업이 열릴 때마다 수많은 사람이 찾아왔기 때문이다. 그동안 데일 카네기는 1만 5000명이 넘는 비즈니스 종사자들에게 교육을 제공해왔다. 웨스팅하우스 일렉트릭, 맥그로힐 출판사, 브루클린 유니언가스, 브루클린 상공회의소, 미국 전기기술자협회, 뉴욕전화회사 같은 보수적이고 깐깐한 대형 조직도 임직원을 위해 회사에서 이 교육을 진행했다.

학교를 졸업한 지 10년, 20년이 지난 사람들이 이 강연을 들으러 왔다는 것은 우리 교육 시스템의 놀라운 허점을 확연히 보여준다. 이들이 진정 배우고 싶은 것은 무엇일까? 중요한 질문이다. 이 답을 찾기 위해 시카고대학교, 미국 성인교육협회, YMCA 연합은 2년에 걸쳐 조사를 진행했다.

조사에 따르면 성인의 가장 주된 관심사는 건강이었고, 두 번째는 인간관계 기술을 향상하는 법이었다. 사람들과 잘 지내고 다른 이의 마음을 움직이는 방법을 배우고 싶어 한 것이다. 대중 강연가가 되고 싶은 것도, 거창한 심리학 이론을 듣고 싶은 것도 아니었다. 그들이 원하는 건 직장, 사회생활, 가정에서 바로 적용할 수 있는 팁이었다. 성인들이 원하는 건 바로 이런 것이었다. 결과를 확인한 조사 담당자들은 이렇게 말했다. "좋습니다. 사람들이 원하는 게 그런 거라면 제공해보죠."

하지만 조사자들이 아무리 교재를 찾아도 일상에서 마주하는 인간관계 문제에 도움을 줄 만한 실용서는 존재하지 않았다. 이렇게 난처할 수가! 그 오랜 시간 보통 성인이라면 콧방귀도 뀌지 않을 그리스어와 라틴어, 고등수학에 관한 서적은 수없이 나왔으면서 가장 절실히 알고 싶어 하고 도움이 필요한 주제에 관한 책은 하나도 없다니!

이것이 바로 신문광고를 보고 2500명의 간절한 성인들이 펜실베이니아 호텔에 모인 이유다. 마침내 찾아 헤매던 답을 발견한 것이다. 이들은 학창 시절에 지식만으로 경제적, 직업적 성공을 쉽게 얻을 수 있을 거라는 믿음을 가지고 책을 들이팠지만, 몇 년간 거칠고 험난한 직장 생활을 경험하고 나니 그 환상은 산산조각 나버렸다. 가장 성공을 거둔 이들이 지식 외에도 말을 잘하고, 자신과 자신의 생각을 매력적으로 표현하며, 사람을 설득하는 능력을 지녔다는 걸 깨달은 것이다. 리더가 되고 비즈니스를 이끌기 위해서는 라틴어 지식이나 하버드대 졸업장보다 성격과 말하는 능력이 많은 영향을 준다는 사실도 발견했다.

《뉴욕 선》에 실린 광고는 이 강연이 매우 즐거울 것임을 보장했다. 실제로도 그랬다. 이미 강좌를 수료한 열여덟 명이 확성기 앞에 섰고, 그중 열다섯 명은 각자 1분 15초 동안 자신의 이야기를 발표할 수 있었다. 1분 15초가 지나면 '탕' 하는 망치 소리가 들리며 사회자가 "끝! 다음 분 말씀해주세요!"라고 외쳤다. 관중들은 한 시간 반 동안이나 서서 들판을 달려가는 들소 떼 같은 속도로 진행되는 강연을 지켜보았다.

연사들의 배경은 다양했다. 몇 명은 영업 사원이었고 체인점 임원, 제빵사, 무역협회 사장, 은행원 두 명, 보험 대리인, 회계사, 치과의사, 건축가도 있었다. 심지어는 인디애나폴리스에서 뉴욕까지 수업을 들으러 온 약사와 중요한 3분 스피치를 준비하기 위해 아바나에서 건너온 변호사도 있었다.

첫 번째 연사는 패트릭 J. 오헤어라는 게일어 이름을 지닌 사람이었다. 오헤어는 아일랜드에서 태어나 4년 정도만 학교에 다닌 후 미국으로 넘어와 정비공으로, 나중에는 운전기사로 일했다. 그러나 마흔에 접어들며 부양가족도 늘고 더 많은 돈이 필요해 트럭 판매 일을 시작했다. 하지만 정작 뿌리 깊은 열등감 때문에 용기가 나지 않아 고객의 사무실 앞을 수십 번이나 왔다 갔다 했다. 그는 다시 정비공으로 일해야 하나 고민할 정도로 의기소침해진 상태였다. 그러던 와중에 데일 카네기의 수업에 초대 편지를 받은 것이다. 오헤어는 참석하고 싶지 않았다. 대학교를 졸업한 많은 이와 함께하는 것이 두려웠기 때문이다. 자신은 어울리지 않는 자리 같았다. 하지만 아내는 꼭 가야 한다고 주장했다. "패트릭, 도움이 될 거예요. 당신에게 꼭 필요한 수업이에요." 오헤어는 수업이 열리는 근처에서 5분간 망설이다 겨우 용기를 내 들어갔다.

다른 사람 앞에서 말해야 했던 처음 몇 번은 두려움에 어지러울 지경이었다. 그러나 몇 주가 흐른 뒤에는 대중 앞에서 말하는 것이 무섭지 않았고, 오히려 그 상황을 즐기기 시작했다. 청중이 많을수록 더 즐거웠다. 사람과 상사를 대하는 두려움도 사라졌다. 자기 생각을 표현할 수 있게 된 오헤어는 곧 판매 팀으로 승진했고, 회사에서도 존중받고 인기 많은 직원이 되었다. 패트릭 오헤어는 펜실베이니아 호텔에 모인 2500명의 청중 앞에 서서 자신의 성과를 유쾌하고 즐겁게 들려주었다. 청중들 사이에서도 웃음이 터져 나왔다. 전문 강연자도 그런 반응을 얻기란 쉽지 않은데 말이다.

다음 연사인 고드프리 마이어는 열한 명의 자녀를 둔 머리가 희끗희끗한 은행원이었다. 수업에서 처음 발표해야 했을 때, 마이어는 말 그대로 말문이 막혔다. 머릿속이 하얘졌다. 그의 이야기는 말을 잘하는 사람이 리더의 자리에 오르기가 얼마나 유리한지 생생히 보여준다. 마이어는 월스트리트에서 일하며 25년간 뉴저지주 클리프턴에서 살았다. 그러나 지역사회 일에는 적극적으로 참여하지 않았고 500명 정도의 사람을 알고 지냈다.

그렇게 카네기 수업을 들은 지 얼마 되지 않은 어느 날, 세금 고지서를 받은 그는 부당한 금액을 보고 분노했다. 보통 때 같으면 집에 앉아 씩씩대거나 이웃에게 불평을 토로했겠지만 그날 밤에는 모자를 쓰고 주민 회의가 열리는 곳에 갔다. 그리고 그곳에서 공개적으로 분노를 표출했다.

마이어의 열변을 들은 클리프턴 주민들은 마을 의회에 출마해보라며 강력히 권했고, 그는 몇 주간 여러 회의를 다니며 시의 예산 낭비와 사치를 비판했다. 그리고 마이어는 총 96명의 후보 중 가장 많은 표를 받았다. 순식간에 4만 명이 사는 지역사회의 유명 인사가 된 것이다. 연설 덕분에 지난 25년간 알던 사람보다 80배나 더 많은 사람을 6주 만에 사귈 수 있었다. 게다가 의원 연봉을 생각하면 카네기 수업을 듣는 데 투자한 수강료의 1000퍼센트를 돌려받은 셈이다.

세 번째 연사는 전국식품제조협회의 대표였다. 그는 과거 이사회 회의에서 자기 생각을 발언하기가 매우 어려웠다고 털어놓았다. 하지만 카네기 수업에서 순발력 있게 말하는 법을 배운 후, 두 가지 놀라운 일이 일어났다. 바로 협회의 대표가 된 것과 그 일을 맡으며 미국 전역에 걸쳐 열리는 여러 회의에서 연설을 했다는 것이다. 그가 말한 내용은 AP통신에 보도되고 전국지와 업계지에 실렸다.

효과적으로 말하는 법을 배운 지 2년 만에 원래는 25만 달러를 들여야 했던 회사와 제품 홍보를 무상으로 더 많이 할 수 있었다. 예전에는 맨해튼의 중역들에게 전화를 걸어 점심에 초대하기가 망설여졌지만, 말하는 능력 덕분에 대표가 된 이후에는 오히려 이들이 먼저 전화를 걸어와 시간을 뺏어 죄송하지만 점심을 함께할 수 있는지 물어보았다.

말하는 능력은 특별한 사람이 되는 지름길이다. 그 사람을 돋보이게 하고, 군중 속에서도 자신감이 넘치도록 만들어주기 때문이다. 설득력 있게 말하는 이는 그가 가진 능력보다 더 많은 공을 인정받을 때가 많다.

성인교육의 새로운 물결이 전국을 휩쓸었고, 그 강력한 중심에 데일 카네기가 있다. 그는 이 세상 누구보다 성인의 말을 많이 듣고 평가한 사람이다. 리플리 엔터테인먼트의 '믿거나 말거나 시리즈' 만화에 따르면 카네기는 총 15만 건의 연설을 듣고 비평했다고 한다. 이 숫자가 놀랍지 않다면 콜럼버스가 미국을 발견한 이래로 매일 하나씩 연설을 비평한 셈이라는 걸 기억하자. 다르게 표현하자면 카네기 앞에서 말한 모든 이가 3분만 이야기하고 바로 다음 사람으로 넘어갔다 해도 모든 이야기를 듣는 데 꼬박 10개월이 걸렸다는 의미다. 카네기의 경력은 매우 대조적인 일로 가득하고, 독창적인 생각과 열정이 불탈 때 한 사람이 어떤 것을 성취할 수 있는지를 생생히 보여준다.

철도에서 16킬로미터 떨어진 미주리주 농장에서 태어난 그는 열두 살이 될 때까지 전차를 본 적도 없었지만, 마흔여섯 살쯤에는 홍콩에서부터 노르웨이의 함메르페스트까지 지구촌 구석구석을 누볐다. 남극과 버드 제독의 리틀아메리카 탐험 기지까지의 거리보다 더 가깝게 북극에 다가간 적도 있을 정도다.

한때는 시간당 5센트를 받으며 딸기를 따고 우엉을 자르던 이 미주리 청년은 많은 보수를 받고 대기업 임원에게 자기표현 기술을 가르치는 훈련가가 되었다. 한때는 사우스다코타주 서부에서 소와 송아지를 이끌고 울타리를 치던 이 카우보이는 훗날 런던으로 건너가 왕실의 후원을 받으며 대대적인 강연회를 열었다. 한때는 대중 앞에서 말할 때마다 실패를 거듭하던 이 청년, 데일 카네기는 훗날 내 개인 매니저가 되었다. 그의 훈련이 내 성공에도 많은 도움을 주었다.

카네기는 젊은 시절 고군분투하며 교육을 받았다. 미주리주 북서부에 있던 그의 낡은 농장에는 수시로 불운이 닥쳤기 때문이다. 102강은 해마다 범람해 옥수수 농사를 망치고 건초를 휩쓸어갔다. 돼지들은 계절마다 콜레라로 죽어갔고 소와 노새 가격은 끝도 없이 떨어졌다. 거기에다 은행은 집을 압류하겠다고 협박하기까지 했다. 일련의 일들에 지친 카네기 가족은 농장을 팔고 미주리주 워런즈버그 사범대학 근처에 있는 다른 농장을 샀다. 하루에 1달러만 내면 시내에 하숙집을 구할 수 있었지만 카네기는 그럴 여유가 없었기에 농장에서 5킬로미터 거리의 대학교까지 매일 말을 타고 다녔다. 집에 오면 젖소의 젖을 짜고 나무를 자르고 돼지에게 먹이를 주었다. 그러고는 눈이 침침해지고 졸려 꾸벅거릴 때까지 석유등 아래에서 라틴어를 공부했다.

자정에 잠이 들 때도 새벽 3시에 일어나도록 알람을 맞추었다. 아버지가 혈통 있는 두록저지 돼지를 키웠는데, 추운 밤에는 새끼 돼지가 얼어 죽을 수도 있었기 때문에 바구니에 넣어 포대 자루를 덮은 후 부엌 난로 근처에 두었다. 돼지들은 본성대로 새벽 3시가 되면 따뜻한 식사를 원했고, 알람이 울리면 카네기는 침대에서 나와 바구니 안의 새끼들을 어미 돼지에게 데려갔다. 그리고 젖을 먹을 때까지 기다린 후 다시 따뜻한 부엌 난롯가에 놓았다.

사범대학에는 600여 명의 학생이 있었고, 카네기는 마을에 하숙집을 구할 여력이 없어 다른 곳에 사는 여섯 명 중 한 명이었다. 카네기는 농장까지 말을 타고 돌아가 매일 밤 소젖을 짜야 하는 가난이 싫었다. 너무 작은 코트도, 너무 짧은 바지도 부끄러웠다. 열등감에 사로잡힌 그는 자신이 돋보일 수 있는 방법이 무엇일지 고민했다. 그리고 곧 학교 내에 영향력과 명성을 누리는 특정 그룹이 있다는 걸 발견했다. 바로 미식축구와 야구 선수 그룹, 토론과 말하기 대회 우승자들이었다.

스스로 운동에 재능이 없다는 걸 안 카네기는 말하기 대회에서 우승하자고 결심했다. 그리고 몇 달에 걸쳐 연설을 준비했다. 말을 타고 학교에 오가는 길에도, 젖을 짜면서도 연습을 거듭했다. 헛간에 건초더미를 쌓은 후에 엄청난 열정과 몸짓으로 그날의 문제에 대해 연설하며 비둘기를 놀라게 하기도 했다. 그러나 열과 성을 다해도 패배를 거듭했다. 감수성이 예민하고 자존심이 강했던 열여덟 살의 카네기는 너무 의기소침해져 자살까지 생각할 정도였다. 그런데 어느 날부터 갑자기 대회에서 우승을 거두기 시작했다. 그것도 한 대회가 아니라 대학에서 열리는 모든 말하기 대회에서 말이다. 그러자 다른 학생들이 찾아와 방법을 알려달라 했고, 카네기의 도움 아래 그들 역시 대회에서 수상했다.

대학을 졸업한 후 카네기는 네브래스카주 서부와 와이오밍주 동부 사이 모래언덕에 있는 목장 주인들을 대상으로 통신교육 프로그램을 판매했다. 에너지와 열정을 쏟아부어도 결과는 보잘것없었다. 하루는 너무 절망에 빠져 얼라이언스의 호텔 방에 들어가 침대에 누워 울었다. 다시 대학에 돌아가고 싶고 가혹한 인생의 전투에서 벗어나고 싶었지만 그럴 수 없었다. 그래서 그는 오마하에 가 다른 직업을 구하기로 결심했다.

기차표를 살 돈도 없었던 카네기는 화물차에 실린 여러 야생마에게 먹이와 물을 주는 것으로 통행료를 대신했다. 오마하 남쪽에 자리 잡은 후에는 아머앤드컴퍼니에 취직해 베이컨, 비누, 돼지기름을 팔기 시작했다. 그는 사우스다코타주 서부의 불모지, 목장, 원주민 마을을 찾아다녔다. 화물열차, 합승 마차, 말을 타고 이동했고 잠은 모슬린 천으로 겨우 칸막이를 친 여관에서 해결했다.

동시에 카네기는 영업에 관한 책을 읽고, 야생마를 타고, 원주민들과 포커를 치며 돈 버는 법을 배웠다. 예를 들어 한 가게 주인이 주문한 베이컨과 햄 값을 내지 못하면, 그 가게에서 신발을 여러 켤레 가져와 철도원에게 팔고 아머앤드컴퍼니에 수령액을 전달하는 식으로 말이다. 화물차에 몸을 싣고 하루에 160킬로미터를 다닌 적도 많았다. 열차가 화물을 내리기 위해 멈추면 마을로 달려가 상인 서너 명을 만나 주문을 받고 호루라기 소리가 들리면 곧장 다시 달려가 움직이는 열차에 올라탔다.

카네기는 25위 정도의 매출을 기록하던 영양가 없는 구역을 맡은 지 2년 만에 오마하 남쪽에서 뻗어나오는 29개 구역 중 일등을 차지했다. 아머앤드컴퍼니에서는 "불가능한 것을 해냈다"라며 그에게 승진을 제안했다. 그러나 카네기는 승진을 거절하고 사표를 낸 뒤 뉴욕으로 건너갔다. 그는 미국 극예술아카데미에서 공부한 뒤 〈서커스단의 폴리Polly of the Circus〉에서 하틀리 박사 역을 맡아 전국을 돌며 연기했다. 그러나 자신이 명배우가 될 수 없다는 걸 깨닫고는 다시 영업직으로 돌아가 패커드 자동차 회사에서 차와 트럭을 팔기 시작했다.

카네기는 기계에 대해 잘 몰랐고 관심도 없었다. 지독한 불행을 느끼며 일하기 싫은 몸을 매일같이 이끌어야 했다. 카네기는 공부할 시간을 원했고 대학 시절부터 꿈꿔온 책 집필을 하고 싶었다. 그래서 회사를 나왔다. 낮에는 짧은 이야기와 소설을 쓰고 저녁에는 야간학교에서 학생들을 가르치며 생활할 작정이었다.

카네기는 과거 대학 생활을 돌이켜보며 무엇을 가르칠 수 있을지 고민했고 말하는 법을 훈련한 것이 그 어떤 대학 수업보다 자신감, 용기, 침착함, 대인관계 기술을 갖추는 데 도움이 되었다는 생각이 들었다. 그래서 뉴욕 YMCA 학교를 찾아가 비즈니스 종사자를 대상으로 한 말하기 수업을 진행하고 싶다고 제안했다.

세상에 비즈니스 종사자를 연설가로 만든다니, 말도 안 되는 제안이었다. YMCA 사람들은 잘 알았다. 이미 그런 수업을 열어본 적도 있지만 모두 실패했다. YMCA 쪽은 수업당 2달러의 보수를 줄 수 없다고 거절했지만, 카네기는 이익의 일정 비율을 가져가는 수수료 방식을 이용해 돈을 받는 것으로 합의를 봤다. 어디까지나 이익이 발생한다는 전제하에 말이다. 그리고 3년도 되지 않아 YMCA는 카네기에게 수업당 30달러의 보수를 지급하게 된다.

수업은 점점 확장되었고 소문은 다른 YMCA 회원들과 여러 도시에도 퍼져나갔다. 카네기는 곧 뉴욕, 필라델피아, 볼티모어, 나중에는 런던과 파리까지 순회하는 유명 강연자로 거듭났다. 그러나 교재가 비즈니스 종사자들에게는 너무 학문적이고 실용적이지 못했기에 카네기는 직접 책을 만들었다. 『성공대화론』이라는 제목의 이 책은 모든 YMCA와 미국 은행가협회, 전국신용조사원협회의 공식 교재가 되었다.

데일 카네기는 사람이 분개했을 때 말을 잘한다고 했다. 마을에서 가장 무지한 사람이라도 때려서 넘어뜨리면 벌떡 일어나 세계적인 연설가 윌리엄 제닝스 브라이언의 전성기 시절에 버금갈 정도로 열변을 토하는 법이라고 말이다. 그리고 누구든지 자기 안에 타오르는 생각과 자신감만 있다면 대중에게 호소력 있게 연설할 수 있다고 주장했다.

카네기는 자신감을 높이려면 두려운 일을 성공적으로 해내는 경험을 쌓아야 한다고 말했다. 그래서 매 수업마다 수강생들이 발표하게끔 이끌었다. 같은 처지인 다른 수강생들은 이야기에 잘 공감해주었다. 결국 이들은 지속적인 연습 끝에 용기와 자신감과 열정을 키우며 실생활에서도 제대로 말하는 법을 적용할 수 있었다.

카네기는 자신이 말하는 법을 가르치며 돈을 벌었다고 생각하지 않았다. 그건 부수적인 일이었고, 사실 진정한 역할은 두려움을 극복하고 용기를 가지게 돕는 것이었다. 처음에는 말하기 방법에 관한 수업만 진행했다. 하지만 수강생의 대다수는 비즈니스 종사자이자 30년 만에 교실을 다시 밟은 사람들이었고, 할부로 수강료를 내는 이도 많았다. 그들은 곧바로 비즈니스 인터뷰나 그룹 발표에서 응용할 수 있는 빠른 결과를 원했다.

그래서 카네기는 신속하고 실용적인 방안을 고민했고, 결과적으로 대중 연설과 영업 기술, 인간관계와 응용심리학을 결합한 독특한 훈련 시스템을 개발했다. 규칙에 얽매이지 않았던 그는 생생하면서도 재밌는 수업 과정을 만들었다. 전체 과정이 끝나면 졸업생들은 저들끼리 모임을 만들어 이후에도 격주로 만났다. 필라델피아의 한 그룹은 17년 동안 수강생 열아홉 명이 겨울마다 한 달에 두 번씩 모였다. 수업을 듣기 위해 80킬로미터, 아니 160킬로미터를 날아오는 수강생도 흔했다. 한 수강생은 수업을 들으러 매주 시카고에서 뉴욕까지 오기도 했다. 하버드대학교 윌리엄 제임스 교수는 보통 사람들이 잠재된 정신 능력의 10퍼센트만을 계발한다고 말했다. 데일 카네기는 비즈니스 종사자들이 각자의 숨겨진 가능성을 계발하도록 도우며 성인교육에서 가장 의미 있는 반향을 일으켰다.

1936년
로웰 토머스*

---

*   Lowell Thomas, 1892~1981, 미국 작가, 뉴스 진행자, 여행가. '아라비아의 로렌스'를 알린 것으로 유명하다.

이 책을 어떻게, 왜 쓰게 되었나

20세기에 들어 처음 35년간 미국 출판업계는 20만 종이 넘는 다양한 책을 출간했다. 하지만 대부분은 정말 지루했고, 많은 책이 상업적으로도 실패했다. '많은'이라는 표현이 적절할까? 75년간 출판업계에 몸담은 세계적인 대형 출판사 대표는 여덟 권 중 일곱 권은 적자라고 내게 고백했다. 그럼에도 나는 지금 왜 또 다른 책을 쓰는 무모한 행동을 할까? 그리고 왜 여러분은 이 책을 읽어야 할까? 둘 다 타당한 질문이다. 이제 그 답을 해보려 한다.

1912년 이래로 나는 뉴욕에서 비즈니스 종사자들에게 수업을 진행해왔다. 처음에는 그저 성인을 대상으로 한 말하기 수업이었다. 대중 앞에서나 면접에서 순발력 있게 생각하고, 이를 명료하고 효과적이며 침착하게 표현하는 방법을 실제로 훈련하는 교육이었다. 그러나 점차 시간이 흐르며 효과적인 말하기 교육만큼이나 절실히 필요한 게 있음을 깨달았다. 이들은 매일 직장과 사회에서 만나는 사람들과 잘 지내는 기술을 알고 싶어 했다.

생각해보면 나 역시 그런 훈련이 절대적으로 필요했다. 내가 그동안 얼마나 인간관계에 대한 이해와 기술이 부족했는지 돌이켜볼수록 경악스러웠다. 이런 책이 20년 전 나에게 있었다면 얼마나 좋았을까! 그랬다면 정말 축복이었을 것이다.

인간관계는 가장 어려운 문제일 수 있다. 특히 비즈니스 업계에 종사한다면 더욱 그렇겠지만 주부나 건축가, 엔지니어라도 마찬가지다. 몇 년 전 카네기 교육발전재단의 후원 아래 진행한 한 조사를 통해 정말 중요하고도 의미 있는 사실을 발견했다. 바로 엔지니어링 같은 기술 분야에서도 개인의 경제적 성공에 기술 지식이 차지하는 비율은 15퍼센트에 불과하며, 나머지 85퍼센트는 성격과 다른 사람을 이끄는 휴먼 엔지니어링 능력에 달려 있다는 것이다. 이 결과는 추후 카네기 공과대학에서 진행한 추가 조사에서도 동일하게 나왔다.

수년간 나는 필라델피아 엔지니어 클럽과 미국 전기기술자협회의 뉴욕 지부 회원들을 대상으로 강연을 진행했다. 대략 1500명이 넘는 엔지니어가 내 수업을 들은 셈이다. 그들이 내게 찾아온 이유는 무엇이었을까? 오랫동안 업계에 몸담고 지켜본 끝에, 최고 소득자가 꼭 가장 많은 전문 지식을 보유한 이가 아닐 때가 많다는 사실을 깨달았기 때문이다. 엔지니어링, 회계, 건축을 비롯해 그 어떤 전문 분야든 관련 지식 소유자는 평균 수준의 급여로 채용할 수 있다. 그러나 전문 지식에 더불어 생각을 표현하는 능력, 리더십 역량, 직원의 열정을 이끄는 능력을 갖춘 사람은 더 높은 소득을 얻기 마련이다.

석유 사업가 존 D. 록펠러는 전성기 시절에 이런 말을 했다. "사람을 다루는 능력은 설탕과 커피처럼 구입할 수 있는 상품과 같다. 그리고 나는 이 세상 어떤 것보다 그런 능력에 돈을 더 지급할 의향이 있다." 그렇다면 이 땅의 모든 대학이 그런 비싼 능력을 계발하는 수업을 마련했을 것이라는 생각이 들지 않는 가? 그런데도 내가 글을 쓰는 이 시점까지 성인을 위해 이런 실용적인 상식을 가르치는 과정은 대학에서 단 한 과목도 찾기 힘들다.

시카고대학교와 YMCA 연합은 성인을 대상으로 무엇을 배우고 싶은지 묻는 조사를 실시했다. 2년 동안 2만 5000달러가 투입된 조사였다. 마지막 조사는 전형적인 미국 마을로 꼽히는 코네티컷주의 메리든에서 진행되었다. 메리든에 사는 모든 성인이 인터뷰에 참여해 156개의 질문에 답했다. 직업, 교육 수준, 여가 생활, 소득, 취미, 열망, 고민거리, 가장 배우고 싶은 주제에 관한 질문들이었다. 이 조사에서 밝혀진 성인의 가장 큰 관심사는 건강이었으며, 두 번째는 사람이었다. 즉 성인들은 다른 사람을 이해하고 잘 지내는 법, 상대가 나를 좋아하게 만들고 그들을 설득하는 방법을 알고 싶어 했다.

그래서 조사 위원회는 메리든의 성인들을 대상으로 그들이 원하는 것을 알려주는 수업을 진행하려 했다. 하지만 이 주제에 관한 실용적인 교재를 열심히 찾아보아도 한 권도 찾을 수가 없었다. 성인교육 분야의 세계적인 권위자를 찾아 그런 책이 있는지 물어도 보았지만, 돌아온 대답은 허무하게도 '아니요'였다. "사람들이 원하는 건 알지만 그런 책은 본 적이 없네요."

나 역시 이 말이 사실임을 경험으로 알고 있다. 오랫동안 인간관계 원칙을 알려주는 실용 서적을 찾아 헤맸지만 발견할 수 없었기 때문이다. 결국 내 강의를 위해 직접 쓰기로 결심했고, 그렇게 이 책이 탄생했다. 부디 여러분에게도 도움이 되기를 바란다.

책을 준비하며 나는 이 분야에 관한 모든 자료를 찾아 읽었다. 신문 기고문부터 잡지 기사, 가정법원 기록, 오랜 철학자와 새로운 심리학자의 글까지 말이다. 전문 조사원을 고용해 일 년 반 동안 여러 도서관에서 혹시 놓친 자료가 있는지 찾기도 했다. 두꺼운 심리학 서적을 샅샅이 뒤지고 수많은 기사를 꼼꼼히 보았다.

세기의 위대한 리더가 어떻게 사람을 대해왔는지 찾기 위해 셀 수 없이 많은 전기를 읽기도 했다. 율리우스 카이사르부터 토머스 에디슨까지 모든 리더의 인생 이야기를 조사했다. 시어도어 루스벨트의 전기는 100권도 넘게 읽은 것 같다. 우리는 시대를 불문하고 친구를 사귀고 다른 사람의 마음을 움직이는 데 필요한 모든 실용적 아이디어를 찾기 위해 시간과 비용을 아끼지 않았다.

성공한 많은 위인을 개인적으로 인터뷰하기도 했다. 세계적인 발명가 마르코니와 에디슨부터 프랭클린 D. 루스벨트와 제임스 팔리 같은 정치가, 비즈니스 리더인 오언 D. 영, 영화배우 클라크 게이블과 메리 픽포드, 탐험가 마틴 존슨과 이야기를 나누며 그들의 인간관계 기술을 조사했다.

그리고 이 모든 자료를 바탕으로 '친구를 사귀고 사람의 마음을 움직이는 법'이라는 짧은 강연을 준비했다. 그렇다. 처음에는 짧은 강연이었지만 곧 한 시간 반으로 시간이 늘었다. 나는 수년간 시즌마다 뉴욕 카네기 연구소에서 이 주제로 강좌를 열었다. 수강생들에게는 배운 내용을 직장과 사회생활에서 실제로 적용해보고 그 경험과 결과를 다음 수업에 와서 공유해달라고 말했다. 정말 흥미로운 과제였다! 자기계발에 목말라 있던 사람들은 새로운 종류의 실험에 참여한다는 생각에 즐거워했다. 우리 수업이 성인을 대상으로 한 최초의, 유일한 인간관계 실험실인 셈이었다. 이 책은 통상적인 방식으로 써 내려간 것이 아니라 어린아이가 성장하듯 자랐났다. 책의 내용은 실험실에서 수많은 사람의 경험을 바탕으로 발전했고 성장했다.

수년 전, 우리는 일련의 규칙을 인쇄한 엽서 크기의 카드를 수업에 사용했다. 다음 시즌에는 좀 더 큰 카드에 규칙을 새겼다. 그다음에는 전단지, 그 후에는 소책자 정도로 크기와 범위를 확장했다. 그렇게 15년간의 조사와 실험 끝에 이 책이 탄생했다. 여기에 제시한 원칙은 단순한 이론이나 추측이 아니다. 이 원칙은 마법 같은 결과를 가져온다. 믿기 힘들겠지만 나는 이 원칙을 적용하며 수많은 삶이 말 그대로 180도 바뀐 것을 봐왔다.

예를 들어보자. 314명의 직원을 둔 한 남성이 우리 수업을 들었다. 그는 수년간 아무 생각 없이 직원들을 몰아붙이고 비난하며 지적했다. 친절과 인정과 격려의 말들은 입에 담은 적도 없었다. 그러나 이 책에 나오는 원칙을 배운 후부터는 자기 삶의 철학을 완전히 바꾸었다. 그리고 이제 그의 회사는 새롭게 생겨난 충성심과 열정과 팀워크로 가득하다. 314명의 적이 314명의 친구로 변한 것이다.

그는 자랑스럽게 말했다. "전에는 회사에 저를 반기는 사람이 없었습니다. 직원들은 제가 오는 걸 보면 다른 곳으로 시선을 피했죠. 하지만 이제는 모두 친근한 관계가 되었습니다. 경비원도 저를 이름으로 부르죠." 그는 예전보다 더 많은 수익을 올리고 더 많은 여가를 즐기게 되었으며, 무엇보다도 직장과 가정에서 더 많은 행복을 발견했다.

이 원칙을 사용해 수많은 영업 사원이 실적을 크게 올렸고, 전에는 아무리 애써도 소용없던 새 거래를 성사시키기도 했다. 임원들은 더 높은 연봉과 권한을 얻었다. 수업에서 한 임원은 이 원리를 적용해 연봉이 크게 올랐다고 말했다. 필라델피아 가스웍스의 임원은 공격적이고 사람을 잘 다루지 못한다는 이유로 65세에 좌천될 위기였지만, 이 수업을 듣고 오히려 더 높은 연봉을 받는 자리로 승진했다.

전체 과정이 끝날 때 여는 연회에 참석한 수강생들의 배우자는 아내나 남편이 수업을 들은 후 가정이 더 화목해졌다고 입을 모아 말했다. 수강생들은 자신이 성취한 새로운 결과에 놀랐다. 모든 것이 마법 같았다. 너무 기뻐 일요일에 우리 집으로 전화를 건 수강생도 있었다. 결과를 발표할 다음 수업까지 남은 48시간을 기다릴 수 없을 정도였던 것이다.

수업을 듣고 마음이 크게 동한 한 수강생은 다른 사람들과 밤늦게까지 남아 토론했다. 새벽 3시쯤 다른 수강생들은 돌아갔지만, 그는 자신의 과오를 깨닫는 동시에 다가올 벅찬 새로운 세상에 고무되어 잠을 이룰 수 없었다. 그는 다음 날까지 뜬눈으로 밤을 새웠다. 그가 어떤 사람이었냐고? 새 이론이 등장하면 신봉하는 순진하고 무지한 사람이었을까? 전혀 아니다. 그는 매우 세련된 미술품 딜러로, 두 곳의 유럽 대학에서 학위를 취득하고 3개 국어를 유창하게 구사하는 멋쟁이 신사였다.

이 책을 쓰는 동안 나는 유서 깊은 가문의 독일 귀족에게 편지를 받았다. 그의 선조는 몇 세대에 걸쳐 독일 황제 가문인 호엔촐레른가에서 장교로 임해왔다. 그는 대서양을 횡단하는 증기선에서 쓴 편지에 이 원칙을 적용한 결과를 들려주며, 가히 종교적이라 할 만큼 찬양했다.

뉴욕에 사는 한 노년의 남성은 하버드대학교를 졸업한 부자로, 대형 카펫 공장을 운영했다. 그는 14주간 진행된 인간관계 수업에서 4년간 대학에서 배운 내용보다 더 많은 것을 얻었다고 말했다. 터무니없다고? 웃긴다고? 꿈같은 이야기라고? 물론 당신은 어떤 식으로든 말할 권리가 있다. 나는 단지 보수적이고 성공한 한 하버드대학교 졸업생이 1933년 2월 23일 목요일 밤, 뉴욕 예일 클럽의 600명 청중 앞에서 말한 내용을 실었을 뿐이니 말이다.

하버드대학교의 저명한 교수인 윌리엄 제임스는 이렇게 말했다. "우리는 가능성에 비해 절반만 깨어 있다. 신체와 정신 능력을 아주 조금만 사용하는 셈이다. 넓은 의미로 해석하자면, 그래서 인간은 자신의 한계에 훨씬 못 미치는 삶을 산다. 많은 능력을 가지고 있지만 습관적으로 사용하지 않는다."

당신이 '습관적으로 사용하지 않는' 그 능력! 이 책의 유일한 목적은 그 숨겨진 미지의 능력을 발견하고 사용해서 삶이 윤택해지게끔 돕는 것이다. 프린스턴대학교의 전 총장 존 G. 히븐 박사는 말했다. "교육은 삶을 살아가는 능력을 의미한다."

이 책 1부의 세 장을 모두 읽었을 즈음, 삶을 살아가는 능력이 조금이라도 나아지지 않았다면 당신에게 이 책은 무용지물이나 다름없다고 생각한다. 철학자 허버트 스펜서의 말처럼 "교육의 위대한 목적은 지식이 아닌 실천"에 있기 때문이다.

이 책은 실천을 위한 책이다.

1936년

데일 카네기

이 책을 가장 잘 활용하기 위한 9가지 제안

❶ 이 책을 최대한 활용하기 위해서는 한 가지 절대적인 필요조건이 있다. 그 어떤 원칙이나 방법보다 중요한 요소다. 이 기본 조건 없이는 수많은 원칙도 무용지물이다. 당신이 만약 이 중요한 자질을 가지고 있다면 책을 잘 활용하는 법을 읽지 않아도 기적을 이룰 수 있다.

이 마법의 자질이 무엇일까? 바로 인간관계 능력을 키우겠다는 단호한 결심, 배움을 향한 깊고 절실한 열망이다. 이 열망은 어떻게 생겨날 수 있을까? 그러려면 이 원칙들이 얼마나 중요한지 끊임없이 상기해야 한다. 이 기술을 연마하면 삶이 얼마나 윤택하고 풍족하며 행복하고 만족스러워질지 상상해보는 것이다. 그리고 반복해서 되뇌자. "대인 관계 기술이 내 인기, 행복, 자존감을 크게 좌우한다."

❷ 각 장을 먼저 빠르게 읽어 전체적인 시각을 가져라. 바로 다음 장으로 넘어가고 싶은 마음이 들겠지만 참아야 한다. 그저 재미로 이 책을 읽는 게 아니라면 말이다. 인간관계 기술을 개선하고 싶어 이 책을 읽는 것이라면 처음으로 돌아가 각 장을 꼼

꼼하게 다시 읽어야 한다. 멀리 보면 이 방식이 시간을 절약하고 좋은 결과를 얻는 길이다.

❸ 책을 읽다가 자주 멈추고 내용을 상기하라. 각 원칙을 언제, 어떻게 적용할 수 있을지 생각하자.

❹ 색연필, 연필, 펜, 매직펜, 형광펜을 쥐고 읽어라. 실제로 적용해볼 만한 제안에는 밑줄을 그어두자. 정말 마음에 드는 내용은 문장 전체에 줄을 긋거나 형광펜을 칠하자. 별 표시도 좋다. 책에 표시와 강조를 해두면 훨씬 즐겁고 빠르고 쉽게 검토할 수 있다.

❺ 내가 아는 한 여성은 15년간 대형 보험사에서 관리자로 일했다. 그는 매달 회사가 발행하는 모든 보험 계약을 읽었다. 그렇다. 해마다 달마다 반복해서 같은 계약서를 읽은 것이다. 왜 그랬을까? 그렇게 해야 계약서 조항을 또렷이 기억할 수 있다는 것을 경험으로 배웠기 때문이다. 나는 대중 연설에 관한 책을 2년 가까이 쓴 적이 있는데, 내가 쓴 내용인데도 기억을 떠올리려면 다시 살펴보아야 할 때가 많았다. 이처럼 망각의 속도는 놀라우리 만큼 빠르다.

따라서 당신이 이 책에서 진정한, 영속적인 혜택을 얻고 싶다면 한 번 훑어보는 것으로는 부족하다. 정독한 후에도 매달 몇 시간씩 투자해 다시 읽어야 한다. 매일 쓰는 책상에 이 책을 꽂아두고 자주 살펴보자. 당신이 개선할 풍부한 가능성을 끊임없이 생각해보아야 한다. 이런 원칙이 습관처럼 몸에 배기 위해서는 꾸준히 책을 살펴보고 열심히 실천해야 한다. 다른 방법은 없다.

❻ 극작가 버나드 쇼는 이렇게 말했다. "당신이 모든 것을 알려주면 그 사람은 절대 배우지 않을 것이다." 맞는 말이다. 배움은 적극적인 과정이다. 우리는 실천하면서 배운다. 따라서 이 책에서 배운 원칙을 연마하고 싶다면 실천해야 한다. 기회가 있을 때마다 원칙들을 사용해보자. 그렇지 않으면 쉽게 잊어버리고 말 것이다. 실제로 적용한 지식만이 내 머릿속에 남는다.

물론 원칙을 항상 지키는 건 어려운 일이다. 이 책을 쓴 나도 내가 제안한 모든 것을 적용하기 힘들 때가 많다. 예를 들어 기분이 안 좋을 때는 다른 사람의 관점을 이해하려 노력하는 것보다 비평하고 비판하는 게 훨씬 쉽다. 칭찬거리보다 잘못이 더 눈에 들어오기 쉬운 법이다. 상대가 원하는 것보다 내가 원하는 것을 말하는 게 더 자연스럽기도 하다. 이런 상황은 수없이 많다. 그러니 이 책을 읽으면서 그저 정보를 습득하는 데 그치면 안 된다는 것을 꼭 기억하자. 당신은 새로운 습관, 즉 새로운 삶의 방식을 만들어가는 중이다. 그러려면 시간, 인내, 하루하루의 실천이 필요하다.

그래서 책을 자주 살펴보아야 한다. 이 책을 인간관계를 위한 실용적인 지침서로 생각하자. 아이를 다루고, 배우자를 설득하고, 짜증 나는 고객의 입맛을 맞춰야 하는 상황에 부딪힐 때 당연하게 드는 충동적인 행동을 삼가자. 대부분은 잘못된 행동일 때가 많다. 대신 이 책을 펼쳐 당신이 밑줄 쳐놓은 문장을 다시 읽어 보자. 이 방법을 시도해보면 당신 앞에 마법이 펼쳐질 것이다.

❼ 배우자, 아이, 동료가 당신이 특정 원칙을 어기는 걸 보면 그때마다 벌금을 내겠다고 하라. 재밌는 게임을 하며 원칙을 몸에 익히자.

❽ 한번은 유명 월스트리트 은행의 사장이 우리 수업에서 자기계발에 매우 효과적이었던 시스템을 소개한 적이 있다. 그는 정규교육을 거의 받지 못했지만, 미국 경제계에 매우 중요한 인물이 되었다. 사장은 이 성공이 자신이 개발한 시스템을 끊임없이 적용했기 때문이라고 고백했다. 어떤 방식을 실천했는지 그가 한 말을 기억나는 대로 자세히 실어보겠다.

"수년간 저는 매일 모든 약속을 수첩에 기록해왔습니다. 저희 가족은 토요일 저녁에 저와 어떤 계획도 잡지 않죠. 매주 토요일 밤마다 제가 자기 점검, 반성, 평가의 시간을 보낸다는 걸 알기 때문입니다. 저녁을 먹은 후, 저는 홀로 수첩을 열고 그 주에 있던 모든 인터뷰와 논의와 회의를 돌이켜봅니다. 그러고는 생각하죠. '그때 어떤 실수를 했지?' '옳게 행동한 건 무엇이고, 더 개선하기 위한 방법으로는 어떤 것이 있을까?' '이 경험으로 얻은 것은 무엇이지?'

이렇게 한 주마다 성찰하는 과정은 꽤 유쾌하지 않은 일이기도 합니다. 제 실수들에 놀랄 때가 많거든요. 물론 세월이 흐르며 실수들은 줄어들었습니다. 성찰이 끝날 때마다 제 등을 토닥거려주고 싶은 마음이 들기도 했죠. 이렇게 반성하고 배우는 시간을 지속해온 것은 그 어떤 시도보다 제게 많은 도움이 되었습니다. 좋은 결정을 내릴 수 있게 되었고, 사람들과의 관계에도 긍정적으로 작용했죠. 여러분에게도 꼭 추천합니다."

비슷한 시스템을 사용해 당신이 이 책에 나오는 원칙을 실천하는지 점검해보면 어떨까? 그러면 두 가지 결과를 얻을 수 있다. 첫째, 흥미롭고 가치 있는 배움의 과정에 적극적으로 참여하는 자신을 발견할 것이다. 둘째, 사람을 만나고 대하는 기술이 엄청나게 향상될 것이다.

❾ 책의 뒷면에 원칙들을 적용해 얻은 뛰어난 결과를 기록해보자. 구체적으로 명칭, 날짜, 결과를 써라. 기록하다 보면 더 큰 노력을 쏟고 싶은 마음이 들 것이다. 몇 년이 흐른 뒤, 적어놓은 기록을 우연히 발견할 때 얼마나 기분이 좋을지 상상해보자!

이 책을 가장 잘 활용하기 위한 9가지 제안

❶ 인간관계 원칙을 연마하겠다는 깊고 절실한 열망을 가지자.

❷ 다음 장으로 넘어가기 전에 매 장을 두 번씩 읽자.

❸ 책을 읽다가 자주 멈추고 원칙을 어떻게 실생활에 적용할 수 있을지 생각해보자.

❹ 중요한 내용에는 밑줄을 긋자.

❺ 매달 이 책을 다시 살펴보자.

❻ 기회가 있을 때마다 원칙을 적용하자. 이 책을 일상에서 마주하는 문제의 해결을 돕는 지침서로 사용하자.

❼ 당신이 특정 원칙을 어기는 걸 주변인들이 볼 때마다 벌금을 내며 재밌는 게임으로 원칙을 몸에 익히자.

❽ 매주 행동을 점검하자. 실수, 발전한 점, 다음에 반영할 교훈을 생각해보자.

❾ 이 원칙들을 언제, 어떻게 적용했는지 기록해두자.

■

"다른 사람은 당신이 원하는 것에 관심이 없다.
다른 사람을 움직이는 유일한 방법은
상대가 원하는 것에 대해 이야기하고,
그걸 얻는 방법을 알려주는 것이다."

인간관계의 3가지 기본 원칙

꿈을 얻고 싶거든
벌집을 걷어차지 마라

1931년 5월 7일, 뉴욕에서는 전대미문의 검거 작전이 절정으로 치닫고 있었다. 술, 담배는 멀리하나 총으로 사람을 죽이는 '쌍권총' 크롤리는 궁지에 몰렸고, 경찰은 몇 주간의 수색 끝에 애인의 웨스트엔드가 아파트에서 지내던 그를 포위했다.

경찰과 탐정 150명이 꼭대기 층의 은신처를 에워쌌다. 지붕에 구멍을 내고 최루가스를 투입해 경찰 살해범인 크롤리가 나오게 할 작정이었다. 주변 건물에는 기관총을 배치했다. 요란한 권총과 기관총 소리가 뉴욕 고급 주택가에 한 시간도 넘게 울려 퍼졌다.

두꺼운 의자 뒤에 몸을 웅크린 크롤리는 경찰을 향해 끊임없이 총을 쏘아댔다. 1만여 명이 넘는 사람들이 흥분한 채 총격전을 지켜보았다. 뉴욕 길거리에서 한 번도 본 적이 없는 광경이었다. 경찰국장 E.P. 멀루니는 크롤리를 체포한 후 이 쌍권총의 무법자가 뉴욕 역사상 가장 위험한 범죄자라고 공표했다. "털끝만 건드려도 그는 살인을 저지를 겁니다."

그러나 크롤리는 자신을 어떻게 여겼을까? 경찰이 아파트에 총을 쏘아대는 와중에 그는 '관련된 이들에게'로 시작하는 편지를 썼다. 종이에는 상처에서 흘러나온 진홍색 핏자국이 묻었다. 크롤리는 이렇게 적었다. "내 안에는 고단하지만 누구에게도 해를 가하고 싶지 않은 따뜻한 마음이 있다."

이 일이 있기 얼마 전, 크롤리는 롱아일랜드 시골길에 차를 세워두고 애인과 애정 행각을 벌였다. 그때 한 경찰이 다가와 말했다. "면허증 좀 봅시다." 크롤리는 아무 말 없이 경찰을 향해 수없이 총알을 발사했다. 차에서 뛰쳐나와서는 죽어가는 경찰의 권총을 빼앗아 쓰러진 몸에 총격을 한 발 더 가했다. "내 안에는 고단하지만 누구에게도 해를 가하고 싶지 않은 따뜻한 마음이 있다"고 한 사람이 말이다.

크롤리는 전기의자형을 선고받았다. 싱싱교도소 사형장에 들어서며 '내가 사람을 죽인 대가를 치르는구나'라고 생각했을까? 천만의 말씀. 그는 이렇게 말했다. "나를 방어한 걸로 이런 벌을 받다니." 이야기의 핵심은 이렇다. 쌍권총 크롤리는 자신이 하나도 잘못한 게 없다고 생각했다는 것. 범죄자에게 흔히 볼 수 없는 태도일 것 같다면 다른 사례를 살펴보자.

"나는 사람들에게 기쁨과 좋은 시간을 선사하려 인생의 황금기를 바쳤는데, 내게 돌아온 건 비난과 쫓기는 삶이다." 알 카포네가 한 말이다. 그렇다. 알 카포네는 미국 역사상 가장 악명 높은 공공의 적이자 시카고를 장악했던 악랄한 갱단 두목이다. 그러나 그는 자신을 비난하지 않았다. 오히려 자신을 대중에게 인정받지 못하고 오해받는 자선사업가로 여겼다.

더치 슐츠도 마찬가지다. 그는 뉴욕에서 벌어진 갱단 간의 총격전에서 죽었다. 뉴욕의 악당으로 꼽히던 그는 한 신문 인터뷰에서 자신을 자선사업가라고 표현했다. 그는 자신이 실제로 그렇다고 믿었다.

나는 뉴욕의 악명 높은 싱싱교도소에서 오랫동안 소장으로 일한 루이스 로스와 이 주제에 관해 흥미로운 서신을 주고받았다. 로스는 이렇게 표현했다. "교도소에 있는 대부분의 죄수는 자신을 나쁘다고 여기지 않습니다. 당신과 나와 같은 인간인 거죠. 따라서 왜 자기가 금고를 부수었는지, 성급히 방아쇠를 당겼는지 합리화하고 해명하려 듭니다. 말이 되든 안 되든 구실을 만들어 반사회적 행위를 정당화시키죠. 자신에게 조차요. 결국 교도소에 갇혀서는 안 됐다고 굳세게 주장합니다."

쌍권총 크롤리, 알 카포네, 더치 슐츠, 그리고 철창 뒤의 저 무모한 수감자들이 자기는 잘못한 게 하나도 없다고 생각한다면 우리가 일상에서 마주하는 이들은 어떨까?

워너메이커 백화점의 창립자인 존 워너메이커는 이렇게 토로했다. "30년 전, 저는 비난이 얼마나 바보 같은 일인지 깨달았습니다. 그래서 하느님이 지성이라는 선물을 공평하게 나눠주시지 않음에 연연하지 않고 제 한계를 극복하는 데 열중했습니다." 워너메이커는 이 교훈을 일찍이 배웠다. 그러나 나는 30년이 넘게 실수를 반복한 후에야 깨달았다. 잘못의 크기와 관계없이 인간은 십중팔구 자신을 탓하지 않는다.

비판은 무익하다. 비판은 사람을 방어적으로 만들고 자신을 정당화하려 애쓰게 한다. 비판은 위험하다. 사람의 고귀한 자존심에 상처를 주고, 자존감을 훼손하고, 분노를 이끈다. 세계적인 심리학자인 B.F. 스키너는 좋은 행동을 칭찬받은 동물이 나쁜 행동으로 벌 받은 동물보다 훨씬 빨리 배우고, 배운 것을 효과적으로 기억한다는 것을 실험으로 입증했다. 그리고 추후 연구에서 인간도 이와 같다고 밝혔다. 비판은 지속적인 변화를 이끌지 못하고 분노를 자극할 때가 많다.

또 다른 위대한 심리학자 한스 셀리에는 이렇게 말했다. "인정을 갈망하는 만큼 우리는 비난을 두려워한다." 비난으로 인한 분노는 직원, 가족, 지인들의 사기를 꺾는다. 그렇다고 비난받은 상황이 달라지는 것도 아니다.

오클라호마주 이니드의 조지 B. 존스턴은 한 엔지니어링 회사의 안전 관리자다. 직원들이 현장에서 안전모를 쓰는지 확인해야 할 책임이 있는 조지는 안전모를 미착용한 직원을 볼 때마다 준수해야 할 규칙을 고압적으로 전했다. 그러다 보니 달갑지 않은 존재가 되어갔고, 그가 떠나면 근로자들은 안전모를 벗어던졌다.

결국 조지는 다른 방법을 취했다. 안전모를 쓰지 않는 직원을 보면 모자가 불편하거나 잘 안 맞는지 물어보았고, 상냥한 목소리로 안전모는 부상 위험에서 보호해주는 역할을 하니 작업 시 꼭 착용하자고 제안했다. 그 결과 직원들은 분노나 감정적 동요 없이 규정을 훨씬 잘 준수했다.

비판이 얼마나 무익한지는 수많은 역사를 돌아봐도 알 수 있다. 시어도어 루스벨트와 태프트 대통령 간의 유명한 분쟁이 좋은 예다. 이 분쟁으로 공화당은 분열되었고 민주당의 우드로 윌슨이 대통령으로 선출되었다. 이는 제1차세계대전에 막대한 영향을 미쳐 세계 역사의 판도를 바꾸었다.

우선 사실관계를 짚어보자. 1908년, 루스벨트는 대통령직에서 내려오며 태프트를 지지했다. 태프트의 대통령 당선 후, 루스벨트는 사자를 사냥하러 아프리카로 떠났다. 하지만 정작 돌아와서는 태프트의 보수주의 정책을 맹렬히 비난하며 분노를 터뜨렸다. 그리고 자신의 세 번째 대통령 후보 지명권을 확보하기 위해 진보당을 만들었고, 공화당은 붕괴 위기에 처했다. 다음 대통령 선거에서 태프트와 공화당이 승리한 주는 버몬트와 유타 단 두 곳이었다. 공화당 역사상 가장 처참한 실패였다.

루스벨트는 태프트를 비난했지만, 태프트는 자신을 탓했을까? 물론 아니다. 눈물이 가득 고인 채 그는 말했다. "그 상황에서 내가 뭘 달리할 수 있었을지 모르겠다." 과연 루스벨트와 태프트 중 누구의 잘못일까? 솔직히 알 수도 없고, 알고 싶지도 않다. 요점은 루스벨트가 아무리 비난을 퍼부어도 태프트는 인정하지 않았다는 것이다. 오히려 자신을 정당화하고 눈물을 머금은 채 어쩔 도리가 없었다고 반복해서 주장할 뿐이었다.

이번에는 티포트 돔 유전 스캔들을 살펴보자. 이 사건으로 1920년대 초반 신문에는 분개하는 기사가 쏟아졌고 전국이 들썩였다! 미국 공공분야에서 이런 사건이 일어난 적은 처음이었다.

사건의 진실은 이러하다. 앨버트 B. 폴은 하딩 내각의 내무장관이었다. 폴은 엘크 힐과 티포트 돔 지대에 있는 정부 소유 유전의 임대를 관리했다. 추후 해군이 사용할 용도로 비축해둔 유전이었다. 폴 내무장관은 어떻게 했을까?

그는 경쟁 입찰을 진행하지 않고 친구인 에드워드 L. 도헤니에게 이 수익성 높은 사업의 권한을 주었다. 그 대가로 도헤니는 '대출'이라는 명목 아래 폴에게 10만 달러를 건넸다. 그러자 폴은 미 해군에 엘크 힐 인근 유정에서 석유를 채취하는 경쟁자들을 몰아내라고 강압적으로 명령했다. 무력으로 쫓겨난 경쟁 업체들은 법정으로 달려갔고, 티포트 돔 스캔들의 실체가 세상에 드러났다. 이 엄청난 비리가 벌어지며 하딩 정권은 무너졌고, 온 나라는 분노로 들썩였으며, 공화당은 파멸 위기에 처했다. 그리고 앨버트 B. 폴은 수감되었다.

폴은 공직에 있는 그 누구보다 맹렬히 비난받았다. 하지만 그가 죄를 뉘우쳤을까? 그럴 리 없다! 몇 년이 지난 후, 정치인 허버트 후버는 연설에서 하딩 대통령의 죽음이 친구였던 앨버트 폴의 배신으로 인한 정신적 고뇌와 괴로움 때문이라고 넌지시 밝혔다. 이를 들은 폴의 부인은 울면서 벌떡 일어나 분통을 터뜨리며 소리 질렀다. "뭐라고! 폴이 하딩을 배신해? 내 남편은 아무도 배신하지 않았어. 집에 돈이 이렇게 많은데 그이가 왜! 내 남편이야말로 배신으로 사회에서 매장당하고 비난받았지."

이것이 인간의 본능이다. 나쁜 짓을 한 사람도 자신을 제외한 다른 이들을 탓한다. 우리 모두 그렇다. 그러니 내일 누군가를 비판하고 싶더라도 쌍권총 크롤리, 알 카포네, 앨버트 폴을 기억하자. 비판은 귀소성이 있는 비둘기처럼 언제나 다시 돌아온다는 것을 잊지 말자. 우리가 지적하고 비난한 사람은 자신을 정당화하고 그 화살을 돌려 우리를 비난할 것이다. 혹은 마음 약한 태프트처럼 어쩔 도리가 없었다고 하거나 말이다.

1865년 4월 15일 아침, 싸구려 숙박소 문간방에서 에이브러햄 링컨이 누워 죽어가고 있었다. 그날 링컨은 맞은편 포드 극장에서 존 윌크스 부스에게 총격을 당했다. 링컨의 긴 몸은 푹 꺼진 작은 침대에 비스듬히 걸쳐졌다. 침대 위에는 로사 보뇌르의 유명한 그림인 〈말 시장The Horse Fair〉의 싸구려 모조품이 걸려 있었고, 음울한 가스등이 깜박이고 있었다. 죽어가는 링컨을 보며 육군장관 스탠턴은 말했다. "역사상 가장 완벽하게 인간을 다스린 사람이 저기 누워 있다."

링컨은 어떻게 사람을 잘 대할 수 있었을까? 나는 10년 동안 링컨의 일생을 연구하고, 『데일 카네기의 링컨 이야기』를 쓰고 고치는 데 3년을 바쳤다. 링컨의 성격과 가정생활에 대해서는 그 누구보다 자세하고 방대한 조사를 했다고 자부한다. 내가 특히 주목해 살핀 것은 링컨의 사람을 대하는 기술이었다.

링컨은 비판을 자주 했을까? 물론이다. 인디애나주 피전 크릭 밸리에 살던 젊은 시절, 비판을 즐기던 그는 상대를 조롱하는 편지와 시를 써 눈에 띄는 길에 떨어뜨려 놓기도 했다. 그리고 이 편지 중 하나는 오랫동안 꺼지지 않는 분노로 이어졌다. 링컨은 일리노이주 스프링필드에서 변호사로 일할 때도 신문에 실리는 공개적인 편지로 빈번하게 상대방을 조롱하고는 했다.

1842년 가을에는 제임스 실즈라는 거만하고 공격적인 정치인을 비난했다. 마을 사람들은 《스프링필드 저널》에 익명 기고로 실즈를 조롱한 글을 보고 폭소를 터뜨렸다. 예민하면서도 자존심 강한 실즈는 화를 참을 수 없었다. 그는 누가 글을 썼는지 확인한 뒤 말을 타고 링컨을 쫓아가 결투를 신청했다. 링컨은 싸우고 싶지 않았다. 결투에 반대하는 쪽이었지만 명예를 지키려면 어쩔 도리가 없었다. 다행히 무기를 선택할 수 있자, 팔이 긴 링컨은 대검을 골라 육군사관학교 졸업생에게 칼싸움 기술을 배웠다.

결전의 날, 미시시피강 모래톱에서 마주한 링컨과 실즈는 죽음을 각오한 결투를 준비했다. 하지만 결투 직전에 양쪽 입회자들이 끼어들어 결투를 막았다. 이 일은 링컨의 인생에 강렬한 경험으로 남았다. 사람을 대하는 방식에 관해 소중한 교훈을 깨달은 링컨은 다시는 모욕하는 편지를 쓰지도, 남을 조롱하지도 않았다. 그 후로는 남을 비판하는 일도 거의 없었다.

남북전쟁 당시 링컨은 포토맥 군대를 이끄는 새로운 사령관을 여러 번 임명해야 했다. 매클렐런, 포프, 번사이드, 후커, 미드를 비롯한 여러 장군은 각기 치명적인 실수를 저질렀고, 링컨은 절망으로 번뇌했다. 많은 국민이 무능한 장군들을 맹렬히 비난했지만 링컨은 '누구에게도 악의를 품지 않고 모두에게 자비를'이라는 생각으로 평정심을 유지했다. 그가 좋아하던 명언 중에 이런 말이 있었다. "심판받고 싶지 않으면 남을 심판하지 마라." 자신의 아내와 다른 이들이 남부 사람에 대해 함부로 떠들 때도 그는 같은 태도를 유지했다. "비난 마시오. 우리도 비슷한 상황이라면 그들과 같았을 것이오."

그러나 링컨은 그 누구보다 비난해야 할 상황을 많이 겪었다. 한 사건을 예로 들어보자. 1863년 7월의 시작과 함께 게티즈버그 전투가 사흘간 벌어질 때였다. 그리고 폭우가 쏟아지던 7월 4일 밤, 남부군 총사령관인 리 장군은 후퇴하기 시작했다. 그가 패배한 부대를 이끌고 포토맥에 도착했을 때, 앞에는 엄청나게 물이 불어 건널 수 없는 강이 놓여 있고, 뒤에는 승리로 의기양양한 북부군이 쫓아오는 중이었다. 리 장군은 빠져나갈 수 없는 덫에 걸린 상황이었다. 그리고 거기서 링컨은 남부군을 잡아 전쟁을 끝낼 하늘이 준 절호의 기회를 보았다. 부푼 희망에 링컨은 미드 장군에게 전략 회의 없이 바로 리 부대를 공격하라 명령했고, 전보를 보내고 따로 전령도 보내며 미드 장군에게 즉시 행동할 것을 촉구했다.

미드 장군은 어떻게 했을까? 그는 명령과는 정반대로 행동했다. 링컨의 말과는 달리 전략 회의를 소집했으며, 주저하고 꾸물거렸다. 전보에는 갖은 변명을 늘어놓았다. 한마디로 공격을 거부한 것이다. 결국 물이 빠지자 리 부대는 포토맥강 너머로 달아났다.

링컨은 분노했다. "도대체 이게 뭐란 말이냐?" 그는 아들인 로버트에게 외쳤다. "말도 안 돼! 거의 다 잡았었는데, 조금만 손을 뻗으면 잡는 거였는데…. 내가 아무리 말해도 우리 군이 공격하지 않았다니…. 그 상황에서라면 어떤 장군이든 리의 부대를 물리쳤을 텐데. 내가 그곳에 있었으면 바로 공격했을 거다."

실망에 가득 찬 링컨은 책상에 앉아서 미드 장군에게 편지를 쓰기 시작했다. 잊지 말자. 이 시기 링컨은 굉장히 조심스럽고 절제된 어법을 사용했다. 따라서 1863년에 쓴 이 편지는 엄청난 질책이 담겨 있다고 볼 수 있다.

친애하는 미드 장군,

리의 부대가 탈출한 사건이 얼마나 엄청난 불행인지 잘 모르는 것 같소. 리는 우리 손안에 있었고, 죽일 수 있었고, 그랬다면 최근 거둔 승리에 힘입어 전쟁을 끝냈을 거요. 현 상태라면 전쟁은 끝없이 계속될 것이오. 지난 월요일에도 리를 공격하지 못했는데 강을 건너가 싸울 수 있겠소? 그때보다 3분의 2밖에 안 되는 병력을 가지고 말이오. 그럴 것 같지도 않고, 이제는 당신이 무엇을 할 수 있을 거라고 크게 기대하지 않소. 당신은 황금 같은 기회를 날렸소. 정말 참담할 따름이오.

미드는 편지를 읽고 어떻게 했을까? 그는 평생 이 편지를 보지 못했다. 링컨이 보내지 않았기 때문이다. 편지는 링컨이 사망한 후 그의 서류들 가운데서 발견되었다. 어디까지나 내 추측이지만 아마 편지를 쓰고 링컨은 창밖을 보며 홀로 생각했을 것이다. "잠깐, 이렇게 경솔해서는 안 돼. 조용한 백악관에 앉아 미드에게 명령하는 건 간단한 일이지. 그렇지만 내가 실제 게티즈버그에 있었다면 어땠을까? 지난 한 주간 미드처럼 엄청난 피를 보고 다치고 죽어가는 병사들의 비명과 고함을 들었다면, 나 역시 공격을 주저했을 거야. 나도 미드처럼 조심스러운 성격이었다면 그렇게 행동했을 수 있어. 어쨌든 이미 지난 일이야. 편지를 보내면 내 기분은 풀리겠지만 미드는 변명하려 들겠지. 나를 비난할 거고. 그렇게 나쁜 감정이 생기면 앞으로의 임무에도 안 좋은 영향을 줄 수 있어. 아예 부대를 떠날지도 몰라."

그래서 앞서 말한 것처럼 링컨은 편지를 한쪽에 넣어두었을 것이다. 날카로운 비판과 질책은 항상 헛수고로 끝날 때가 많음을 이미 쓰라린 경험으로 배웠기 때문이다. 시어도어 루스벨트는 대통령 시절에 어려운 문제를 마주할 때마다 의자에 기댄 채 백악관 책상 위에 걸린 링컨의 대형 초상화를 바라보며 자문했다고 한다. "이 상황에서 링컨은 어떻게 했을까? 어떤 식으로 문제를 해결했을까?" 이처럼 누군가를 훈계하고 싶은 마음이 들 때면 링컨을 떠올리며 이렇게 생각해보자. "링컨이라면 이 문제를 어떻게 다루었을까?"

반면 소설가 마크 트웨인은 화를 못 참을 때가 많았고 불쾌한 편지들을 자주 썼다. 한번은 성미를 돋운 한 남성에게 이렇게 적어 보냈다. "땅에 묻히고 싶은지 말만 해라. 내가 알아봐줄 테니." 또 교정자가 철자와 구두점을 지적한 일을 두고 편집자에게 명령조의 편지를 보낸 적도 있다. "앞으로는 내 원고대로 진행하고, 그런 제안은 썩어가는 본인 머릿속에나 간직하라고 교정자에게 전해주시오."

지독한 편지들을 쓰는 동안 트웨인은 기분이 나아졌고 분노를 삭일 수 있었다. 그러나 편지는 실제로 어떠한 해도 끼치지 않았다. 왜일까? 부인이 몰래 우체통에서 빼왔기 때문이다. 사실 그의 편지들은 한 번도 발송된 적이 없다.

누군가를 바꾸고, 통제하고, 나아지게 만들고 싶은가? 좋다! 괜찮다. 완전히 찬성이다. 다만 먼저 자신부터 시작하는 게 어떨까? 단순히 이기적인 관점에서 보더라도 남보다 자신을 나아지게 만드는 것이 훨씬 이로운 일이다. 게다가 위험 요소도 더 적다. 공자는 말했다. "내 집 앞도 못 치우면서 남의 집 지붕에 쌓인 눈에 대해 불평하지 마라."

남에게 깊은 인상을 남기려 애쓰던 젊은 시절, 나는 리처드 하딩 데이비스에게 바보 같은 편지를 쓴 적이 있다. 당시 데이비스는 미국 문화계에 등장해 큰 주목을 받던 작가였다. 작가에 관한 잡지 기사를 준비하던 나는 그에게 작업 방식을 알려달라고 부탁하는 편지를 쓰는 중이었다.

　그때 몇 주 전에 받은 편지 한 통이 떠올랐다. 편지의 맨 아래에는 이런 말이 적혀 있었다. "받아쓴 글로, 검토는 하지 않음." 매우 인상적이었다. 이 발신인이 엄청난 거물이고 바쁘고 중요한 사람인 게 틀림없다고 느껴졌다. 나는 리처드 하딩 데이비스에게 깊은 인상을 주고 싶은 마음에 전혀 바쁘지 않았으나 짧은 편지 끝에 똑같이 적었다. "받아쓴 글로, 검토는 하지 않음."

　그는 답장을 보내지 않았다. 그저 편지 하단에 이렇게 갈겨 써 돌려보낼 뿐이었다. "세상에 당신보다 무례한 사람은 없을 거요." 맞다. 나는 큰 실수를 저질렀다. 그런 분노를 받을 만하기는 했지만 나도 인간이기에 화가 났다. 그 상처가 너무 사무쳐 10년 후에 데이비스의 부고 기사를 봤을 때, 여전히 한 생각이 맴돌았다. 말하기도 부끄럽지만 그가 내게 준 상처가 떠오른 것이다.

　수십 년간 마음에 맺히고 평생을 괴롭힐 분노를 일으키고 싶다면 그저 신랄하게 남을 비판하면 된다. 하지만 아무리 그 비판이 정당하다 해도 상대에게 상처를 준다는 결과는 같다. 영국 문학을 발전시킨 대단한 작가이자 감수성이 예민했던 토머스 하디는 쓰라린 비평 때문에 소설 집필을 영원히 그만두었고, 영국의 시인 토머스 채터턴은 혹평으로 인해 목숨을 끊었다. 기억하자. 우리가 대하는 사람은 논리의 생명체가 아닌 감정의 생명체이자, 편견으로 가득하고 자존심과 자만심으로 움직이는 생명체다.

　요령이 없던 젊은 시절의 벤저민 프랭클린은 점점 사람을 능숙하고 노련하게 대하며 프랑스 대사까지 역임했다. 그 비결이 무엇일까? 그는 이렇게 말했다. "저는 다른 사람을 험담하지 않습니다. 제가 아는 모든 이들의 좋은 면을 얘기하지요."

비판하고 비난하며 불평하기란 쉽다. 어리석은 자들은 대부분 그렇다. 남을 이해하고 용서하기 위해서는 인품과 자제력이 필요하다. 영국의 사상가 칼라일은 이렇게 말했다. "위인은 보잘 것없어 보이는 사람을 대하는 태도에서 드러난다."

시험비행과 에어쇼에서 명성을 날린 조종사 밥 후버는 샌디에이고에서 열린 에어쇼에 참석한 후 LA에 있는 집으로 돌아오는 중이었다. 그런데 90미터 상공에서 갑자기 양쪽 비행기 엔진이 멈추었다. 능숙한 조종 기술로 후버는 간신히 착륙했다. 다행히 다친 사람은 없었지만 비행기는 심하게 망가지고 말았다.

후버는 비상착륙 후 가장 먼저 비행기 연료를 확인했고, 의심한 대로 그가 몬 제2차세계대전의 프로펠러 비행기에는 휘발유가 아닌 제트연료가 들어 있었다. 후버는 공항에 돌아와 비행기를 점검한 정비사를 찾았다. 젊은 정비사는 자신의 실수에 어쩔 줄 몰라 했다. 그는 후버가 다가가자 눈물을 흘리기 시작했다. 자기 때문에 매우 비싼 비행기가 망가졌고 세 사람이 목숨을 잃을 뻔했기 때문이다.

후버가 얼마나 분노했겠는가. 사람들은 유능하고 빈틈없는 조종사인 그가 정비사의 부주의함을 질책할 거라 예상했다. 그러나 후버는 그를 꾸짖지 않았다. 비난하지도 않았다. 그저 긴 팔을 정비사의 어깨에 두르고 말했다. "당신이 이런 실수를 두 번 다시 반복하지 않을 거라 믿습니다. 그 확신으로 내일 내 F-51 비행기 정비를 당신에게 맡길게요."

부모는 자주 아이를 지적하고 싶어 한다. 내가 '그러지 말라'고 할 것 같은가? 아니다. 단지 이렇게 제안하고 싶다. 자녀를 혼내기 전에 「아버지가 잊는다Father Forgets」라는 미국의 유명한 산문을 읽어보자고. 이 글은 원래 《피플스 홈 저널》에 게재되었다. 내가 이 책에 실은 내용은 작가의 동의를 얻어 《리더스 다이제스트》에 소개된 요약본이다.

이 글은 진실한 감정을 담은 짧은 산문으로, 많은 독자의 마음을 울려 계속해서 여러 곳에 소개되었다. 저자인 W. 리빙스턴 라니드는 말한다. "처음 글이 나온 뒤로 「아버지가 잊는다」는 잡지, 사보, 전국 신문에 수백 번이나 실렸고 거의 모든 나라의 언어로 번역되었습니다. 많은 사람이 학교, 교회, 강연회에서 낭독하고 싶어 해 일일이 허락하기도 했죠. 여러 행사와 방송 프로그램에도 등장했습니다. 뜻밖에도 대학 간행물과 고교 잡지에 실리기도 했고요. 때로는 사소한 것들이 신기하게 인기를 끌기도 하는데 이 글이 확실히 그랬습니다."

아들아, 지금 아빠는 잠든 네 얼굴을 보고 있어. 작은 손은 뺨 아래에 받쳐 있고 젖은 이마에는 네 금발 곱슬머리가 붙어 있구나. 혼자 살며시 방에 들어왔단다. 조금 전 서재에서 서류를 읽다 엄청난 후회가 몰려왔거든. 너무 미안한 마음에 찾아온 거야. 아들아, 아빠가 그동안 참 화를 많이 냈다는 생각이 들었어. 네가 등교를 준비할 때 수건으로 얼굴을 대충 닦는다고 혼냈지. 신발을 닦지 않았다고 꾸짖고, 바닥에 물건을 던져 놓는다고 화가 나 소리쳤어.

아침을 먹을 때도 지적했지. 음식을 흘린다고, 빨리 먹는다고, 식탁에 팔꿈치를 대고 먹었다고 말이야. 빵에 버터를 너무 많이 발랐다고도 뭐라 했구나. 아빠가 열차를 타러 가기 위해 준비할 때, 너는 놀러 나가려다 돌아서 손을 흔들며 말했지. "아빠, 다녀오세요!" 거기에 나는 눈썹을 찡그리고는 답했어. "어깨 펴야지!"

늦은 오후에도 마찬가지였어. 퇴근하며 길거리에서 무릎을 꿇고 구슬치기하는 너를 보니 스타킹에 구멍이 나 있더구나. 나는 집으로 너를 몰아세우며 친구들 앞에서 망신을 주었어. "스타킹이 얼마나 비싼데, 네 돈 주고 샀으면 아껴 신었겠지!" 아빠가 아들에게 이런 말을 하다니.

기억하니? 그날 저녁, 서재에서 서류를 보는데 네가 상처 입은 눈빛으로 조심스럽게 다가온 거. 갑작스러운 방해에 짜증이 나 서류 너머로 바라보니 너는 문 옆에서 주저했어. "왜, 무슨 일이야?" 아빠가 날카롭게 물었지.

그랬더니 너는 아무 말 없이 마구 달려오더니 내 목에 팔을 두르고 뽀뽀를 하더구나. 나를 꽉 안은 작은 팔은 애정으로 단단했단다. 하느님이 네 마음에 무시해도 시들지 않는 사랑을 피우셨나 봐. 그리고 너는 나가 계단을 다다닥 올라갔지.

아들아, 잠시 후 아빠는 손에서 서류를 떨어뜨렸어. 엄청난 두려움이 몰려왔거든. 내가 너에게 습관적으로 무슨 행동을 해온 걸까? 잘못을 찾고 비난하는 게 어린 네게 도움이 된다고 생각했던 거야. 널 사랑하지 않은 게 아니란다. 아직 아이인 네게 너무 많은 기대를 한 거지. 어른의 기준으로 너를 판단한 거야.

1부 인간관계의 3가지 기본 원칙

너에게는 착하고 훌륭하고 진실한 면이 무수히 많단다. 작은 네 마음은 널따란 언덕을 비추는 새벽빛만큼 커다랗지. 내게 갑자기 달려와 굿나잇 키스를 해주는 모습만 봐도 알 수 있어. 오늘 밤 이보다 뭐가 더 중요하겠니. 깜깜한 방 네 침대 옆에 무릎을 꿇고 반성했단다!

미약하지만 속죄한다. 깨어 있을 때 이런 말을 해도 너는 아마 알아듣기 힘들 거야. 그래도 내일부터는 진짜 아빠가 되어줄게! 너와 함께하고, 네가 힘들 때 같이 아파하고, 웃을 때는 같이 웃어줄 거야. 야단치고 싶을 때면 이를 악 무마. 주문처럼 이 말을 되새길 거야. "아직은 아이다, 어린아이!"

미안하지만 아빠는 너를 어른으로 봐온 거 같아. 작은 침대에서 웅크려 곤히 잠든 너를 보면 아직도 아기인데 말이야. 어제 엄마 팔에 안겨 어깨에 머리를 기댄 모습도 그랬지. 아빠가 너에게 너무 많은 것을 바랐다, 너무 많은 것을.

비난하는 대신 이해하려고 노력하자. 왜 그 사람이 그렇게 행동했는지 수긍하려 애써보자. 그것이 비판보다 훨씬 이롭고 흥미로운 일이며, 공감과 관용과 친절을 키우는 행동이다. "모든 것을 알면 모든 것을 용서할 수 있다." 영국 시인 새뮤얼 존슨은 다음과 같이 말했다. "하느님도 마지막 날까지 인간을 심판하지 않겠다고 했다." 그런데 당신과 내가 어찌 심판하겠는가?

원칙 1 비판이나 비난, 불평을 삼가라.

Don't criticize, condemn or complain.

중요한 사람이
되고 싶은 열망

이 세상에서 다른 사람이 어떤 일을 하게 만드는 방법은 딱 한 가지다. 그 방법을 생각해본 적이 있는가? 그렇다. 단 한 가지 방법은 바로 그 일을 하고 싶게끔 만들어야 한다는 것이다. 기억하자. 대안은 없다.

물론 옆구리에 총을 찔러 시계를 내놓게 할 수는 있다. 해고로 위협하며 직원에게 협조를 얻을 수도 있다. 돌아서는 순간 태도는 바로 바뀔 테지만 말이다. 아이를 때리거나 위협해 원하는 대로 행동하게끔 만들 수도 있다. 그러나 이렇게 조잡한 방법들은 최악의 결과로 되돌아온다.

무언가를 하게 만들기 위해서는 그 사람이 원하는 것을 주는 것이 유일한 방법이다. 그렇다면 사람들은 무엇을 원할까? 지크문트 프로이트는 우리가 하는 모든 일에 두 가지 동기가 작용한다고 말한다. 바로 성적 욕구와 위대해지고 싶은 욕구다.

미국의 저명한 철학자인 존 듀이는 이를 조금 다르게 표현한다. 그가 말하는 인간 본성의 가장 깊은 욕구는 '중요한 사람이 되고 싶은 욕구'다. 이 표현을 기억하자. 책에서 여러 번 등장하게 될 매우 의미 있는 표현이다. 당신은 무엇을 원하는가? 많지는 않아도 몇 가지는 강력하게 끊임없이 갈망할 것이다. 많은 사람이 다음 것들을 원한다.

❶ 건강과 장수
❷ 음식
❸ 수면
❹ 돈과 돈으로 살 수 있는 것
❺ 사후의 삶
❻ 성적 만족
❼ 자식의 행복
❽ 자신이 중요한 사람이라는 느낌

이 요소들은 하나를 제외하고는 대부분 충족된다. 하지만 그 한 가지는 음식이나 잠을 향한 열망만큼 깊고 간절하다 해도 쉽게 충족될 수 없다. 바로 프로이트가 말한 '위대해지고 싶은 욕구'이자 듀이가 표현한 '중요한 사람이 되고 싶은 욕구'다.

링컨은 이렇게 편지를 시작한 적이 있다. "사람은 모두 칭찬을 원합니다." 또 철학자 윌리엄 제임스는 이렇게 말했다. "인간 본성의 가장 깊은 곳에는 인정받고 싶은 갈망이 있다." 제임스는 '바람' '욕구' '희망'이라는 단어 대신 인정받고 싶은 '갈망'이라는 표현을 사용했다. 이것은 끊임없이 인간을 파고드는 굶주림이다. 이 마음의 굶주림을 올바르게 채우는 소수의 사람이 다른 이들을 사로잡는다. 그가 죽으면 장의사도 아쉬워할 정도로 말이다.

　중요해지고 싶은 욕구는 인간과 동물을 구분 짓는 큰 차이점이다. 예를 들어보자. 미주리 농장에서 살던 어린 시절, 아버지는 두록저지 돼지와 혈통 있는 흰 얼굴의 소를 키우셨다. 우리는 중서부 지역 마을 축제와 가축 품평회에 돼지와 흰 얼굴 소를 데려가 전시하고 높은 점수로 일등 상을 받았다. 아버지는 그 증표인 블루리본을 하얀 모슬린 천에 꽂아두고 친구나 지인이 집에 방문하면 꺼내놓았다. 긴 천의 한쪽은 아버지가, 반대쪽은 내가 잡고 우리는 블루리본을 자랑했다. 물론 돼지들은 우승으로 딴 리본에 관심 따위 없었지만 아버지에게는 중요했다. 아버지는 리본을 통해 중요한 사람이 된 느낌을 얻었기 때문이다.

　우리 조상에게 중요한 사람이 되고 싶은 불타는 욕구가 없었다면 문명화는 불가능했다. 그런 욕구가 있기에 인간이 동물과 다른 것이다. 중요해지고 싶은 욕구는 배운 것 없고 가난에 찌든 식료품 점원이 50센트에 떨이로 산 가재도구 상자의 밑바닥에 있던 법률 서적을 공부하게 만드는 힘을 가지고 있다. 당신도 이 점원의 이름을 들어보았을 것이다. 그가 바로 링컨이다.

　찰스 디킨스가 불멸의 소설을 쓰도록 이끈 것도 중요한 사람이 되고 싶은 욕구였다. 건축가 크리스토퍼 렌 경도 이 욕구 때문에 예술적인 석조 건축물을 디자인했다. 존 D. 록펠러는 이 욕구 덕에 다 쓰지도 못할 수많은 돈을 모을 수 있었다! 이 욕구는 동네에서 제일가는 부자가 필요 이상으로 으리으리한 집을 짓는 이유기도 하다. 이 열망 때문에 우리는 최신 유행 옷을 입고, 신상 자동차를 몰고, 자식들이 얼마나 똑똑한지 자랑한다.

그리고 이 욕구에 현혹되어 많은 청소년이 갱단에 가입하고 범죄를 저지르기도 한다. 뉴욕 경찰 국장이던 E.P. 멀루니에 따르면, 자기애로 가득 찬 청소년 범죄자들은 체포된 후 자신이 영웅처럼 대문짝 만하게 나온 끔찍한 신문을 보고 싶어 했다. 이들에게 수감된다는 사실은 별로 중요하지 않았다. 스포츠 선수, 영화배우, TV 스타, 정치인들과 신문에 나란히 얼굴이 나온다는 사실이 그저 흐뭇할 뿐이었다.

당신이 중요한 사람이라는 기분을 얻는 방식을 알려주면 당신이 어떤 사람인지 말해줄 수 있다. 그 방식이 인격을 결정하며, 그 사람을 가장 두드러지게 보여주기 때문이다. 바로 이것이 당신에게 가장 중요한 부분이다. 예를 들어 록펠러는 본 적도 없고, 보지도 않을 중국 베이징의 가난한 수백만 명을 위한 현대식 병원 설립 자금을 기부하며 자신이 중요한 사람이라는 기분을 느꼈다.

반면 딜린저는 도둑질, 은행 강도, 살인 같은 일을 저지르며 자신이 중요한 사람이라고 느꼈다. FBI 요원에게 잡혔을 때 그는 미네소타의 한 농가로 뛰어들어가 외쳤다. "내가 바로 딜린저다!" 딜린저는 자신이 가장 흉악한 범죄자로 꼽힌다는 사실을 자랑스러워했다. 그는 이렇게 말했다. "해치지는 않겠다. 하지만 나는 딜린저다!" 그렇다. 록펠러와 딜린저는 자신이 중요한 사람이라는 느낌을 얻는 방식이 달랐다.

역사를 살펴보면 자신이 중요하다는 기분을 얻기 위해 유명인이 고군분투한 재밌는 사례가 가득하다. 조지 워싱턴조차 '미국 대통령 각하'라 불러주기를 원했고, 콜럼버스는 '해군 제독이자 인도 총독'이라는 호칭을 간절히 바랐다. 예카테리나 2세는 '여왕 폐하'라고 적히지 않은 편지는 열지도 않았다. 링컨의 부인은 백악관에 있을 당시 그랜트 장군의 부인에게 호랑이처럼 달려들며 소리쳤다고 한다. "허락도 안 했는데 감히 내 앞에서 앉아 있다니요?"

1928년에 미국 백만장자들이 버드 제독의 남극 탐사를 금전적으로 지원한 이유 역시 얼음 산맥에 자신들의 이름이 붙을 거라는 이해가 있었기 때문이다. 빅토르 위고는 프랑스 파리의 명칭을 자기 이름으로 바꾸고 싶은 열망이 가득했다. 대가 중의 대가인 셰익스피어조차 가문의 문장을 얻어 더욱 이름을 빛내고 싶어 했다.

사람들은 동정과 관심, 중요하다는 느낌을 위해 병약해지기도 한다. 미국 매킨리 대통령의 부인을 예로 들어보자. 매킨리의 부인은 남편이 중대한 나랏일은 무시하고 침대에 같이 누워 몇 시간씩 팔베개를 하고 재워줄 때 자신이 중요한 사람이라고 느꼈다. 그는 치과 치료를 받을 때도 남편에게 옆에 있으라 강요하며 관심받고 싶은 부단한 욕망을 채웠다. 한번은 매킨리가 국무장관인 존 헤이와 만나기 위해 부인을 치과에 혼자 남겨두고 떠나자 난리가 나기도 했다.

작가인 메리 로버츠 라인하트는 중요한 사람이 되고 싶어 밝고 활기찬 젊은 여인이 자진해서 환자가 된 사례를 들려주었다. "어느 날 이 여인은 노화처럼 어쩔 수 없는 현실을 직면했어요. 앞으로는 기대할 것도 별로 없고, 외로운 날만 남은 듯했죠. 그래서 몸져누웠어요. 그 후로 10년간 그의 노모가 3층까지 왔다 갔다 하며 식사를 나르고 돌봐야 했답니다. 그러던 어느 날 수발에 지친 노모가 쓰러져 죽어요. 그러자 여인은 몇 주 동안 괴로워하다 침대에서 일어나 옷을 입고 다시 일상생활을 시작했답니다."

전문가들은 말한다. 가혹한 현실 세계에서 중요하다는 느낌을 받지 못한 사람이 정신이상이라는 허구 세계에서 이를 찾기 위해 실제로 미치기도 한다고. 미국에서는 그 어떤 질병을 합친 것보다 정신 질환으로 고통받는 환자가 많다.

정신 질환의 원인은 무엇일까? 광범위한 질문인 만큼 답을 찾기가 쉽지 않다. 그러나 우리는 매독 같은 특정 질병이 뇌세포를 망가뜨려 정신 질환을 일으킨다는 것을 알고 있다. 실제로 전체 정신 질환의 절반은 뇌 손상, 음주, 독소, 부상 같은 물리적 요소가 원인이다. 끔찍한 건 그 외 다른 절반의 원인이다. 이 경우에는 뇌세포에 아무런 문제가 없는데도 미치광이가 된다. 사후에 고성능 현미경으로 이들의 뇌세포를 검사한 결과, 보통 사람처럼 건강했다.

그렇다면 이들은 왜 미친 걸까? 유명한 정신병원의 의사에게 원인을 물어본 적이 있다. 그는 이 분야와 관련해 명성이 높고 빛나는 상을 받아왔지만 자신도 원인을 모르겠다고 솔직히 답했다. 누구도 확실히 알 수는 없다. 그러나 그는 정신 질환을 앓는 많은 이가 현실 세계에서 느낄 수 없던 중요한 사람이라는 기분을 정신이상 상태에서 느낀다며, 한 환자 이야기를 들려주었다.

"결혼이 재앙으로 끝난 환자 한 분이 있었어요. 이 여성은 사랑, 성적 만족, 자식, 사회적 지위를 모두 얻고 싶어 했죠. 하지만 물거품이 되어버렸어요. 남편이 자신을 사랑하지 않았거든요.

남편은 같이 밥 먹는 것도 거부하고 위층의 자기 방으로 식사를 가져오게 했죠. 자식도, 사회적 입지도 가질 수 없던 여성은 점점 미쳐갔어요. 그러고는 상상 속에서 남편과 이혼하고 결혼 전 성을 되찾죠. 이제 자기는 영국 귀족과 재혼했다며 레이디 스미스로 부르도록 시켰고, 또 매일 밤 새로운 아기가 생긴다고 상상했어요. 제가 방문할 때마다 말하죠. '선생님, 저 간밤에 아기를 낳았어요.'"

꿈으로 가득했던 인생의 배가 현실이라는 날카로운 암초에 부딪혀 무너진 것이다. 그러나 그 배는 따사롭고 환상적인 광기라는 섬에서 돛을 통과하는 바람의 노랫소리, 휘날리는 깃발과 함께 항구로 달려갔다.

"비극이라고요? 글쎄요, 잘 모르겠습니다." 의사는 내게 말했다. "제 손으로 정신을 되돌릴 수 있다 해도 그러고 싶지는 않네요. 그 환자는 지금 훨씬 행복하거든요." 중요해지고 싶은 간절함에 굶주려 그것을 위해 실제로 미쳐버리는 사람이 있다면, 이런 광기의 이면을 진정으로 알아줄 때 어떤 기적이 일어날지 생각해보자.

찰스 슈와브는 미국에서 거의 최초로 연봉 100만 달러 이상을 받은 사람이다. 소득세도 없고 주급 50달러를 받는 이가 부유하다고 여겨지던 시절에 말이다. 1921년, 앤드루 카네기는 새로운 제강 회사 US 스틸의 초대 사장으로 찰스 슈와브를 앉힌다. 그때 슈와브의 나이는 고작 38세였다. 심지어 훗날 슈와브는 US 스틸을 떠나 당시 문제가 많던 베들레헴스틸을 맡아 미국에서 가장 수익성 높은 기업으로 재건하기도 했다.

왜 앤드루 카네기는 찰스 슈와브에게 연봉 수백만 달러를 주었을까? 슈와브가 천재라서? 아니다. 다른 이들보다 철강 제조에 관해 빠삭해서? 말도 안 된다. 슈와브는 자기보다 철강 제조를 훨씬 잘 아는 직원들이 많다고 내게 말했다.

그는 자신이 고액 연봉을 받는 이유가 사람을 다루는 능력 덕분이라고 밝혔다. 그 비결을 물었을 때 슈와브가 한 말을 그대로 싣겠다. 동판에 새겨 이 땅의 모든 가정과 학교와 상점과 사무실에 걸어두어야 할 어록이다. 라틴어 동사 활용이나 브라질의 연강수량 따위를 외우는 것보다 훨씬 새겨들어야 할 말이다. 이 말을 지키고 살면 인생은 달라질 수 있다.

"제가 가진 가장 큰 장점은 직원들의 열정을 자극하는 능력입니다. 사람들의 잠재력을 최대한 끌어내기 위해서는 인정과 격려가 필요해요. 상사의 비난처럼 한 사람의 야망을 꺾는 일도 없습니다. 저는 누구도 비판하지 않습니다. 일하는 동기를 부여해야 한다고 믿죠. 따라서 칭찬을 즐기되, 결점은 찾지 않습니다. 무언가 마음에 들 때는 진심으로 폭풍 같은 칭찬을 보내죠."

슈와브는 이를 실천했다. 그렇지만 보통 사람들은 어떤가? 정반대로 행동한다. 무언가 마음에 들지 않을 때는 부하 직원에게 고함을 치고 마음에 들면 아무 말도 하지 않는다. "잘못했을 때는 온갖 소리를 다 들었고, 잘했을 때는 아무 소리도 들리지 않았다"는 오래된 시 구절처럼 말이다.

"살면서 폭넓은 관계를 쌓고 세상의 다양한 위인을 많이 만나보았지만, 지위를 막론하고 비판받는 상황보다 인정받을 때 모두 더 큰 노력을 기울이고 좋은 성과를 냈습니다." 슈와브는 앤드루 카네기의 엄청난 성공도 이 덕분이라고 허심탄회하게 말했다.

카네기는 사석에서든 공석에서든 직원들을 칭찬했다. 그는 죽은 비서의 묘비에도 칭찬을 남기고 싶어 직접 비문을 남기기도 했다. "자기 주변의 현명한 사람들을 잘 보필한 이가 여기 잠들었다."

존 D. 록펠러가 사람을 잘 다룰 수 있던 비결 역시 진심 어린 인정이었다. 한번은 파트너인 에드워드 T. 베드퍼드가 남미에서 잘못된 선택을 내려 회사에 수백만 달러의 손해를 입히는 일이 있었다. 록펠러는 책임을 물을 수도 있었지만 이미 사건은 벌어졌고, 그는 베드퍼드가 최선을 다했다는 걸 잘 알았다. 그래서 대신 칭찬할 거리를 찾았다. 록펠러는 베드퍼드 덕분에 투자금의 60퍼센트를 보존할 수 있었다고 추켜세우며 말했다. "대단하네. 그만큼 돈을 회수하기도 쉽지 않아."

나는 실제로 일어나지 않았더라도 진실을 꿰뚫는 이야기들을 스크랩해둔다. 한번 들어보자. 농장에서 가족과 지내는 한 여인이 힘든 일과가 끝나고 들어온 남편과 아들에게 식사로 건초 더미를 내놓았다. 그러자 두 사람은 여인에게 정신이 나간 거 아니냐며 화를 냈고, 여인은 대답했다. "왜? 알아챌지 아닐지 네가 어떻게 알아? 지난 20년간 요리를 해다 바쳐도 음식이 어떤지에 대해서는 일언반구 들은 적이 없는데."

집 나간 아내에 관한 조사 결과를 살펴보자. 주된 원인이 무엇이라고 생각하는가? 바로 '인정의 부족'이다. 장담한다. 집 나간 남편에 관해 유사한 조사를 해도 같은 결과가 나올 것이다. 우리는 배우자를 너무 당연하게 여긴 탓에 고마움을 표현하지 않는다.

한번은 우리 강의를 듣는 수강생 한 명이 아내의 요청에 관한 이야기를 들려주었다. 그의 아내는 같은 교회에 다니는 몇 몇 여성과 함께 자기계발 프로그램을 수강 중이었다. 그러던 어느 날, 아내는 그에게 더 좋은 아내가 되기 위해 필요한 6가지를 알려달라고 했다.

"놀라운 부탁이죠. 솔직히 바꾸고 싶은 6가지를 꼽는 게 얼마나 쉽습니까. 제 아내는 남편의 바꾸고 싶은 점을 쓰라면 수천 가지를 적을 거예요. 하지만 저는 그렇게 하지 않았습니다. '좀 생각해보고 아침에 답해줄게'라 말했죠. 다음 날 아침에 일찍 일어나 꽃집에 전화해서 아내 앞으로 빨간 장미 여섯 송이를 보내달라고 부탁했습니다. 이런 메모를 적어서요. '더 좋은 아내가 되기 위해 바꿀 만한 게 없소. 나는 지금의 당신이 그대로 좋은걸.' 저녁에 집에 도착했을 때 누가 달려 나왔을까요? 그렇습니다. 바로 아내였죠! 감동을 받아 울먹이면서요. 아내가 요청한 대로 지적하지 않은 게 천만다행이지 뭡니까. 아내는 그 주 일요일 교회에서 과제 결과를 공유했어요. 같이 수업을 듣는 여성들이 제게 다가와 '정말 사려 깊게 행동하셨네요'라고 말하더군요. 인정의 힘을 그때 깨달았어요."

플로렌즈 지그펠드는 브로드웨이를 매혹한 전설적인 뮤지컬 제작자다. 지그펠드는 '평범한 미국 여성을 매력적으로 만드는' 뛰어난 능력으로 명성을 높였다. 그는 눈길이 잘 가지 않는 볼품없는 사람도 무대 위에 서면 신비롭고 매력적인 멋진 모습으로 변화시키는 데 탁월한 능력을 가지고 있었다. 인정과 자신감의 가치를 알던 지그펠드는 순전히 친절과 배려의 힘으로 여성들이 아름답다고 느끼게 만들었다. 현실적인 면을 중시해서 주당 30달러를 받던 코러스 걸의 급여를 175달러까지 올리기도 했다. 그는 정말 신사다웠다. 뮤지컬 〈폴리스Follies〉가 초연하는 날 밤에는 주연배우들에게 축전을 보내고, 쇼에 참여하는 모든 코러스 걸에게 진홍색 장미 꽃다발을 선사했다.

예전에 나는 단식 유행에 뛰어들어 6일 밤낮을 안 먹고 지내보기도 했다. 그렇게 어렵지는 않았다. 오히려 이틀째보다 여섯째 날이 끝나갈 때 배고픔이 덜할 정도였다. 그러나 사람들은 내 가족이나 내 직원을 6일 동안 음식 없이 지내게 놔두는 건 범죄에 가깝다고 생각할 것이다. 그런데도 사람들은 가족이나 직원이 음식만큼이나 간절히 원하는 '진정한 인정'을 6일, 6주, 아니 60년을 전하지 않은 채 보낸다.

〈빈에서의 재회Reunion in Vienna〉라는 영화에서 주연을 맡은 당대 최고의 배우 앨프리드 런트는 이렇게 말했다. "나에게 가장 필요한 건 내 자부심을 키워줄 영양분이다." 우리는 자식, 친구, 직원의 신체에 필요한 영양분을 공급한다. 그러나 그들의 자부심에까지 영양분을 주는 일은 드물다. 에너지에 필요한 고기와 감자는 마련하면서 인정의 말은 중요하게 여기지 않는 것이다. 따뜻한 말은 샛별이 들려주는 음악처럼 수년간 상대의 마음속에 울릴 텐데 말이다.

폴 하비는 자신의 라디오 쇼 〈남겨진 이야기The Rest of the Story〉에서 진심 어린 인정이 사람의 인생을 어떻게 바꾸는지 들려주었다. 수년 전, 디트로이트의 한 선생님이 스티비 모리스라는 학생에게 교실에서 없어진 쥐를 찾아달라고 한다. 반에서 누구도 지니지 못한 스티비만의 특별한 능력을 알아본 것이다. 사실 스티비는 눈이 안 보이는 대신 뛰어난 청력을 가지고 있었다. 하지만 타고난 청력을 인정받은 것은 그때가 처음이었다. 세월이 흐른 후 스티비는 그 인정이 새 인생을 살아가는 출발점이 되었다고 고백한다. 그때부터 그는 소리에 민감한 뛰어난 재능을 발전시켜 1970년대 스티비 원더라는 예명의 최고의 작곡가이자 팝 가수가 되었다.

어떤 독자들은 지금쯤 이렇게 말할 수 있겠다. "쳇! 아첨하고 아양 떨라고? 그런 거 다 해봤지만 소용없던데. 똑똑한 사람들은 금방 알아차려." 당연히 분별 있는 이들에게 아첨은 통하지 않는다. 아첨은 천박하고 이기적이고 진정성이 없다. 보통은 실패하며 또 그게 당연하다. 물론 어떤 이들은 인정에 너무 굶주리고 목말라 아무것이나 받아먹기도 한다. 아사 직전의 사람이 풀과 지렁이라도 먹듯 말이다.

심지어는 빅토리아 여왕조차 아부에 약했다. 영국 총리였던 벤저민 디즈레일리는 여왕을 대할 때 좀 더 과장해서 마음을 사기 위해 노력했다고 고백했다. 정확하게는 '삽으로 아부를 퍼올렸다'고 표현했다. 그러나 디즈레일리는 대영제국을 통치한 그 누구보다 세련되고 능숙하고 빈틈없는 사람이었다. 그러니 그에게 유효한 방법이었다고 우리에게도 유효하리라는 보장이 없다. 장기적인 관점에서 보았을 때 아첨은 이롭기보다 해로운 쪽에 가깝다. 위조지폐처럼 진짜가 아니기 때문이다. 위조지폐를 다른 사람에게 건네면 문제가 발생하듯이 결국 아첨한 당사자는 곤란해지고 만다.

그렇다면 인정과 아첨은 무엇이 다를까? 간단하다. 인정은 진실하고, 아첨은 그렇지 않다. 인정은 마음에서 우러나오고, 아첨은 입에서 나온다. 인정은 이타적이고, 아첨은 이기적이다. 인정은 모두에게 환대받고, 아첨은 비난받는다.

최근에 멕시코시티 차풀테펙 궁전에서 멕시코의 영웅 알바로 오브레곤 장군의 흉상을 보았는데, 흉상 아래에는 장군의 철학이 담긴 잠언이 새겨져 있었다. "당신이 두려워할 대상은 공격하는 적이 아닌 아첨하는 친구다." 그러니 나는 절대! 절대! 아첨을 제안하는 것이 아니다. 오히려 그 반대다. 내가 제안하는 건 새로운 삶의 방식이다. 기억하자. 우리는 지금 삶을 살아가는 새로운 방식을 논하고 있다.

영국의 왕 조지 5세는 버킹엄 궁전에 있는 서재 벽에 여섯 개의 격언을 써놓았다. 그중에는 "값싼 칭찬은 하지도, 받지도 않게 하소서"라는 말이 있다. 값싼 칭찬, 그것이 모두 아첨이다. 언젠가 아첨에 대한 이런 말을 읽은 적이 있다. "아첨은 상대방이 생각하는 스스로의 모습을 그대로 말해주는 것이다." 다시 곱씹어볼 만한 정의다. 랠프 월도 에머슨은 이렇게 말하기도 했다. "어떤 언어를 사용하든 말은 당신의 모습을 보여준다."

하지만 아첨만으로 모든 게 다 해결된다면 모두가 쉽게 숙달해서 인간관계의 전문가가 되었을 것이다. 우리는 어떤 확실한 문제가 눈앞에 닥치지 않는 한 보통 95퍼센트의 시간은 자신에 관해 생각하며 보낸다. 자, 잠시 그 생각을 멈추고 다른 사람의 장점을 떠올려보자. 그러면 입에서 나오기도 전에 알아차릴 싸구려와 가짜 아첨에 의지할 필요가 없다.

살아가며 가장 잊기 쉬운 가치가 바로 인정이다. 아이들을 키울 때는 좋은 성적을 가지고 와도 칭찬에 인색하고, 난생처음

케이크를 굽거나 새집을 짓는 데 성공해도 격려해주지 않는다. 그러나 부모의 관심과 인정보다 아이들을 기쁘게 하는 것은 없다. 만약 다음에 식당에서 스테이크를 먹게 된다면 정말 잘 구워졌다고 요리사를 칭찬해보자. 피곤해 보이는 영업 사원이 매우 친절하게 당신을 대할 때도 마찬가지로 고마움을 표현하자.

모든 성직자, 강연자, 연설가는 열과 성을 쏟아부어 강연을 마치고도 청중에게 단 한 번의 감사 인사를 받지 못할 때의 실망감을 잘 안다. 그리고 전문가가 느끼는 이런 실망감은 우리 가족, 지인, 사무실과 상점과 공장에서 일하는 노동자에게 두 배로 다가온다. 우리가 대하는 모든 이가 한 인격체며 인정에 목말라 있다는 사실을 잊지 말자. 인정은 모든 영혼에 필요한 법정화폐다.

일상에서 감사라는 작은 불꽃을 친절하게 남겨보자. 그러면 놀랍게도 당신이 다음번에 방문했을 때 그것이 우정이라는 작은 불을 피워 장밋빛 등불을 환하게 밝혀줄 것이다. 코네티컷주 뉴페어필드에 사는 파멜라 던햄의 사례가 이를 잘 보여준다. 던햄은 형편없이 일하는 청소부를 관리해야 했다. 직원들은 그 청소부가 얼마나 일을 못하는지 알려주려는 듯 조롱하며 복도에 일부러 쓰레기를 버렸고, 상황은 점점 나빠져 가게의 생산성까지 떨어져 갔다.

파멜라는 그에게 동기를 부여하고자 다양한 방법을 시도했지만 모조리 실패했다. 그러던 중 그 청소부가 잘하는 일을 발견할 때면 다른 직원들 앞에서 칭찬을 아끼지 않기 시작했는데, 놀랍게도 이후부터 일솜씨가 날마다 향상되었고, 곧 모든 업무의 효율성이 높아졌다. 청소부가 훌륭하게 자기 일을 해내게 된 것이다. 그러자 다른 직원들도 자연스레 그를 인정하고 고마움을 표했다.

이렇듯 비난과 조롱은 실패하고 진심 어린 인정이 성과를 이끄는 법이다. 다른 이의 마음에 상처를 줘봤자 변화가 일어나지 않을뿐더러 그럴 필요도 없다. 나는 매일 보는 거울에 이런 잠언을 붙여놓았다. "나는 이 길을 한 번 지나간다. 그러므로 사람들에게 줄 수 있는 친절과 행동을 지금 실천하겠다. 다시는 이 길을 갈 수 없으니 친절을 미루거나 외면하지 않겠다."

에머슨은 말했다. "내가 만나는 모든 이는 나보다 뛰어난 면이 있기에 배울 점이 있다." 위대한 사상가인 에머슨도 그렇게 생각한다면 우리에게는 천배 더 맞는 말이 아닐까? 우리의 성과와 바람에 관해서는 잠시 생각을 멈추자. 타인의 장점을 생각하려 애쓰자. 아첨 따위는 잊고 솔직하고 진심 어린 인정을 표현하자. 진심으로 인정하고 칭찬을 아끼지 말자. 그러면 사람들도 당신의 말을 소중히 여기고, 평생 간직하고, 되새기기 마련이다. 만약 당신이 그 말을 잊더라도 그들은 당신의 말을 기억할 것이다.

원칙 2 솔직하고 진심 어린 인정을 표현하라.

Give honest and sincere appreciation.

3

이렇게 하는 이는
세상을 얻는다

나는 여름이면 종종 메인주에 낚시를 하러 간다. 내가 딸기
와 크림을 좋아하는 것과 달리 이상하게도 물고기는 벌레를 좋아
한다. 따라서 낚시할 때는 내 취향을 생각하지 않고 물고기가 무
엇을 원할지 생각한다. 딸기와 크림이 아닌 지렁이나 메뚜기를 미
끼로 삼아 물고기 앞에 매달고 묻는다. "먹고 싶지?" 물고기를 낚
을 때와 같은 생각의 논리를 사람에게도 적용하면 어떨까?

제1차세계대전 당시 영국의 총리였던 로이드 조지가 바로
이런 방식을 취했다. 누군가 물었다. 윌슨, 올랜도, 클레망소 같은
전쟁의 리더가 물러난 후에도 조지가 권력의 핵심에 있는 비결이
무엇이냐고. 조지는 리더의 위치를 유지한 건 바로 물고기에 알맞
은 미끼를 주는 중요성을 안 덕분이라고 답했다.

왜 내가 원하는 것만 논하는가? 유치하고 어리석은 일이
다. 물론 인간은 자신이 원하는 것을 평생 중요히 여긴다. 그러나
다른 사람은 당신이 원하는 것에 관심이 없다. 세상 사람 모두가
마찬가지다. 사람들은 자신이 원하는 것에 관심이 있다. 그러므로

다른 사람을 움직이는 유일한 방법은 상대가 원하는 것에 대해 이야기하고 그걸 얻는 방법을 알려주는 것이다. 상대방이 어떤 행동을 하게끔 만들고 싶다면 이것을 기억하자. 예를 들어 아이에게 담배를 피우지 말라고 설교하며 당신의 바람을 말하지 말자. 단, 담배를 피우면 농구 팀에 들어가지 못한다거나 100미터 달리기에서 질 수도 있다는 걸 알려주자.

그 대상이 자식이든 송아지든 침팬지든 똑같다. 하루는 랠프 월도 에머슨이 아들과 함께 송아지를 외양간에 들여보내려 애쓰고 있었다. 그러나 두 사람은 자신이 원하는 것만 생각하는 흔한 실수를 저질렀다. 에머슨은 송아지를 밀고 아들은 송아지를 잡아당겼다. 한편 송아지도 똑같이 자기가 원하는 것만 생각했다. 그래서 들판에 남고자 고집스럽게 버텨댔다.

이때 아일랜드에서 온 여자 하인이 이 곤란한 상황을 목격했다. 비록 하인이 에머슨처럼 에세이와 책을 쓰지는 못하더라도 말과 송아지를 다루어본 경험은 더 많았다. 하인은 송아지가 원하는 것이 무엇일지 생각했다. 그러고는 지기 손가락을 송아지 입에 넣어 핥게끔 하며 외양간으로 부드럽게 이끌었다.

우리가 태어난 순간부터 해온 모든 행동은 무엇을 원하기 때문에 일어났다. 적십자사에 큰돈을 기부한 행동도 마찬가지다. 도움의 손길을 주고 싶고, 아름답고 이타적이고 신성한 행동을 하고 싶어 기부한 것이다. "가장 작은 한 명에게 베푼 것이 곧 내게 한 것이니라"라는 성경 구절처럼 말이다. 돈보다 그런 감정을 원했기 때문에 도움을 준 것이다. 물론 거절하기 부끄럽거나 고객이 요청해서 도움을 준 것일 수도 있다. 그러나 한 가지만큼은 분

1부 인간관계의 3가지 기본 원칙

명하다. 당신은 무언가를 원해서 기부했다.

　심리학자 해리 A. 오버스트리트는 그의 계몽적 저서 『인간 행동에 영향을 미치는 법Influencing Human Behavior』에서 말했다. "행동은 우리의 본질적 욕구에서 나온다. … 회사에서든 집에서든 학교에서든 정치판에서든 설득하고 싶은 자에게 줄 수 있는 최고의 조언은 다음과 같다. 먼저 다른 사람의 열망을 자극하라. 그러는 자는 세상을 얻을 것이고, 그렇지 못한 자는 고독한 길을 가게 될 것이다."

　스코틀랜드 출신의 가난한 청년이던 앤드루 카네기가 처음 받은 시급은 단돈 2센트였다. 훗날 그는 3억 6500만 달러를 기부한다. 카네기는 사람을 움직이는 유일한 방법은 상대방이 원하는 관점에서 말하는 것임을 일찍이 깨우쳤다. 학교는 4년밖에 다니지 못했지만 사람을 대하는 그의 기술은 뛰어났다.

　예를 들어보자. 카네기의 처제는 두 아들 때문에 걱정이 태산이었다. 예일대학교에 재학 중이던 아들들은 자기 볼일을 보느라 바빠 집에 연락도 하지 않고, 안달이 난 엄마가 쓴 편지에도 관심을 두지 않았다. 이때 카네기는 애원하지 않아도 답장을 받아낼 수 있다며 100달러 내기를 제안했고, 누군가가 내기에 응하자 조카들에게 친근한 편지를 썼다. 그리고 각자에게 5달러씩 동봉한다는 추신을 덧붙였다. 하지만 실제로 돈을 부치지는 않았다. 그러자 조카들은 곧바로 '친애하는 카네기 이모부께'로 시작하는 감사 답장을 보냈다. 뒷 내용이 어떨지는 말하지 않아도 알 수 있을 것이다.

　우리 강좌에 참여한 오하이오주 클리블랜드에 사는 스탠

노백은 설득의 좋은 사례를 들려주었다. 스탠이 퇴근 후 돌아온 어느 날 밤이었다. 집에 돌아오자 막내아들 팀이 다음 날 입학하는 유치원에 가지 않겠다며 거실 바닥에서 소리를 지르고 발버둥을 치고 있었다. 보통 때 같으면 다른 선택권 없이 아이를 방에 밀어 넣은 뒤 마음을 고쳐먹는 게 좋을 거라고 말했을 것이다. 그러나 그래서는 기분 좋게 유치원을 다니는 데 진정한 도움이 되지 않겠다는 생각이 들었고, 스탠은 앉아서 고민을 시작했다. '내가 팀이라고 생각해보자. 유치원에 가면 뭐가 좋을까?'

고민하던 스탠과 그의 부인은 손가락 페인팅, 노래 부르기, 새 친구 사귀기 같은 재밌는 활동을 추린 다음 행동에 옮겼다. "저, 아내, 큰아들 밥은 식탁에 둘러앉아 즐겁게 손가락 페인팅을 했어요. 그러자 곧 팀도 구석에서 지켜보기 시작했고, 어느새 자기도 하겠다며 졸랐죠. '어머, 안 된단다! 손가락 페인팅을 배우려면 먼저 유치원에 가야 하거든.' 저는 이렇게 말한 후 팀이 이해할 수 있는 범위 내에서 유치원에서 하는 재밌는 활동들을 열심히 설명했어요.

다음 날 아침, 제가 가장 일찍 일어난 줄 알고 계단을 내려갔더니 글쎄 팀이 거실 의자에 앉아 곤히 자는 게 아니겠어요? '여기서 뭐 하니?'라고 묻자 '유치원 가려고 기다리는 중이에요. 지각하기 싫거든요'라고 답하는 거 있죠. 우리 가족이 보여준 열정이 팀의 열망을 자극한 겁니다. 설명하고 협박했다면 그런 결과가 나오지 않았을 거예요."

누군가가 어떤 행동을 하게끔 설득하고 싶은가? 그렇다면 말을 꺼내기 전에 잠시 멈추고 자문해보자. "이 사람이 그 일을 하고 싶게 만들려면 어떻게 해야 할까?" 이런 생각을 하면 경솔하게 상황에 달려들어 쓸데없이 내가 원하는 것만 떠들어대지 않을 수 있다.

나는 뉴욕 어느 호텔의 연회장을 시즌마다 20일씩 빌려 강연을 열어왔다. 그런데 한 시즌을 앞둔 상황에서 갑자기 세 배나 더 많은 임대료를 내라는 호텔의 통보를 받은 적이 있다. 이미 강연 표도 배포되고 모든 공지가 나간 상태였다. 물론 나는 인상된 금액을 내고 싶지 않았다. 그렇지만 호텔에 내가 원하는 바를 말해봤자 별다른 소용이 없을 터였다. 호텔 측은 자신이 원하는 것에만 관심이 있을 테니 말이다. 그래서 며칠 후에 직접 매니저를 만나러 갔다.

"편지를 받고 조금 놀랐습니다." 나는 말을 꺼냈다. "비난하는 건 전혀 아닙니다. 제가 매니저님 입장이어도 비슷한 편지를 썼을 거예요. 매니저님은 호텔의 수익을 높여야 할 책임이 있으니까요. 그렇지 않다면 해고를 당할 테고, 또 그게 맞는 일이죠. 자, 제가 종이에 임대료를 인상할 때 호텔에 발생하는 장단점을 한번 적어보겠습니다."

나는 종이를 꺼내 가운데에 선을 긋고 한쪽에는 '장점' 반대쪽에는 '단점'이라고 썼다. 그리고 장점 밑에 '연회장 대관 가능'이라고 적으며 말을 이어갔다.

"연회장을 파티와 전시회 용도로 대관할 수 있는 건 장점입니다. 그런 행사는 강연보다 더 많은 돈이 될 테니 굉장히 큰 이익이죠. 제가 시즌마다 20일씩 연회장을 사용하면 호텔은 수익성이 높은 기회를 잃을 수도 있는 거니까요.

이제 단점을 살펴볼까요? 우선 제게서 받을 수익은 느는 게 아니라 줄어들 겁니다. 아니 사실 아예 없어질 겁니다. 저는 요구하신 비용을 낼 수 없거든요. 강연을 다른 곳에서 열 수밖에 없겠죠. 다른 단점도 있습니다. 저희 강연에는 교양 있고 지적인 수많은 청중이 모입니다. 호텔 입장에서 좋은 광고가 될 거예요. 그렇지 않나요? 신문에 5000달러를 주고 광고한다 해도 제 강연처럼 많은 사람을 호텔로 데려올 수는 없을 겁니다. 호텔로서는 매우 큰 가치가 아닐까요?"

나는 설명하면서 두 항목을 단점 쪽에 적은 후 매니저에게 종이를 건넸다. "호텔에 발생할 장단점을 면밀하게 검토하신 후에 최종 결정을 알려주세요."

답장은 바로 그다음 날 왔다. 호텔 측은 세 배가 아닌 기존의 50퍼센트만 임대료를 인상하겠다고 했다. 내 바람은 언급도 하지 않았는데 이렇게 숫자가 감소한 것이다. 나는 상대에게 중요한 것과 그것을 얻는 방법만 내내 이야기했을 뿐인데 말이다.

내가 보통 사람처럼 반응했다고 쳐보자. 매니저 사무실을 박차고 들어가 이렇게 외치는 거다. "임대료를 300퍼센트 올리겠다니 말이 됩니까? 이미 강연 표도 나오고 공지도 나간 걸 뻔히 알면서? 300퍼센트라뇨! 말도 안 되고 어처구니가 없네요! 못 냅니다!" 그러면 어떻게 될까? 논쟁은 점점 과열되다 폭발했을 것이고 결말도 뻔하다. 매니저는 임대료 인상이 잘못된 판단이었다는 걸 깨달아도 자존심 때문에 양보하지 않았을 것이다.

인간관계 기술에 관한 최고의 조언이 있다. 헨리 포드는 "성공의 비결은 다른 사람의 관점을 파악하고 나뿐만 아니라 그 사람의 눈으로 상황을 바라보는 능력에 달렸다"고 말했다. 너무 명쾌한 말이라 다시 반복하고 싶다. "성공의 비결은 다른 사람의 관점을 파악하고 나뿐만 아니라 그 사람의 눈으로 상황을 바라보는 능력에 달렸다."

너무 간단하고 명백해 모두 한눈에 간파할 것 같은 사실이지만, 90퍼센트의 지구인이 90퍼센트의 시간 동안 이를 묵살한다. 사례를 들어볼까? 당장 내일 아침 당신의 책상에 놓인 편지들을 살펴보자. 대부분의 편지는 이 중요한 진리에 어긋나 있다. 다음은 전국에 지사를 둔 한 광고대행사의 라디오 부서 팀장이 보낸 편지 내용이다. 각 지역의 라디오 방송국 담당자에게 발송된 이 편지를 함께 살펴보자(문장마다 괄호 안에 내 의견을 적었다).

○○○ 귀하

존 블랭크님, 우리 회사는 라디오 분야에서 계속해서 선도적인 광고대행사가 되고 싶은 열망이 있습니다.

(당신 회사의 열망 따위에 누가 관심이 있는지? 나는 내 문제만으로도 골치 아프다고. 은행은 집을 압류하려 하고, 벌레는 앞마당 접시꽃을 파먹었어. 주식시장은 어제 폭락했고, 오늘 아침에는 8시 15분 기차를 놓쳤지. 지난밤 존의 댄스파티에도 초대받지 못했다고. 의사는 내가 고혈압과 신경염에 비듬까지 있다고 하네. 그런데 이게 뭐야? 걱정을 산더미같이 안고 사무실로 와 편지를 열었더니 뉴욕의 어떤 애송이가 자기 회사가 뭘 원하는지 떠들어대네. 쳇! 이 편지가 나한테 어떤 인상을 주는지 깨달으면 광고계를 떠나 살충제를 만들 텐데.)

저희 광고대행사는 전국적으로 많은 고객을 보유하고 있는 견고한 네트워크를 자랑합니다. 광고 시간도 계속 확보해 매년 최고의 대행사 위치를 지키고 있습니다.

(그래 잘나가고, 크고, 돈도 많이 번다는 말이지? 그래서 어쩌라고? 당신네 회사가 GM, GE, 미국 육군 전체를 합한 것만큼 크다 해도 난 콧방귀도 안 뀌어. 얼빠진 벌새만큼만이라도 생각이라는 게 있다면 내 관심사는 남이 아닌 내가 잘나가는 거란 걸 알 텐데⋯. 이런 엄청난 성공담을 보니 내가 더 작고 볼품없이 느껴지잖아.)

우리 회사는 라디오 방송의 최신 정보를 고객들에게 제공하기를 원합니다.

(또 당신네가 원하는 것! 정말 구제 불능이군. 나는 당신 회사든 대통령이든 뭘 바라는지 관심 없어. 분명히 말하지만 내 관심사는 내가 바라는 것들이라고. 이런 말도 안 되는 편지에는 일언반구 언급두 없지만 말이야.)

하여 효율적인 광고 시간을 확보할 수 있는 주간 방송 정보를 제공할 때, 저희 회사를 선호 업체로 넣어주실 수 있는지 여쭙습니다.

('선호 업체'라니. 가당키나 한가! 한껏 잘난 척하며 나를 보잘 것 없이 만들어놓고 선호 업체에 넣어달라니. 그러면서 '부탁 드립니다'라는 말도 하지 않는군.)

1부 인간관계의 3가지 기본 원칙

이 편지를 읽으신 즉시 귀사의 최근 '업무'를 알려주시면 상호 간에 도움이 될 것입니다.

(이 멍청이! 싸구려 편지지를 낙엽처럼 온갖 곳에 뿌리고서는 나에게 그런 걸 요구하다니, 뻔뻔하기도 하네. 나는 지금 대출과 접시꽃과 혈압이 걱정인데, 각 잡고 앉아 답장을 보내달라니. 그것도 '즉시'라니. 도대체 '즉시'가 말이 되나? 나도 당신들만큼 바빠. 적어도 그렇게 생각하고 싶다고. 말 나온 김에, 대체 어떤 권한으로 내게 이래라저래라 명령하는 거야? 상호 간에 도움이 될 거라고? 마침내 내 관점을 생각한 게 이거군. 내게 어떻게 도움이 될지는 여전히 모호하지만 말이야.)

라디오 부서 아무개 팀장 드림.

추신: 관심 있으실 것 같아 《블랭크빌 저널》에 실린 글을 동봉합니다. 귀사의 방송국에 널리 알리셔도 좋습니다.

(드디어, 추신까지 내려와서야 내게 도움이 될 만한 내용을 언급하는군. 왜 처음부터 말하지 않은 거지? 그래도 소용없어. 이렇게 쓸데없는 소리를 늘어놓는 광고인은 머리에 뭔가 문제가 있고 말고. 당신에게 필요한 건 우리 방송국의 최신 정보가 아니라 바보가 되는 것을 막아줄 다량의 아이오딘이야).

자, 평생을 광고에 바치고 소비를 설득하는 기술의 달인이 이렇게 편지를 쓴다면 정육점 주인, 제빵사, 정비공은 어떻겠는가? 이번에는 한 대형 화물 터미널의 감독관이 우리 수강생인 에드워드 버밀렌에게 보낸 편지를 살펴보자. 에드워드는 이 편지를 받고 어떻게 생각했을까? 먼저 읽은 후 이야기해보자.

> 에드워드 버밀렌 귀하
>
> 귀사의 물량 대부분이 오후 늦게 도착해 우리 화물 터미널 운영에 차질이 발생했습니다. 이런 문제는 터미널의 혼잡, 인력 초과근무, 트럭 배차와 화물 운송의 지연으로 이어지죠. 11월 10일, 귀사에서 보낸 510개의 많은 화물이 오후 4시 20분에야 이곳에 도착했습니다.
>
> 늦은 입고 때문에 불미스러운 상황이 발생하지 않게끔 협조 부탁드립니다. 이번처럼 물량이 많을 때는 화물 트럭을 더 일찍 보내시거나 일부를 오전에 먼저 전달해주시겠습니까? 그렇게 해주시면 트럭에서 물건도 빨리 내리고, 입고 당일 귀사의 화물을 처리하는 데도 차질이 없을 것입니다.
>
> J.B. 소장 드림.

이 편지를 읽은 제레가스선스 주식회사의 영업부장 버밀렌은 내게 다음과 같은 의견을 적어 보냈다.

> 편지는 의도한 것과 정반대의 효과를 낳았습니다. 먼저 화물 터미널 운영에 차질이 있다고 편지를 시작하는데요, 솔직히 우리로서는 별로 관심이 가지 않죠. 그리고 우리에게 어떤 불편을 미칠지는 고려하지 않고 협조를 요청합니다. 마지막 문장에 가서야 협조를 잘하면 트럭에서 물건도 빨리 내리고, 입고한 날에 화물을 처리할 수 있다고 말해요. 즉, 우리가 가

장 관심을 가질 내용이 제일 마지막에 등장합니다. 그 결과 협조할 마음보다는 반감을 가지게 되죠.

그러면 편지를 더 나은 방향으로 고쳐보자. 내 문제를 떠드는 데 시간을 쏟지 마라. 헨리 포드가 제안한 것처럼 다른 사람의 관점을 파악하고 나뿐만 아니라 그 사람의 눈으로 상황을 바라보자. 아래는 수정한 편지다. 완벽하지는 않더라도 한결 낫지 않은가?

친애하는 버밀렌님께,

귀사는 지난 14년간 우리 회사의 좋은 고객이 되어주셨습니다. 성원에 매우 감사하며, 저희도 그에 걸맞은 신속하고 효율적인 서비스를 제공하려 최선을 다하고 있습니다. 그러나 지난 11월 10일처럼 많은 물량을 실은 귀사의 트럭이 오후 늦게 도착하면, 안타깝게도 그러한 서비스를 제공할 수가 없습니다. 다른 고객사의 물건도 늦게 도착할 때가 많기 때문입니다. 자연히 터미널이 혼잡해지죠. 그러면 어쩔 수 없이 트럭이 부두에 묶이게 되어 귀사의 화물이 늦게 배송되는 상황이 발생하기도 합니다.

안타까운 일이죠. 하지만 피할 수 있습니다. 가능한 한 물건을 오전에 보내주시면 트럭도 부두에 묶이지 않고 귀사의 화물도 바로 처리될 겁니다. 우리 회사의 직원들도 일찍 퇴근해 귀사의 맛있는 마카로니와 스파게티를 저녁으로 즐길 수 있고요. 저희는 귀사의 화물이 언제 도착하든 항상 신속한 서비스를 제공하기 위해 최선을 다하겠습니다. 바쁘실 테니 답장은 안 주셔도 됩니다.

J.B. 소장 드림.

뉴욕의 은행에서 일하는 바버라 앤더슨은 아들의 건강 때문에 애리조나주 피닉스로 이사하고 싶어 했다. 바버라는 우리 수업에서 배운 원칙을 떠올리며 피닉스에 있는 은행 열두 곳에 다음과 같이 편지를 보냈다.

안녕하세요. 저는 지난 10년간 은행에서 경력을 쌓아왔으며, 현재는 뉴욕 뱅커스트러스트 회사의 지점장으로 있습니다. 고객 관리부터 신용거래, 대출, 행정 같은 다양한 은행 업무를 모두 경험한 만큼 귀사처럼 빠르게 성장하는 은행에 도움이 될 거라 생각합니다.
저는 오는 5월 피닉스로 거주지를 옮길 예정입니다. 귀사의 성장과 이익에 제가 이바지할 수 있다고 확신합니다. 4월 3일 주간에 피닉스에 잠시 머물 계획이니, 부디 귀사의 목표 달성에 제가 어떤 도움이 될지 말씀드릴 기회가 있다면 좋겠습니다.

바버라 L. 앤더슨 드림.

과연 앤더슨은 답장을 받았을까? 은행 열두 곳 중 열한 곳이 면접을 보러오라고 했으며, 그는 갈 곳을 선택할 수 있었다. 어떻게 가능했을까? 앤더슨은 자신이 바라는 것을 언급하지 않았다. 대신 은행이 필요한 사항에 초점을 맞춰 자신이 어떻게 은행을 도울 수 있는지 편지를 썼다.

오늘도 피곤하고 풀죽은 수많은 영업 사원이 적은 수입에도 발품을 팔러 다닌다. 왜? 언제나 본인이 원하는 것만 생각하기 때문이다. 사람들이 사고 싶어 하지 않다는 사실은 망각한 채 말이다. 사람들은 사고 싶어지면 직접 찾아 산다. 우리는 평생 자기 문제를 해결하는 데 몰두하므로 영업 사원이 자신의 서비스와 상품으로 문제에 어떤 도움을 줄지 알려준다면 애쓰지 않아도 직접 사게 될 것이다. 고객은 누가 내게 팔았다기보다 내가 샀다는 느낌을 더 선호한다.

그런데도 많은 영업 사원이 고객의 관점에서 생각하지 않은 채 물건을 팔며 시간을 낭비한다. 예를 들어보자. 나는 오랫동안 포레스트 힐스에 살았다. 뉴욕 중심부에 있는 개인 주택이 즐비한 작은 동네다. 하루는 서둘러 기차역으로 가다 동네에서 수년간 중개업을 해온 부동산업자를 만났다. 포레스트 힐스에 빠삭했던 그에게 나는 내 석고 주택에 사용한 자재가 철망인지 속 빈 타일인지 재빨리 물었다. 부동산업자는 잘 모르겠다며 포레스트힐스가든협회에 전화해보라 답했다. 그 정도는 나도 알던 바다.

그런데 다음 날 아침, 그에게서 편지가 왔다. 과연 그 안에 내가 원한 정보가 있었을까? 안타깝게도 아니었다. 1분만 제대로 통화하면 알아냈을 내용이지만, 그는 편지에서 협회에 전화해보라는 말만 재차 남기며 보험 관리를 자신에게 맡겨달라고 부탁했다. 나를 돕는 데는 관심도 없이 자기 볼일에만 혈안이었다.

앨라배마주 버밍햄에 사는 J. 하워드 루카스는 같은 회사의 두 영업 사원이 동일한 상황을 각각 어떻게 다루었는지 들려주었다.

"몇 년 전 저는 한 작은 회사에 임원으로 있었습니다. 회사 근처에는 대형 보험사 대리점이 있었죠. 보험 대리인은 구역을 할당받아 영업했고, 우리 회사는 칼과 존이라는 두 대리인이 담당했습니다. 하루는 칼이 사무실에 들러 임원을 위한 새로운 생명보험 상품이 막 출시되었다고 대수롭지 않게 말했습니다. 우리가 관심 있을 것 같으니 더 많은 정보를 가지고 다시 오겠다고 했죠.

같은 날, 동료와 잠깐 커피를 마시고 돌아가는 길에 다른 영업 사원인 존이 우리를 보고는 소리쳤습니다. '루카스, 잠깐만 기다리세요. 여러분에게 좋은 소식이 있어요.' 우리 쪽으로 달려온 그는 자기 회사가 그날 따끈따끈하게 내놓은 생명보험 상품을 열정적으로 소개했습니다. 칼이 대수롭지 않게 언급한 바로 그 상품이었죠. 존은 우리가 제일 먼저 가입하기를 바란다며 중요한 보장 내용을 몇 가지 소개한 후 이렇게 끝맺었습니다. '새 상품이라 내일 본사 직원을 불러 설명해달라고 할 참이에요. 그동안 일단 신청서에 서명을 해주시면 직원이 더 많은 정보를 마련할 수 있을 거예요.'

존의 열정적인 모습에 우리는 세세한 내용을 알지도 못하면서 상품에 가입하고 싶어졌습니다. 추후 얻게 된 자세한 정보들은 존이 처음에 설명해준 내용과 일치했고요. 존은 저와 동료에게 상품을 팔았을 뿐만 아니라 나중에는 보장 범위를 두 배로 늘려주었죠. 칼에게도 상품을 팔 기회가 있었습니다만, 그는 상품을 원하게끔 저희 욕구를 자극하는 어떤 노력도 하지 않았어요."

이 세상은 자신만 생각하는 야심가로 가득하다. 따라서 다른 사람을 위해 이타적으로 행동하는 드문 사람에게는 엄청난 기회가 생긴다. 경쟁이 적기 때문이다. 저명한 변호사이자 미국의 위대한 비즈니스 리더인 오언 D. 영은 이렇게 말했다. "다른 사람의 입장에서 생각할 수 있는 자, 그들의 마음이 어떻게 움직이는지 이해하는 자는 미래를 걱정할 필요가 없다." 이 책에서 가져갈 한 가지는 항상 다른 사람의 관점에서 생각하고, 그들의 눈으로 상황을 보는 습관이다. 그것 하나만 얻어가도 당신이 경력을 쌓아가는 데 큰 힘이 될 것이다.

그러나 타인의 입장에서 생각하고 욕구를 자극하는 것이 상대방을 조종해 당신은 이익을, 상대방은 손해를 보게 만든다고 해석되어서는 안 된다. 이 과정에서는 양쪽 모두가 얻는 것이 있어야 한다. 버밀렌에게 보낸 편지의 내용대로라면 발신인과 수신인은 모두 이득을 얻는다. 앤더슨과 은행도 마찬가지다. 은행은 귀중한 직원을 얻고 앤더슨은 적합한 일자리를 찾았으니 말이다. 존이 루카스에게 보험 상품을 판 것도 양쪽 모두 거래로 얻는 것이 있었다.

로드아일랜드주 워릭에 사는 셸 석유 회사의 영업 사원인 마이클 E. 위든은 욕구를 자극하는 방법으로 원하는 것을 모두 얻은 사례를 보여준다. 마이클은 자기 구역에서 최고의 영업 사원이 되고 싶었다. 그러나 한 주유소가 그의 발목을 잡았다. 이 주유소 사장인 노년의 남성은 업장을 깨끗이 단장하겠다는 의지가 전혀 없었다. 당연히 주유소는 상태가 너무 안 좋았고 매출은 급격히 떨어지는 상황이었다. 마이클이 주유소를 단장하자고 아무리 애원해도 사장은 듣지 않았다.

수많은 간곡한 부탁과 진심 어린 대화도 통하지 않자 마이클은 자기 구역의 최신 셸 주유소에 그를 초대했고, 사장은 새 주유소를 보고 깊은 인상을 받았다. 그리고 마이클이 다시 그의 주유소에 방문했을 때, 주유소는 깨끗이 단장을 마쳤을 뿐 아니라 매출도 상승해 있었다. 그리고 마이클은 자기 구역에서 최고의 실적을 올릴 수 있었다. 말로 설득하고 설명하는 것보다 최신 시설을 눈으로 보여주며 상대방의 열망을 자극해 목표를 달성한 것이다. 마이클과 주유소 사장 모두에게 좋은 일이었다.

많은 사람이 대학에 가서 베르길리우스의 시를 읽고 미적분의 신비를 배운다. 그러나 자기 생각이 작동하는 과정은 생각해 보지 않는다. 한번은 에어컨 제조 대기업인 캐리어코퍼레이션에서 대졸 신입 사원을 대상으로 '효과적인 말하기' 강의를 진행했다. 그리고 쉬는 시간에 한 참가자가 다른 사람들을 설득해 농구 게임을 하자며 이렇게 말했다. "우리 나가서 농구해요. 제가 정말 농구를 좋아하는데, 체육관에 갈 때마다 인원이 충분하지 않아서 게임을 못 했거든요. 그래서 어젯밤에는 그냥 두세 명이 공 던지기를 했는데 제 눈에 퍼런 멍만 든 거 있죠. 모두 내일 밤에는 올 수 있으면 좋겠네요. 꼭 농구 경기를 하고 싶어요."

이 학생의 말에 다른 사람이 원하는 것에 관한 언급이 조금이라도 있었나? 아무도 가지 않는 체육관에 가고 싶은 마음이 들리가 없다. 사람들은 그가 원하는 것에는 관심이 없을뿐더러 눈에

멍이 들고 싶지도 않다. 체육관에서 무엇을 얻을 수 있는지 보여줄 수는 없었을까? 물론 있다. 활력도 생기고, 식욕도 돋고, 머리도 비울 수 있고, 즐거운 게임과 농구도 할 수 있고. 얼마나 많은가. 심리학자 오버스트리트의 현명한 조언을 상기해보자. "먼저 다른 사람의 열망을 자극하라. 그러는 자는 세상을 얻을 것이고, 그렇지 못한 자는 고독한 길을 가게 될 것이다."

내 강의에 온 수강생 한 명은 몸무게도 적게 나가거니와 제대로 먹지도 않는 어린 아들 때문에 걱정이 많았다. 부모는 혼내고 잔소리도 하는 일반적인 방법을 시도했다. "엄마는 네가 이거랑 저거는 꼭 먹으면 좋겠어." "아빠는 네가 커서 체격이 좋은 사람이 되면 좋겠어."

이러한 애원을 아이가 신경이나 썼을까? 발톱의 때만큼도 신경 쓰지 않았다. 상식이 있다면 세 살짜리 아이가 서른 살인 아빠의 생각에 반응할 거라 기대하지 않을 것이다. 그런데도 이 아빠는 정확히 그걸 기대했다. 말도 안 되는 생각이다. 마침내 이를 깨달은 그는 고민했다. "우리 아이가 원하는 건 뭘까? 아들과 내가 원하는 것을 어떻게 일치시킬 수 있을까?"

초점을 거기에 맞추자 생각이 잘 풀리기 시작했다. 아들에게는 아끼는 세발자전거가 있었다. 아이는 브루클린 집 앞 거리에서 매우 즐겁게 자전거를 탔는데, 그때마다 이웃집에 사는 덩치 큰 소년이 나타나 아이를 끌어 내리고는 자전거를 뺏어 타며 괴롭히고는 했다. 당연히 연약한 아들은 소리를 지르며 엄마에게 달려갔고, 엄마는 나와서 개구쟁이 소년을 자전거에서 내리게 한 후 다시 아들을 앉혔다. 이 일은 거의 매일 반복되었다.

아들은 무엇을 원했을까? 정답은 셜록 홈스를 부르지 않아도 쉽게 알 수 있다. 아이는 자존심, 분노, 중요해지고 싶은 열망 같은 모든 강렬한 감정을 느끼며 그 덩치 큰 개구쟁이에게 한 방 먹이는 복수를 하고 싶었다. 아빠는 아이에게 말했다. 엄마가 먹으라는 음식만 먹으면 언제가 저 아이를 혼쭐내줄 수 있다고. 아빠가 그렇게 장담한 후 식사 문제는 해결되었다. 아이는 자신에게 굴욕을 안긴 그 개구쟁이를 이길 만큼 커지기 위해서라면 시금치, 양배추, 고등어까지 전부 먹을 수 있었다.

하지만 이 문제를 해결하자 부모는 다른 문제에 부딪혔다. 아이가 자다가 실례를 하는 나쁜 습관이 있었기 때문이다. 아이는 할머니와 같이 잤는데, 아침이 되면 할머니는 일어나 침대보를 만지며 말했다. "이거 보렴. 얘가 간밤에 또 실례를 했구나." 그러면 아이는 "아니야, 나 아니에요. 할머니가 했잖아요"라고 답했다. 꾸짖기도 하고 엉덩이를 때리거나 창피를 주고 안 그러면 좋겠다고 수없이 말해도 아들은 계속 침대를 적셨다. 한참을 궁리하던 부모는 생각했다. '아이가 자다가 실례를 하지 않겠다는 마음을 먹게 만들려면 어떻게 해야 할까?'

아이가 원하는 건 무엇이었을까? 우선 아이는 할머니가 입는 나이트가운이 아닌 아빠와 비슷한 파자마를 입고 싶어 했다. 밤마다 벌어지는 일에 지친 할머니는 손자가 습관을 고치면 파자마를 사주겠다고 기꺼이 약속했다. 둘째, 자기만의 침대를 가지고 싶어 했다. 이건 할머니도 찬성이었다. 엄마는 아이와 함께 백화점에 가 판매원에게 눈짓을 보내며 말했다. "여기 꼬마 신사분이 쇼핑을 하고 싶어 해요." 판매원은 "안녕하세요, 젊은 신사님.

제가 어떻게 도와드릴까요?"라고 말하며 아이가 중요한 사람이라는 기분이 들게끔 해주었다. 아이는 키가 더 커 보이게끔 꼿꼿이 서서 말했다. "제가 쓸 침대를 사고 싶어요." 엄마는 아이가 적당한 침대 앞에 오자 판매원에게 눈짓으로 신호를 보냈고, 아이는 그 침대를 골랐다.

침대는 그다음 날 집에 도착했다. 저녁에 아빠가 퇴근하자 아들은 문으로 달려 나와 소리쳤다. "아빠! 아빠! 올라가서 제가 산 침대 좀 보세요!" 침대를 바라보며 아빠는 찰스 슈와브의 조언을 충실히 따라 '진심으로 인정하고 폭풍같이 칭찬'했다. "이 침대에는 쉬하지 않을 거지, 그렇지?" 아빠는 말했다. "그럼요! 절대 안 그럴 거예요." 그리고 실제로 아이는 자존심이 걸린 약속을 지켰다. 직접 결정해 구입한 자기 침대였고, 이제는 어른처럼 파자마도 입었다. 아이는 어른처럼 행동하고 싶었고 그렇게 했다.

수업을 들은 다른 아빠인 K.T. 더치만의 사례를 보자. 세 살 난 그의 딸은 아침 먹기를 거부했다. 야단도 치고 애원도 해보고 선물로도 꾀어보았지만 모든 시도가 소용없었다. 부모는 곰곰이 생각했다. '아이가 먹고 싶게 만들려면 어떻게 해야 할까?'

이 꼬마 숙녀는 엄마를 흉내 내기 좋아했다. 다 큰 어른이 된 기분이 들었기 때문이다. 그래서 어느 날 아이를 의자에 앉힌 후 아침을 만들어 보게끔 했다. 때를 맞춰 아빠가 부엌에 들어가자 시리얼을 젓던 딸이 말했다. "아빠, 이거 봐요. 내가 아침으로 시리얼을 만들고 있어요." 어르고 달래지 않아도 스스로 재미를 느꼈기 때문에 아이는 시리얼을 두 그릇이나 먹었다. 그리고 자신이 중요한 사람이라는 느낌을 받았다. 아이에게 시리얼 만들기는 자기를 표현하는 기회였다.

　작가 윌리엄 윈터는 '자기표현은 인간 본성의 주된 요소다'라고 말했다. 비즈니스에서도 이 심리를 적용해보자. 좋은 생각이 있을 때, 상대방이 그게 당신의 아이디어라 생각하게 만들기보다는 그들이 직접 아이디어를 젓고 요리하게끔 이끄는 것이다. 그러면 그들은 그 아이디어를 자기 것처럼 생각하고 즐기면서 몇 그릇씩 먹으려 할 것이다. 기억하자. "먼저 다른 사람의 열망을 자극하라. 그러는 자는 세상을 얻을 것이고, 그렇지 못한 자는 고독한 길을 가게 될 것이다."

원칙 3　　다른 사람의 열망을 자극하라.
Arouse in the other person an eager want.

인간관계의 3가지 기본 원칙

원칙 ❶ 비판이나 비난, 불평을 삼가라.

원칙 ❷ 솔직하고 진심 어린 인정을 표현하라.

원칙 ❸ 다른 사람의 열망을 자극하라.

"행복은 외부의 상황이 아닌
내 마음 상태에 달려 있다.
행복을 결정하는 것은
재산, 지위, 사는 곳, 직업이 아니다.
중요한 건 그것에 대해 당신이 어떻게
생각하는지다."

사람들의 호감을 얻는 6가지 원칙

1

어디서든 환영받는 법

왜 굳이 친구의 마음을 얻는 법을 알고자 이 책을 읽는가? 그냥 세상에서 친구의 마음을 가장 잘 얻는 쟁취자의 기술을 연구하면 되지 않을까? 그런데 그게 누구일까? 어쩌면 당장 길을 걷다 마주칠 수도 있다. 당신이 가까이 가는 순간 꼬리를 흔들어댈 것이고, 멈춰서 만져주면 좋아서 펄쩍 뛰며 온몸으로 애정을 보여줄 것이다. 그리고 당신도 알다시피 이러한 애정에는 숨은 목적도 없다. 부동산을 팔려는 것도 아니고 결혼이 하고 싶은 것도 아니다.

개야말로 생존을 위해 일할 필요가 없는 유일한 동물임을 생각해본 적이 있는가? 암탉은 알을 낳아야 하고 젖소는 우유를 만들어야 한다. 카나리아는 노래를 불러야 하지만 개는 사랑만 주면 된다.

다섯 살 무렵에 아버지가 털이 누런 작은 강아지를 50센트에 사 오셨다. 티피라는 이름의 그 강아지는 내 어린 시절의 빛이자 기쁨이었다. 매일 오후 네 시 반쯤, 티피는 앞마당에 부동자세로 앉아 아름다운 눈망울로 길가를 주시했다. 그러다 덤불 사이로

---

94   2부 사람들의 호감을 얻는 6가지 원칙

도시락 가방을 흔들며 오는 내 모습이 보이거나 목소리를 듣는 순간, 총알처럼 튀어나와 언덕까지 숨을 헐떡이며 달려왔다. 티피는 기뻐서 날뛰었고 순수한 황홀감에 짖어댔다.

티피는 5년 동안 변함없는 나의 벗이었다. 그러던 어느 날, 절대 잊을 수 없는 비극적인 그날 밤에 티피는 내 앞에서 벼락에 맞아 죽었다. 티피의 죽음은 어린 내게 너무나도 슬픈 일이었다. 티피, 너는 심리학 책을 읽은 적도 없지만 그럴 필요도 없었지. 너는 본능적으로 알았거든. 다른 사람의 관심을 끌려고 2년간 애쓰는 것보다 상대에게 진정한 관심을 보이면 두 달 만에 더 많은 친구를 만들 수 있다는 걸 말이야.

다시 강조하겠다. 상대에게 진정한 관심을 보이면 그 사람의 관심을 끌려고 2년간 애쓰는 것보다 두 달 만에 더 많은 친구를 만들 수 있다. 그런데도 사람들은 다른 이의 관심을 끌려 애쓰는 실수를 반복한다. 물론 소용없는 일이다. 그들은 당신에게도, 내게도 관심이 없다. 사람들은 자신에게 관심이 있다. 아침, 점심, 저녁 내내 하루 종일 그러하다.

뉴욕전화회사는 사람들이 가장 많이 쓰는 단어를 찾기 위해 전화 속 대화를 면밀히 연구했다. 짐작했겠지만 가장 많이 나온 단어는 바로 일인칭 대명사 '나'였다. 500통의 대화에서 나라는 단어는 총 3900번이나 등장했다. 나, 나, 나. 당신은 단체 사진을 볼 때 누구의 얼굴을 가장 먼저 찾아보는가? 그저 다른 사람에게 깊은 인상을 남기고 관심을 끌려고만 하면 절대 진정한 친구를 많이 만들 수 없다. 진정한 친구는 그런 식으로 만들어지지 않는다.

나폴레옹이 그런 식으로 행동했다. 조세핀과 마지막 만남에서 그는 이렇게 말했다. "조세핀, 나는 그 누구보다 운이 좋은 사람이었소. 그런데도 이 순간, 세상에서 내가 의지할 사람은 당신뿐이군." 그러나 역사가들은 조세핀조차 나폴레옹이 진정으로 믿을 수 있는 사람이었는지 의문을 품는다.

빈 출신의 유명한 심리학자 알프레드 아들러는 저서 『심리학이란 무엇인가』에서 이렇게 말한다. "주변 사람에게 관심 없는 자는 살면서 중대한 어려움에 부닥치며 남에게 큰 상처를 입힌다. 인간의 모든 실패는 바로 그런 자들에게서 발생한다." 심리학을 다루는 수많은 책을 읽어도 이 문장보다 우리에게 중요한 말은 없다. 아들러의 말에는 너무 풍부한 의미가 담겨 있기에 다시 강조하겠다. "주변 사람에게 관심 없는 자는 살면서 중대한 어려움에 부닥치며 남에게 큰 상처를 입힌다. 인간의 모든 실패는 바로 그런 자들에게서 발생한다."

한번은 뉴욕대학교에서 열린 단편소설 쓰기 강좌를 들은 적이 있다. 유명 잡지를 편집하는 편집자의 강의였다. 그는 매일 책상에 널린 수십 개의 이야기를 읽는데, 처음 몇 문단만 읽어도 이 작가가 사람을 좋아하는지 아닌지 느껴진다고 했다. "작가가 사람을 좋아하지 않으면 사람들도 그 작가의 글을 좋아할 수가 없지요." 이 냉철한 편집자는 소설 쓰기 강의를 하던 중 두 번이나 멈추며 강조했다. "종교인처럼 설교조로 말해서 미안하지만 꼭 기억하기를 바랍니다. 성공적인 소설가가 되고 싶다면 사람에게 관심을 가지세요." 소설을 쓸 때도 그렇다면 사람을 직접 대할 때는 더더욱 중요할 것이다.

위대한 마술사 하워드 서스턴이 마지막 브로드웨이 공연

을 한 날 밤, 나는 그의 분장실에서 함께 시간을 보냈다. 서스턴은 40년 동안 전 세계를 누비며 매번 환상을 창조하고, 청중들을 매혹하고, 사람들의 감탄을 자아냈다. 6000만 명이 넘는 사람들이 그의 쇼를 보았고 거둔 이익만 200만 달러에 달했다. 나는 서스턴에게 성공의 비결을 물었다. 학교교육과는 별 상관이 없는 게 분명했다. 그는 어릴 때 집에서 도망쳐 나와 부랑자로 지냈다. 화차에 올라타 건초 더미에서 잠을 잤고, 집들을 돌아다니며 음식을 구걸했으며, 글은 화차에서 보이는 철로의 표지판을 보고 배웠다.

그렇다면 마술에 뛰어난 지식이 있었을까? 아니다. 서스턴은 마술에 관한 책은 이미 여럿 나와 있고, 자기 정도의 지식을 가진 사람은 많다고 답했다. 하지만 서스턴에게는 다른 사람에게 없는 두 가지가 있었다. 우선, 그는 무대에 자신의 개성을 불어넣었다. 쇼맨십의 대가인 그는 인간의 본성을 잘 알았다. 몸짓, 억양, 눈썹의 올림까지 모든 행동을 미리 정교히 계획했으며 동작을 초 단위로 나누어 계산했다.

그뿐만이 아니었다. 서스턴은 사람에게 진정한 관심을 보였다. 그는 많은 마술사가 청중을 바라보며 '저기 멍청이와 촌뜨기들이 단체로 앉아 있네. 속이기 쉽겠어'라고 생각한다고 말했다. 그러나 서스턴의 방식은 정반대였다. 그는 무대에 오를 때마다 되뇌었다. '나를 보러 이렇게 많은 이가 오다니, 정말 감사한 일이야. 이들 덕분에 즐겁게 일할 수 있지. 그러니 정말 최선을 다해 공연해야 해.'

그는 이렇게 언제나 반복해 생각한 후 무대에 섰다. "나는 관객을 사랑한다. 관객을 사랑한다." 우스꽝스럽다고? 말도 안 된다고? 마음대로 생각해도 좋다. 나는 그저 내 사견 없이 역사상 최고로 유명한 마술사가 사용한 성공 비책을 전달한 것뿐이다.

펜실베이니아주 노스워런에서 30년간 주유소를 운영한 조지 다이크는 자신의 주유소 부지에 새 고속도로가 지어지면서 어쩔 수 없이 은퇴하게 되었다. 은퇴 후의 단조로운 생활이 지겨워진 그는 오래된 바이올린을 연주하며 시간을 보냈다. 그러고는 여러 곳을 다니며 음악을 듣고 성공한 많은 바이올린 연주자와 이야기를 나누었다. 겸손하고 친절한 다이크는 만나는 모든 음악가의 이력과 관심 분야를 흥미롭게 들었다. 비록 자신은 대단한 연주자가 아니더라도 이 과정에서 여러 친구를 만든 것이다.

그는 대회에도 참가했고, 곧 미국 동부 지역의 컨트리 음악 팬들에게 '킨주아 카운티의 바이올린 연주자, 엉클 조지'로 알려졌다. 그때 다이크의 나이는 72세였지만 인생의 모든 순간을 즐겼다. 타인에게 꾸준한 관심을 가지며 엉클 조지는 새로운 인생을 개척했다. 대부분 자신의 활동기가 끝났다고 생각하는 시기에 말이다.

이는 시어도어 루스벨트가 엄청난 인기를 끈 비결이기도 하다. 루스벨트의 집에서 일하는 사람들도 그를 사랑했다. 그의 수행원이었던 제임스 E. 에이머스는 『시어도어 루스벨트, 수행원의 영웅Theodore Roosevelt, Hero to His Valet』이라는 루스벨트에 관한 책을 썼다. 책에서 에이머스는 루스벨트의 인기 비결을 잘 보여주는 사례를 언급한다.

"한번은 아내가 루스벨트 대통령께 메추라기에 관해 물었다. 대통령께서는 실제로 메추라기를 본 적이 없던 아내에게 열심히 설명을 해주셨다. 그리고 며칠 뒤, 우리 오두막집에 전화가 울렸다. (에이머스와 그의 아내는 오이스터 베이에 있는 루스벨트 소유지의 작은 별채에서 살았다.) 전화를 건 사람은 다름 아닌 대통령이셨다. 지금 우리 집 창밖에 메추라기가 있으니 밖을 보라고 아내에게 알려주기 위해 전화를 거신 것이다. 그런 소소한 일들에서 그분의 성품이 느껴졌다. 오두막 근처를 지날 때는 우리가 보이지 않더라도 '안녕, 애니?' '안녕, 제임스!'라 부르시며 친근하게 자신이 지나간다는 인사를 건네기도 하셨다."

어떤 직원이 그런 사람을 좋아하지 않겠는가? 누가 그를 마다하겠는가? 태프트가 대통령이던 시절, 대통령 내외가 없을 때 백악관에 들른 루스벨트는 부엌에서 일하는 여직원부터 백악관에서 근무하는 직원 이름을 하나하나 부르며 반겼다. 지위가 낮은 이들도 진심으로 아끼는 그의 마음을 잘 보여주는 일화다.

루스벨트의 보좌관으로 일한 아치 버트는 이렇게 적었다. "루스벨트는 부엌에서 일하는 앨리스를 보고 요즘도 옥수수식빵을 만드는지 물었다. 앨리스는 가끔 일꾼들을 위해 만들지만 윗분들은 안 드신다고 했다. 그러자 루스벨트는 '음식 맛을 모르시네. 다음번에 태프트 대통령을 만나면 얘기해야겠군'이라고 힘주어 말했다. 앨리스는 옥수수식빵을 한 조각 접시에 담아 가져왔다. 루스벨트는 그것을 먹으며 집무실을 돌아다니고 정원사와 인부들에게 일일이 인사를 건넸다. 예전에 그들을 부른 것처럼 모든 사람의 이름을 불렀다. 40년 동안 백악관에서 안내인으로 일한 아이크 후버는 눈물이 가득한 채로 말했다. '2년 만에 맞은 정말 행복한 날이었습니다. 천금을 준다 해도 우리 누구도 이날과 바꾸지 않을 겁니다.'"

뉴저지주 채텀에 사는 영업 사원 에드워드 M. 사이크스 주니어도 별로 중요해 보이지 않는 이들에게까지 관심을 기울인 덕에 고객을 유지할 수 있었다. "몇 년 전에 저는 존슨앤드존슨을 대리해 매사추세츠 지역의 거래처를 담당했습니다. 힝엄에 있는 한 약국도 거래처 중 하나였죠. 저는 약국에 갈 때마다 주인에게 주문을 받기 전에 음료 점원과 판매 점원에게 친근한 인사를 건넸습니다.

하루는 주인에게 갔더니 더는 존슨앤드존슨 제품에 관심이 없으니 오지 말라고 하더군요. 회사가 식료품과 할인점에만 치중하고 작은 약국에는 손해를 입힌다면서요. 풀이 잔뜩 죽은 저는 몇 시간 동안 마을을 운전하며 배회했습니다. 그러고는 적어도 주인에게 우리 입장을 설명은 해보자고 결심했죠. 약국으로 들어가면서 평소처럼 음료 점원과 판매 점원에게 인사를 건넸습니다. 그리고 주인에게 갔는데, 글쎄 웃으며 저를 환영해주는 게 아니겠습니까. 그러더니 평소보다 두 배나 더 많은 물건을 주문했어요.

저는 놀란 눈으로 주인을 바라보며 무슨 영문인지 물었죠. 그는 음료를 판매하는 젊은 점원을 가리켰습니다. 제가 떠난 후 그 청년이 다가와 약국에서 일하는 직원들에게 일일이 인사해주는 영업 사원은 흔치 않다며, 우리 약국과 거래할 자격이 있는 사람이라고 말했다는 겁니다. 주인은 그 의견에 동의했고 이후에도 주요 고객으로 남았습니다. 저는 다른 사람에게 진심으로 관심을 기울이는 것이 영업 사원, 아니 모든 사람이 지녀야 할 가장 중요한 덕목임을 항상 잊지 않으려 합니다."

나 역시 진심으로 상대에게 관심을 기울이면 제일 바쁘고 인기 많은 사람에게도 관심과 시간과 협조를 얻을 수 있다는 걸 경험으로 깨달았다. 몇 년 전, 나는 브루클린 예술과학협회에서 소설 쓰기 강좌를 열었다. 우리는 캐슬린 노리스, 패니 허스트, 아이다 타벨, 앨버트 페이슨 터휸, 루퍼트 휴스 같은 유명하고 바쁜 작가가 브루클린으로 와서 경험담을 들려주었으면 했다. 그래서 편지를 보내 얼마나 그들의 작업을 존경하는지, 얼마나 진심으로 조언과 성공 비결을 듣고 싶은지를 알렸다.

각 편지에는 학생 150여 명의 서명이 담겨 있었다. 우리는 작가들이 너무 바빠 강의를 준비하기 쉽지 않을 것 같기에 각자 자신에 대한 내용과 작업 방식에 관해 답할 수 있는 질문 목록을 동봉했다. 결과적으로 작가들은 좋아했다. 누군들 그렇지 않을까? 그래서 기꺼이 집을 떠나 우리에게 도움을 주러 브루클린으로 날아왔다. 나는 같은 방법으로 시어도어 루스벨트 내각의 재무장관인 레슬리 M. 쇼, 태프트 내각의 법무장관인 조지 W. 위커셤, 윌리엄 제닝스 브라이언, 프랭클린 D. 루스벨트 같은 유명 인사가 내 연설 수업에서 강연하게끔 설득했다.

공장노동자든 사무직원이든 왕좌에 있는 왕이든 모든 사람은 자신을 칭찬해주는 사람을 좋아한다. 독일 황제였던 빌헬름 2세를 예로 들어보자. 제1차세계대전이 끝난 후, 그는 지구상에서 사람들이 가장 경멸하는 공공의 적이었다. 그가 목숨을 보전하러 네덜란드로 도망치자 결국 조국마저 등을 돌렸다. 사람들은 증오가 너무 강렬한 나머지 그의 사지를 찢고 불태우고 싶어 했다.

이 엄청난 분노 속에서 한 소년이 황제에게 따뜻함과 존경심이 담긴 진정성 있는 짧은 편지를 보냈다. 다른 이들의 생각이

어쨌든 자신은 언제나 빌헬름을 황제로 사랑할 것이라는 내용이었다. 편지에 너무 감동한 황제는 소년을 초대했다. 아이는 어머니와 동석했고, 황제는 훗날 이 아이의 어머니와 결혼한다. 이 소년에게는 친구를 얻고 다른 이의 마음을 움직이는 법에 관한 책이 필요 없다. 본능적으로 그 방법을 알기 때문이다.

친구를 만들고 싶다면 다른 사람을 위해 특별한 노력을 기울여야 한다. 시간과 에너지, 이타심과 배려를 발휘해야 한다. 영국의 황태자였던 윈저 공은 남미 순방을 앞두고 몇 달에 걸쳐 스페인어를 공부했다. 그 나라의 언어로 대중에게 연설하기 위해서였다. 남미 사람들이 그에게 열광했음은 물론이다.

몇 년 동안 나는 친구들의 생일을 알아내려 애썼다. 어떻게? 점성술은 조금도 믿지 않지만, 괜히 상대방에게 태어난 날과 사람의 성격이나 기질이 연관 있다고 생각하는지 물어보았다. 그런 다음 생일을 알려달라고 했다. 예를 들어 생일이 11월 24일이라면 '11월 24일, 11월 24일'이라 중얼거리며 외운 다음, 친구가 다른 곳을 보는 순간 이름과 날짜를 메모하고 나중에 생일 정리 수첩에 기록했다. 그리고 매년 초면 그렇게 모은 친구들의 생일을 탁상 달력에 표시해두고 자연스레 보게끔 하여 각 친구의 생일이 다가오면 편지나 전보를 보냈다. 반응은 열광적이었다! 내가 이 지구상에서 생일을 기억해준 유일한 사람인 적도 많았다.

친구를 사귀고 싶다면 활발하고 생기 있게 인사를 건네자. 전화를 받을 때도 마찬가지다. 상대방이 전화를 걸어왔다면 매우 기쁜 목소리로 "여보세요"라 답하자. 많은 기업이 전화교환원에게 열정과 관심을 담은 목소리로 응대할 것을 교육한다. 그래야 전화를 건 사람들이 이 회사가 자신에게 관심을 기울인다는 느낌을 받을 수 있기 때문이다. 다음에 전화할 일이 생겼을 때 이 점을 꼭 떠올려보자.

타인에게 진정한 관심을 보이면 친구뿐만 아니라 충성스러운 고객도 만들 수도 있다. 뉴욕의 국립북미은행이 펴낸 간행물에 실린 고객 매들린 로즈데일의 편지를 보자.

"귀사의 직원들에게 깊은 감사를 표하고 싶습니다. 모두 얼마나 친절하고 정중하고 배려심이 많은지요. 오래 기다린 후에 반갑게 맞아주는 창구 직원을 보면 기분이 좋아집니다. 지난해 저희 어머니가 다섯 달 동안 병원에 계시는 동안 저는 마리 페트루첼로라는 직원에게 자주 업무를 보았는데요, 마리는 항상 제 어머니를 걱정하며 병에 차도가 있는지 물어봐주었어요."

로즈데일은 이후로도 분명 이 은행의 충성스러운 고객으로 남았을 것이다.

뉴욕의 대형 은행에서 일하는 찰스 R. 월터스는 특정 회사에 관한 비밀 보고서를 준비해야 했다. 보고서에 긴급히 필요한 정보를 구하기 위해 월터스는 이를 알려줄 단 한 사람을 찾아갔다. 월터스가 그의 사무실로 들어가는데, 때마침 젊은 비서가 문틈으로 고개를 내밀더니 오늘은 우표를 구하지 못했다고 말했다. 그러자 사장이 월터스에게 설명했다. "제 열두 살 아들 때문에 우표를 모으고 있거든요." 월터스는 미팅의 목적을 설명하고 질문을 던지기 시작했다. 하지만 사장의 대답은 모호하고 일반적이고 애매했다. 그는 정보를 공유하고 싶지 않아 했고 말하게끔 설득하기도 쉽지 않아 보였다. 결국 인터뷰는 별 소득 없이 짧게 끝났다.

월터스는 우리 수업에서 이야기를 전해주며 말했다. "솔직히 어떻게 해야 할지 알 수가 없었어요. 그런데 그때 비서의 말이 떠올랐습니다. 우표, 열두 살 아들…. 그리고 우리 은행의 외환 부서에서 우표를 모으는 게 생각났어요. 전 세계에서 날아오는 수많은 편지의 우표들 말이에요. 다음 날 오후, 저는 사장에게 전화를 걸어 아들에게 줄 우표가 있다고 말했습니다. 과연 그가 열렬히 저를 반겼을까요? 물론이죠. 다시 만난 사장은 국회의원 출마라도 하듯 열정적으로 제 손을 잡았습니다. 그리고 미소와 친절을 내뿜으며 말했죠. '우리 조지가 정말 좋아하겠어요. 오, 이것 보세요! 이건 정말 귀한 우표네요.' 사장은 우표를 만지작거리며 감탄했습니다.

우리는 우표 이야기를 하고 아들의 사진도 보며 30분을 보냈습니다. 그런 다음 그는 한 시간이 넘게 제게 모든 정보를 아낌없이 주었죠. 부탁하지도 않았는데 말입니다. 자신이 아는 모든 정보를 준 뒤 부하 직원을 따로 불러 묻기도 했습니다. 동료에게도 전화를 걸어 사실관계, 수치, 보고서와 자료를 잔뜩 제공해주었어요. 소위 기자들이 쓰는 용어로 표현하자면 특종을 건진 셈이죠."

다른 사례도 살펴보자. 필라델피아에 사는 C.M. 네이플 주니어는 수년간 한 대형 체인점에 연료를 팔려고 노력했다. 그러나 이 회사는 계속해서 다른 지역 업자에게 연료를 구입하며 네이플의 사무실 앞을 보란 듯이 지나갔다. 어느 날 저녁, 우리 수업에 온 네이플은 울분을 토하며 체인점은 국가의 암적인 존재라고 칭했지만 그래도 여전히 자신이 영업에 실패한 원인을 궁금해했다.

나는 다른 방법을 시도해보자고 제안했다. 간단히 설명하면 이렇다. 우리는 체인점 확산이 나라에 득인지 실인지를 주제로 수강생들이 토론을 펼치게끔 했다. 내 제안으로 득이 많다는 쪽에 서서 체인점을 변호하기로 한 네이플은 경멸하던 체인점 회사의 임원을 곧장 찾아가 말했다. "오늘은 연료를 팔러 온 게 아니라 부탁드릴 일이 있어서 왔습니다." 네이플은 토론 주제를 밝혔다. "제게 필요한 정보를 줄 수 있는 가장 적합한 분이라 생각했거든요. 이 토론에서 정말 이기고 싶습니다. 어떤 도움이든 주시면 정말 감사하겠습니다." 그 후 어떻게 되었는지는 네이플의 말로 직접 들어보자.

"저는 딱 1분만 시간을 달라고 했습니다. 그는 그렇게 약속하고 저를 만나주었죠. 그런데 제가 상황을 설명하자 의자에 앉으라고 하더니 정확히 한 시간 47분 동안 열변을 토했습니다. 체인점에 관한 책을 쓴 다른 임원을 부르기도 했지요. 그리고 전국체인점협회에 편지를 써서 이 주제에 관한 토론 자료를 구해다 주었습니다. 그는 체인점이 인류를 위해 진짜 필요한 서비스를 제공한다고 생각했어요. 수백 곳의 지역사회를 위해 자신이 하는 일에 자부심이 있었죠. 설명하는 그의 눈은 정말 빛났고, 솔직히 말하자면 한 번도 생각해보지 않은 것에 눈을 뜨게 해주었습니다.

제 마음도 완전히 달라졌죠. 떠날 때 그는 제 어깨에 팔을 두르며 문 앞까지 배웅해주었습니다. 토론에서 잘 해내기를 바란다며 다시 와서 결과를 알려달라고 했지요. 그러고는 이렇게 덧붙였습니다. '봄에 다시 들러주세요. 당신에게 연료 주문을 넣고 싶네요.' 기적과도 같은 일이었습니다. 제가 얘기를 꺼낸 것도 아닌

데 연료를 사겠다고 하다니요. 저와 제 제품에 관심을 끌게 만들려고 애쓴 10년보다 그와 그의 문제에 진정한 관심을 보인 두 시간 동안 더 많은 진전을 이룬 겁니다."

네이플이 새로운 진리를 발견한 건 아니다. 이미 오래전, 그리스도가 태어나기 100년도 전에 로마의 유명한 시인인 푸블릴리우스 시루스는 강조했다. "상대방이 내게 관심을 보여야 나도 그에게 관심이 간다." 인간관계의 모든 원칙이 그렇듯 관심은 진정성 있게 표현해야 한다. 관심을 보인 사람과 받는 사람 모두에게 도움이 되어야 하고 말이다.

뉴욕주 롱아일랜드에서 우리 수업을 들은 마틴 긴즈버그는 그를 특별히 대해준 간호사가 인생에 어떤 깊은 영향을 미쳤는지 말했다. "열 살이던 해 추수감사절에 저는 시립 병원의 복지 병동에 입원해 있었어요. 다음 날 중요한 정형외과 수술을 앞두고 있었죠. 몇 달간은 꼼짝없이 누워 회복할 때까지 고통을 견뎌야 했습니다. 아버지는 이미 돌아가셔서 작은 아파트에 어머니와 저 단둘이 살고 있었죠. 저희는 정부 보조금으로 살아갔습니다.

그날 어머니는 사정상 저를 보러 병원에 오실 수 없었어요. 시간이 흐르며 외로움, 절망감, 두려움이 몰려왔습니다. 어머니가 집에서 저를 걱정하며, 돈이 없어 추수감사절 식사도 못한 채 함께 밥 먹을 사람 없이 홀로 지내실 게 떠올랐죠. 눈물이 차올라 베개에 머리를 묻고 이불을 뒤집어썼습니다. 소리는 내지 않았지만 너무 심하게 울어 몸이 고통스러울 정도였죠.

그때 한 간호사 실습생이 제가 흐느끼는 소리를 듣고 다가왔습니다. 그분은 이불을 걷고 제 눈물을 닦아주었습니다. 그러고

는 자신도 일 때문에 가족과 있지 못해 외롭다며 저녁을 함께하겠
냐고 물어보셨습니다. 곧이어 간호사분은 칠면조 고기, 으깬 감
자, 크랜베리 소스, 아이스크림을 두 접시에 담아 가져왔어요. 그
는 말을 건네며 제 두려움을 달래주었습니다. 오후 4시가 퇴근 시
간이었는데 밤 11시가 다 될 때까지 함께 있었죠. 같이 게임도 하
고 이야기도 하다 결국 제가 잠들 때까지 옆에 있어주었습니다.

그 후로 여러 번의 추수감사절이 지났지만 특별했던 그날
은 언제나 제 마음속에 있답니다. 좌절, 두려움, 외로움으로 가득
했던 저를 견디게 해준 그 낯선 이의 따뜻함과 친절함을 잊을 수
없어요."

다른 사람이 당신을 좋아하기 바란다면, 진정한 우정을 원
한다면, 당신과 상대방 모두에게 이롭게 행동하고 싶다면 이 원
칙을 기억하라.

원칙 1　　다른 사람에게 진정한 관심을 가져라.

　　　　　　Become genuinely interested in other people.

2

좋은 첫인상을 남기는
간단한 방법

뉴욕의 디너파티에 온 한 여성은 모든 참석자에게 좋은 인상을 남기고자 애썼다. 그는 상속받은 유산으로 모피, 다이아몬드, 진주를 구매하며 치장하는 데 꽤 많은 돈을 썼다. 그러나 이기적이고 거만해 보이는 표정은 바꾸려 노력하지 않았다. 모든 사람이 아는 진실, 즉 표정이 몸에 걸치는 옷보다 훨씬 중요하다는 것을 그는 깨닫지 못했다.

찰스 슈와브는 자신의 미소가 100만 불짜리라고 내게 말했다. 과장이 아니다. 슈와브의 성격, 매력, 호감을 주는 능력은 그의 엄청난 성공에 지대한 영향을 미쳤다. 그런 슈와브를 더욱 빛나게 해준 요소가 바로 사람을 사로잡는 미소다. 행동은 말보다 많은 것을 전달하며 미소는 상대에게 이러한 느낌을 준다. "당신을 좋아해요. 당신은 저를 행복하게 합니다. 당신을 만나서 기분이 좋습니다." 강아지가 유독 많은 사랑을 받는 이유다. 우리를 보면 그렇게 좋아서 날뛰니 우리도 강아지를 보면 자연스럽게 기분이 좋다.

아기의 미소도 마찬가지다. 병원 대기실에서 음울한 표정으로 초조하게 기다리는 사람들을 본 적 있는가? 스티븐 K. 스프로울 박사는 미주리주 레이타운의 수의사다. 그는 반려동물 예방접종 때문에 수많은 이가 대기실에서 기다리던 어느 평범한 봄날의 상황을 들려주었다. 아무도 서로에게 말을 걸지 않았고, 여기 앉아 '죽치고' 있을 시간에 할 수 있는 수많은 일을 상상하는 듯했다.

우리 수업에서 스프로울 박사는 이렇게 말했다. "고객 예닐곱 명이 있던 대기실에 한 젊은 여성이 9개월 정도 된 아기와 새끼 고양이를 데리고 들어왔어요. 공교롭게도 여성은 기다리다 지쳐 약간 넋이 나간 신사 옆에 앉았죠. 그다음에 무슨 일이 일어났냐면, 아기가 그를 보고 천진난만한 함박웃음을 지은 겁니다. 이 신사는 어떻게 했을까요? 모두 그렇듯 아기를 향해 미소를 보냈죠. 그러고는 아기와 자신의 손주들에 대해 여성과 이야기를 나누기 시작했습니다. 곧 대기실 안에 있던 모든 사람이 대화에 합류했지요. 지루하고 날카로웠던 분위기가 즐겁고 기분 좋은 경험으로 바뀐 겁니다."

가짜 미소는 어떨까? 우리는 위선적인 미소에 넘어가지 않는다. 기계적으로 느껴지기 때문에 오히려 싫어하는 쪽에 가깝다. 내가 말하는 미소는 따뜻하고 마음에서 우러나오는 매우 값진 미소, 바로 진정한 미소다.

미시간대학교 심리학 교수인 제임스 V. 매코넬은 미소를 이렇게 표현했다. "미소를 짓는 사람들은 더 잘 가르치고, 물건을 더 효율적으로 판매하며 더 행복한 아이를 기르는 경향이 있다. 미소는 찡그림보다 훨씬 많은 것을 전달한다. 격려가 징벌보다 더욱 효과적인 교육 도구인 이유다."

뉴욕 대형 백화점의 한 채용 담당자는 음울한 표정의 심리학 박사보다는 초등학교를 나오지 않았어도 기분 좋은 미소를 지닌 사람을 채용하겠다고 말했다. 미소의 효과는 강력하다. 눈에 보이지 않을 때도 그렇다. 미국 전역에 있는 전화 회사들은 '전화의 힘'이라 불리는 프로그램을 진행한다. 전화로 회사의 물건이나 서비스를 판매하는 직원을 위한 이 프로그램은 전화로 말할 때도 미소를 지으라고 강조한다. 미소가 목소리에서도 느껴지기 때문이다.

오하이오주 신시내티에 있는 한 회사에서 컴퓨터 부서 관리자로 일하는 로버트 크라이어는 채용이 어려운 일자리에 적합한 직원을 구할 수 있었던 비결을 들려주었다.

"저는 컴퓨터 과학 분야에 박사 학위가 있는 사람을 필사적으로 구하고 있었어요. 그러다 마침내 퍼듀대학교에서 공부를 마친 적합한 젊은이를 찾아냈죠. 전화로 몇 번 이야기를 나눈 끝에 그가 다른 회사에서도 제안받았다는 걸 알게 되었어요. 대부분 우리 회사보다 더 크고 유명한 기업이었죠. 그래서 우리 회사를 선택했을 때 정말 기뻤습니다. 나중에 일을 시작한 후 왜 우리를 선택했는지 물어보니 잠시 머뭇거리다 이렇게 말하더군요. '다른 회사 매니저분들은 전화할 때 차갑고 사무적이라 느껴졌어요. 그냥 비즈니스 거래를 하는 것처럼요. 그런데 매니저님 목소리는 저를 굉장히 반겨주시는 듯했어요. 정말로 회사의 일원이 되기를 바라는 게 느껴졌고요.' 여러분도 짐작하시겠지만 지금도 저는 미소를 띤 채 전화를 하고 있습니다."

미국의 한 대형 고무 업체 이사회 의장은 자신이 지켜본 바에 의하면 사람들은 즐기면서 일할 때 성공할 수 있다고 말했다.

이 업계의 리더인 그는 열심히 일하는 것만이 희망의 문을 여는 열쇠라는 오래된 관념을 별로 믿지 않았다. "저는 굉장히 즐겁게 일하면서 성공을 거둔 사람들을 압니다. 하지만 훗날 그 즐거움이 일로 바뀌니 사람도 변하더군요. 비즈니스는 정체되고, 즐거움은 사라지고, 결국 실패하고 말았습니다."

인간관계에서도 상대방이 당신과 좋은 시간을 보내기 바란다면 당신도 그 사람과 좋은 시간을 만들기 위해 노력해야 한다. 나는 많은 비즈니스 종사자에게 일주일 동안 매시간 누군가에게 미소를 지은 뒤 수업 시간에 그 결과를 알려달라고 부탁했다. 과연 어떻게 되었을까? 뉴욕의 증권 중개인인 윌리엄 B. 스타인하트가 보낸 편지를 살펴보자. 그의 경험담이 특별한 건 아니다. 다른 수백 개의 사례도 결과는 비슷했다.

"저는 지난 18년간 결혼 생활을 해왔습니다. 하지만 그 오랜 시간 동안 아내에게 미소를 보낸 적은 손에 꼽을 정도였죠. 일어나서 출근할 때까지 두 마디 이상 말도 하지 않고요. 아마 이 구역에서 제가 제일 무뚝뚝한 사람이었을 겁니다. 하지만 선생님이 미소에 관한 경험을 알려달라고 하셨을 때, 일주일 정도는 해볼 수 있겠다고 생각했어요.

그래서 다음 날 아침, 거울 앞에서 머리를 빗을 때 제 무뚝뚝한 낯짝을 보며 말했지요. '빌, 오늘은 이 뚱한 얼굴을 말끔히 없애는 거야. 대신 웃어보자. 지금부터 시작하는 거야.' 그래서 식탁에 앉아 아내를 향해 '좋은 아침이야, 여보'라고 말하며 미소를 보냈습니다. 선생님은 아내가 매우 놀랄 거라고 미리 말씀하셨죠. 하지만 그 반응은 놀라움이라는 단어로는 부족해요. 아내는 매우 당황했습니다. 충격을 받은 듯도 했죠. 저는 아내에게 앞으로는 이런 행동을 매일 기대해도 좋다고 말했습니다. 그리고 아침마다 지키고 있죠.

지난 일 년보다 제가 태도를 바꾼 두 달 동안 가정에 더 많은 행복이 찾아왔습니다. 이제는 출근할 때 아파트 안의 승강기 안내원과 관리인에게도 웃으며 '좋은 아침입니다'라고 인사하죠. 기차표 판매원에게 잔돈을 요청할 때도 그러고요. 한 번도 제 웃는 모습을 보지 못했을 증권거래소 사람들에게도 미소를 보냅니다. 그리고 곧 그들 역시 제게 미소로 답한다는 걸 깨달았습니다. 저는 불평하거나 불만을 토로하러 오는 사람들에게도 유쾌하게 응대했어요. 미소 지은 얼굴로 그들의 말을 경청했더니 상황도 훨씬 쉽게 정리되었죠. 미소는 돈을 벌어줍니다. 매일 많은 돈을요.

저는 다른 중개인과 사무실을 같이 쓰는데, 그의 밑에서 일하는 호감 가는 젊은 직원이 있었습니다. 일련의 결과에 기쁜 나머지 그에게 새롭게 발견한 인간관계의 법칙을 이야기해주었죠. 그러자 그는 사실 처음 사무실을 같이 쓰며 저를 지독한 불평꾼으로 여겼다고 고백했습니다. 최근에는 생각이 바뀌었다면서요. 제가 웃을 때 인간미를 느꼈다고 하더군요.

이제는 아예 비판하지 않는 대신 인정과 칭찬을 하기로 결심했어요. 또 제가 원하는 걸 떠들기보다 다른 사람의 관점에서 보려고 노력합니다. 그러면서 제 삶은 말 그대로 완전히 달라졌어요. 이제는 전혀 다른 인간이 되었죠. 더 행복하고 더 풍요로우며 더 깊은 우정과 행복을 누리는 사람이 되었습니다. 결국에는 그런 것들이 정말 중요하지 않습니까?"

하지만 웃고 싶지 않다면 어떻게 해야 할까? 두 가지 방법이 있다. 먼저 억지로라도 미소를 짓는 것이다. 혼자 있을 때 일부러 휘파람을 불거나 흥얼거리며 노래를 불러보자. 둘째, 이미 행복한 것처럼 행동하면 그렇게 될 수 있다. 심리학자이자 철학자인 윌리엄 제임스는 이렇게 제시한다. "행동은 감정을 따라가는 것처럼 보이지만 실제로는 함께 간다. 그렇기에 자신의 의지와 좀 더 직접적으로 연결되는 행동을 조절하면 제어하기 힘든 감정도 간접적으로 조절할 수 있다. 따라서 잃어버린 즐거움을 되찾는 자발적 방법은 즐겁게 앉아 이미 즐거운 것처럼 말하고 행동하는 것이다."

세상 모든 사람이 행복을 추구한다. 행복을 찾는 방법은 단 하나다. 바로 생각을 조절할 줄 알아야 하는 것이다. 행복은 외부의 상황이 아닌 내 마음 상태에 달려 있다. 행복을 결정하는 것은 재산, 지위, 사는 곳, 직업이 아니다. 중요한 건 그것에 대해 당신이 어떻게 생각하는지다.

같은 곳에서, 같은 일을 하고, 똑같은 재산과 명예를 지닌 두 사람이 있다고 해보자. 그런데도 한 명은 비참하고 다른 한 명은 행복하다면 왜일까? 마음의 태도가 다르기 때문이다. 나는 열대지방의 혹독한 더위 속에서 오래된 장비로 일하는 가난한 농부들의 얼굴에서 최신 에어컨이 상시 가동되는 뉴욕, 시카고, LA의 사무실에서 본 것 같은 행복한 표정을 많이 마주했다. "좋고 나쁨은 없다. 생각이 그렇게 만들 뿐이다." 셰익스피어는 말했다.

에이브러햄 링컨은 "사람들은 대부분 자신이 마음먹은 만큼 행복하다"고 말했다. 그의 말이 옳았다. 뉴욕 롱아일랜드 기차역의 계단을 올라가면서 나는 그 진실을 생생히 보았다. 내 앞에

몸이 불편한 소년 삼사십 명이 지팡이나 목발을 짚고 계단을 오르려 애쓰고 있었다. 한 소년은 누군가에 업혀 있기도 했다. 하지만 아이들은 그 상황에서도 명랑하게 웃어댔다. 놀란 나는 아이들의 인솔자에게 말을 걸었다. "아, 맞아요. 평생 불구로 살아야 한다는 걸 알고 아이들도 처음에는 큰 충격을 받죠. 그렇지만 그걸 극복한 후에는 보통 운명을 받아들이고 평범한 아이들처럼 행복해진답니다." 아이들에게 경의를 표하고 싶은 마음이었다. 그들은 내게 평생 잊지 못할 교훈을 주었다.

사무실의 닫힌 공간에서 홀로 일하면 고독할 뿐만 아니라 다른 동료와 친해지기도 쉽지 않다. 멕시코 과달라하라의 마리아 곤살레스가 바로 그런 상황이었다. 마리아는 다른 직원들이 웃고 떠드는 걸 들을 때마다 그들의 동료애가 부러웠다. 회사에 처음 출근하고 얼마간은 복도에서 직원들을 마주쳐도 수줍음에 얼굴을 돌리고는 했다.

그러다 몇 주가 지난 후 마리아는 다짐했다. '마리아, 저 직원들이 다가오는 걸 기대하지 마. 네가 먼저 인사해야지.' 그러고는 복도에서 누군가와 마주칠 때마다 "안녕하세요?"라고 밝게 웃으며 인사를 건넸다. 효과는 즉각적이었다. 상대도 미소와 인사로 답했다. 그동안 오가던 복도가 더 환하게 느껴졌고 직장도 더 친숙해진 듯했다. 친밀감이 더해지며 마리아는 몇몇 직원과 우정을 쌓았고 일과 삶도 좀 더 즐겁고 흥미로워졌다.

이번에는 에세이 작가이자 출판인인 엘버트 허버드의 현명한 조언을 정독해보자. 단, 기억하라. 읽고 실천하지 않으면 아무 소용이 없다.

2부 사람들의 호감을 얻는 6가지 원칙

밖에 나갈 때마다 턱은 끌어당기고, 머리를 꼿꼿이 든 다음, 숨을 가득 모으자. 햇살을 마시고 미소로 친구를 반겨라. 영혼을 담아 힘차게 악수하라. 오해받을까 두려워하지 말고, 원수를 생각하며 시간을 낭비하지 말자. 하고 싶은 일을 마음속에 확고히 정하면 바꾸지 말고 목표를 향해 나아가라. 당신이 이루고 싶은 위대하고 멋진 일들에 마음을 쏟자. 그러면 산호충이 밀물을 타고 필요한 양분을 취하듯 시간이 지나면서 나도 모르게 바라던 것을 이룰 기회를 잡을 수 있다. 되고 싶을 정도로 유능하고, 성실하고, 쓸모 있는 사람을 머릿속에 떠올려라. 그 생각이 매 순간 당신을 그러한 특별한 존재로 바꿔줄 것이다. 생각은 매우 중요하다. 용기 있고 솔직하며 활기 넘치는 올바른 마음의 태도를 지니자. 올바르게 생각하면 이룰 수 있다. 모든 것은 열망에서 생겨나며 진실한 기도는 응답받는다. 우리의 마음이 굳건해야 그렇게 될 수 있다. 턱은 끌어당기고 머리는 꼿꼿이 들라. 우리의 잠재력은 무궁무진하다.

매우 현명하게 처신했던 고대 중국인들은 우리가 항상 지녀야 할 속담을 남겼다. "웃을 수 없다면 장사를 하지 마라." 미소는 당신의 호의를 전달하며 그 미소를 보는 이들의 삶을 밝혀준다. 얼굴을 찌푸리고, 오만상을 쓰고, 외면하는 사람을 많이 만나온 사람에게는 그 미소가 구름을 뚫고 나온 햇살처럼 느껴질 수 있다. 특히 상사, 고객, 선생, 부모, 자식 때문에 삶의 무게를 느끼는 이들에게 미소는 그래도 세상이 그렇게 절망적이지 않다는 것을, 기쁨이 존재한다는 것을 알려준다.

뉴욕의 한 백화점은 크리스마스 시즌에 판매원이 겪는 부담감을 덜어주고자 다음과 같이 따뜻한 가치를 전하는 광고를 냈다.

크리스마스 미소의 가치

미소는 돈이 들지 않지만 많은 것을 만들어냅니다. 미소를 주는 사람은 잃은 것 없이 받는 이의 마음을 풍요롭게 하죠. 순식간에 일어나지만 그 기억이 평생 가기도 합니다. 아무리 부자여도 미소는 필요하고, 아무리 가난해도 미소로 삶이 풍요로워질 수 있답니다. 미소는 가정에 행복을 가져다주고, 직장에 친절을 꽃피우고, 친구에게는 우정의 징표가 되죠. 지친 자에게는 쉼표가, 낙담한 이에게는 한 줄기 빛이, 슬픈 사람에게는 햇살과 같습니다. 괴로울 때는 최고의 해독제죠.

그렇지만 미소는 사거나, 구걸하거나, 빌리거나, 훔칠 수 없습니다. 누군가 우리에게 주어야만 진정한 가치가 있거든요. 그러니 혼잡한 크리스마스 쇼핑 도중 저희 판매원이 너무 지쳐 미소를 보내드리지 못해도 어러분이 미소를 보내주시면 어떨까요? 더는 미소를 지을 수 없는 사람이야말로 미소가 절실히 필요하거든요!

원칙 2 미소를 지어라.

Smile.

3

상대의 이름을 기억하라

1898년, 뉴욕 로클랜드의 스토니포인트에서 한 아이가 죽는 비극적인 사건이 발생했다. 모든 이웃이 장례식에 갈 준비를 하고 있을 때였다. 짐 팔리는 마차에 말을 매기 위해 마구간으로 갔다. 땅은 눈으로 덮여 있고 공기는 살을 에는 듯 차가웠다. 며칠 동안 달리지 않았던 말을 물통 쪽으로 끌고 갈 때였다. 말은 신나게 몸을 휙 돌리더니 갑자기 발을 공중에 높이 쳐들었고, 팔리는 말의 발길질에 죽고 말았다. 이 작은 마을에서 한 주에 두 번의 장례식이 열리게 된 것이다.

짐 팔리에게는 아내와 세 아들이 있었으나 남겨진 보험금은 몇백 달러에 불과했다. 결국 열 살이자 아버지의 이름을 물려받은 장남 짐은 벽돌 공장에 일하러 나가 모래를 나르고 형판에 부은 후 햇빛에 말려 벽돌을 만들었다. 짐은 학교를 거의 다니지 못했지만 타고난 싹싹함으로 사람들의 호감을 얻는 재주가 있었다. 덕분에 정계로 진출할 수 있었고 시간이 흐르며 사람의 이름을 기억하는 엄청난 능력을 계발했다. 그는 고등학교의 문턱도 밟

지 못했지만 46세가 되기 전 네 곳의 대학에서 명예 학위를 받았고, 민주당 전국 위원회 의장과 미국 우정장관을 역임했다.

짐 팔리를 인터뷰할 당시, 나는 그에게 성공 비결을 물었다. "열심히 일하는 거죠"라 답하는 그에게 나는 농담 마시라고 했다. 그러자 그는 내가 생각하는 성공의 비결을 물었다. 내가 "1만 명의 이름을 기억하신다고 들었습니다"라고 말하자 그가 대답했다. "아니요, 틀렸습니다. 5만 명이에요."

정말 그랬다. 짐 팔리는 그 능력으로 1932년 선거운동을 성공적으로 이끌며 프랭클린 D. 루스벨트를 백악관에 입성시켰다. 짐 팔리는 석고 회사에서 영업 사원으로 일하고, 스토니포인트 면사무소의 서기관으로 일하던 시절에 이름을 외우는 시스템을 만들었다. 시작은 매우 간단했다. 새로운 사람을 만나면 그 사람의 이름, 가족, 직업, 정치적 의견 같은 사항을 알아내 머릿속에 일종의 사진처럼 정보를 정리했다. 그러면 다음에 그 사람을 만날 때 비록 일 년이 지났다 해도 악수를 하며 가족의 안부를 묻고 뒷마당의 꽃들에 관해 물을 수 있었다. 그를 지지하는 사람이 느는 건 당연했다!

짐 팔리는 루스벨트의 대통령 선거운동을 몇 달 앞두고 서부와 북서부 지역 주민들에게 하루에도 수백 통의 편지를 썼다. 그런 다음 열차에 올라타 19일 동안 20개의 주를 돌았다. 마차, 열차, 자동차, 배를 타고 약 1만 9000킬로미터를 다닌 것이다. 마을에 들러서는 같이 식사를 하고 차를 마시며 진심 어린 대화를 나누었고, 그다음에는 서둘러 다른 지역으로 향했다.

동부로 돌아온 후 그는 방문했던 마을 사람에게 편지를 써 자신과 이야기를 나눈 모든 이의 이름을 알려달라고 부탁했다. 취합된 목록에는 엄청난 수의 이름이 담겨 있었지만 짐 팔리는 그 모든 이에게 다정다감한 편지를 썼다. '친애하는 빌' '친애하는 제인' 같이 개개인의 이름을 적어 자신의 서명과 함께 편지를 부쳤다.

짐 팔리는 사람들이 이 세상 모든 이의 이름을 합친 것보다 자기 이름에 더 관심이 많다는 것을 일찍이 깨달았다. 그러니 상대의 이름을 기억하고 불러주는 건 은근하면서도 매우 효과적인 찬사다. 그러나 이름을 잊어버리거나 철자를 잘못 쓰면 매우 곤란해질 수 있다. 예전에 파리에서 대중 연설 강좌를 개설해 파리에 사는 모든 미국인에게 안내장을 보냈는데, 안내장을 타이핑한 프랑스인이 영어에 익숙지 않아 이름을 잘못 적는 실수를 저지른 적이 있었다. 그러자 미국 대형 은행의 파리 지사 관리자가 자기 이름의 철자가 틀렸다며 맹렬히 비난하는 편지를 보내왔다.

이름을 기억하는 일은 쉽지 않다. 특히 발음하기 힘든 이름은 더욱 그렇다. 사람들은 그런 이름을 익히려 노력하기보다는 그냥 잊어버리거나 부르기 쉬운 별명으로 부를 때가 많다. 우리 수업을 듣는 시드 레비는 이름이 니코데무스 파파둘로스인 고객을 방문해야 했다. 많은 사람이 그냥 그를 '닉'이라 불렀지만 시드 레비는 이렇게 말했다. "저는 방문 전에 그분의 이름을 외우려 특히 노력했습니다. '안녕하세요, 니코데무스 파파둘로스 씨'라고 완전한 이름을 부르자 그는 굉장히 놀란 듯했죠. 몇 분처럼 느껴진 시간 동안 아무 대답도 하지 않다가 마침내 눈물을 흘리며 말했습니다. '이 나라에 온 지 15년이 되었지만 레비 씨처럼 제 이름을 제대로 불러준 이가 아무도 없었어요'라고 말이죠."

이번에는 앤드루 카네기의 성공 비결을 알아보자. 그는 철강 왕으로 불렸지만 막상 철강 제조에 관해서는 잘 알지 못했다. 오히려 카네기 곁의 수백 명의 직원이 훨씬 더 전문적인 철강 지식을 가지고 있었다. 그러나 카네기는 사람을 다룰 줄 알았고, 그 능력 덕분에 부자가 되었다. 어릴 적부터 그는 조직을 운영하는 데 천부적인 감이 있었고 리더십이 뛰어났다. 그리고 열 살 무렵에는 사람들이 자신의 이름을 매우 중요하게 생각한다는 걸 깨달았다.

카네기는 이 깨달음을 사람들의 협력을 이끌어내는 데 활용했다. 일례로 스코틀랜드에 살던 어린 시절의 일화를 들 수 있다. 그는 어미 토끼를 한 마리 얻었고 금세 여러 마리의 새끼가 생겨났지만, 문제는 먹이가 부족하다는 것이었다. 그때 좋은 아이디어가 떠올랐다. 카네기는 동네 아이들에게 토끼에게 줄 토끼풀과 민들레를 많이 모아오면 각자의 이름을 새끼 토끼들에게 붙여주겠다고 약속했다. 이 방식은 마법처럼 통했고 카네기는 이를 절대 잊지 않았다.

수년 후, 그는 사업에도 같은 심리를 적용해 수백만 달러를 벌었다. 한번은 펜실베이니아 철도 회사에 철강 레일을 팔아야했다. 당시 그 회사의 대표는 J. 에드거 톰슨이었고, 카네기는 피츠버그에 거대한 철강 공장을 지은 뒤 그곳을 '에드거 톰슨 제철소'라고 이름 붙였다. 자, 수수께끼를 내볼 테니 맞혀보라. 에드거 톰슨은 펜실베이니아 철도 회사에 철강 레일이 필요할 때 어디서 구입할까? 시어스 로벅에서? 틀렸다. 다시 맞춰보자.

조지 풀먼과 철도 침대차 사업을 두고 우위를 다툴 때도 이 철강 왕은 토끼 일로 얻은 교훈을 떠올렸다. 카네기 소유의 센트럴 운송 회사와 풀먼이 소유한 회사는 유니온퍼시픽 철도 회사의 침대차 사업을 따내기 위해 고군분투했는데, 서로 경쟁하듯 가격을 내리느라 이대로 가면 수익이 나기 힘든 상황이었다. 카네기와 풀먼은 유니온퍼시픽의 이사회를 만나기 위해 뉴욕으로 향했고, 두 사람은 어느 날 밤 세인트니콜라스 호텔에서 마주쳤다. 카네기는 풀먼에게 말을 건넸다. "안녕하세요, 풀먼 씨. 아무래도 우리 둘 다 어리석게 구는 것 같지 않나요?" "무슨 말씀이죠?" 풀먼이 물었다.

카네기는 속으로 생각해온 두 회사의 합병을 제안했다. 그는 서로 겨루는 것보다 함께 일하며 취할 수 있는 공동의 이익을 멋들어지게 설명했다. 풀먼은 주의 깊게 들었지만 완전히 받아들이지는 못했다. 마지막으로 풀먼이 물었다. "그러면 새로운 회사의 이름은 뭐라 부를 건가요?" 카네기는 재빠르게 대답했다. "물론 풀먼 침대차 회사죠." 그러자 풀먼의 얼굴이 환해졌다. "제 방으로 가서 더 자세히 얘기해봅시다." 업계의 역사가 시작된 순간이었다.

친구와 동료의 이름을 기억하고 드높이는 방식은 앤드루 카네기가 지닌 리더십의 비결이었다. 카네기는 수많은 공장노동자의 이름을 안다는 사실에 뿌듯해했다. 또 직접 제철소를 관리하던 시절에는 한 번도 파업 때문에 회사가 멈춘 적이 없다는 사실에 자부심을 느꼈다.

회사가 커질수록 분위기가 차가워진다고 생각한 텍사스 상업은행의 회장 벤턴 러브는 이렇게 말했다. "그럴 때 조직을 훈훈하게 만드는 한 가지 방법이 직원의 이름을 기억하는 것이지요.

제게 평소 이름을 잘 외우지 못한다고 말한 임원은 자기 부문의 중요한 내용도 잘 기억하지 못하더군요. 그래서야 비즈니스가 잘 굴러갈 리 없죠."

캘리포니아주 랜초 팔로스 베르데스에 사는 캐런 커시는 TWA 항공사의 승무원으로, 비행기에서 일할 때 가능한 한 많은 승객의 이름을 외워 부르려고 노력한다. 그 결과 여러 승객이 캐런에게 직접 감사를 표하고 항공사에 칭찬을 전했다. 한 승객은 이렇게 적기도 했다. "꽤 오랫동안 TWA를 타지 않았는데, 이제부터는 TWA만 이용하겠습니다. 승객 개개인을 위하는 항공사라는 느낌을 받았거든요. 제게는 매우 중요한 부분이에요."

사람들은 자신의 이름이 너무 소중해 어떻게든 영원히 남기고 싶어 한다. 당대 최고의 쇼맨이던 강하고 냉철한 성격의 P.T. 바넘조차 자신의 이름을 이을 아들이 없다는 사실에 속상해했다. 그래서 외손자인 C.H. 실리에게 이름을 바넘 실리로 바꾸면 2만 5000달러를 주겠다고 제안하기도 했다.

귀족과 권력가는 수 세기 동안 예술가, 음악가, 작가를 후원해왔다. 창의력 넘치는 작품이 자신들의 이름에 선사되게끔 말이다. 도서관과 박물관에 수많은 소장품이 있는 건 자신의 이름이 사람들의 기억에서 사라지는 걸 참을 수 없던 이들 덕분이다. 뉴욕공립도서관에는 애스터와 레녹스의 소장품이 있고, 벤저민 올트먼과 J.P. 모건의 이름은 메트로폴리탄 미술관에 영원히 남겨졌다. 거의 모든 교회에 장식된 스테인드글라스 창문에는 기부자들의 이름이 새겨져 있다. 대학 캠퍼스 내 건물들은 가장 큰 금액을 후원한 기부자의 이름으로 불릴 때가 많다.

사람들은 이름을 잘 기억하지 않는다. 이유는 간단하다. 집중해서 외우고 확실히 머릿속에 입력하고자 시간과 노력을 쏟지 않기 때문이다. 그러면서 바쁘다는 핑계를 댄다. 하지만 아무리 바쁘다 한들 프랭클린 D. 루스벨트보다 바쁘겠는가? 정작 루스벨트는 한 번 만난 정비공의 이름도 기억하려 노력했는데 말이다.

이를 잘 보여주는 일화를 살펴보자. 크라이슬러사는 다리가 마비되어 일반 자동차를 사용할 수 없던 루스벨트를 위해 특수 자동차를 제작했고, W.F. 체임벌린과 정비공 한 명이 백악관에 이 차를 전달하러 갔다. 체임벌린은 이때의 경험을 내게 보낸 편지에 이렇게 적었다.

"저는 루스벨트 대통령께 여러 특수 장치로 차를 다루는 방법을 알려드렸습니다. 하지만 대통령은 제게 사람을 대하는 고귀한 기술을 가르쳐주셨죠. 백악관에 들어가자 대통령은 굉장히 유쾌하고 즐겁게 우리를 대해주셨어요. 제 이름을 부르며 편안하게 해주셨죠. 특히 제가 설명할 때 굉장히 집중해서 경청하는 모습이 매우 인상적이었습니다. 그 자동차는 손으로 모든 조작이 가능하도록 제작되었습니다. 여러 사람이 자동차를 보러 모여들자 대통령은 말씀하셨어요. '정말 굉장하군요. 버튼을 누르기만 하면 차가 움직인다니. 쉽게 운전할 수 있겠어요. 정말 대단합니다. 어떻게 작동하는지 분해해서 알아보고 싶다는 생각도 드는군요.'

친구와 동료들이 특수 자동차에 감탄하는 와중에 대통령은 제게 이렇게 말씀하셨죠. '체임벌린 씨, 많은 시간과 수고를 들여 이 차를 만들어주셔서 감사합니다. 엄청난 일을 해낸 겁니다.' 그러면서 라디에이터, 특수 후방 거울, 시계, 특수 등, 실내 장식품, 운전석의 위치, 트렁크 안에 든 그의 이니셜을 새긴 특별한 여행 가방까지 모든 것에 감탄했습니다. 제가 사려 깊게 고려한 모든 요소를 알아봐주신 거죠. 그리고 이 사항들을 부인과 노동부 장관인 퍼킨스와 비서관에게도 설명하셨습니다. 백악관에서 일하는 노년의 관리인도 불러 말했죠. '조지, 이 여행 가방은 특히 잘 보관해주게나.'

운전 교습을 마친 뒤 대통령은 저를 보며 말씀하셨습니다. '체임벌린 씨, 연방준비제도 이사회 회의에 30분이나 늦어 이제 가봐야겠습니다.' 백악관에 함께 간 정비공은 들어갈 때 인사시킨 것이 전부였습니다. 그러니 대통령은 그의 이름을 딱 한 번 들었을 뿐이고 대화를 한 것도 아니었어요. 게다가 정비공은 부끄러움이 많아 계속 뒤쪽에 서 있었죠. 그런데 떠나기 전 대통령이 정비공을 찾더니 그의 이름을 부르며 악수를 청하는 겁니다. 워싱턴까지 와주어서 고맙다면서요. 그냥 하는 형식적인 인사치레가 아니었습니다. 그는 진심으로 말했고 저 역시 느낄 수 있었죠. 그리고 뉴욕에 돌아오고 나서 며칠 뒤, 대통령의 사인이 담긴 사진과 도와주어 고맙다는 작은 감사 메모를 받았습니다. 그렇게 바쁜 분이 어떻게 시간을 내신 건지 정말 놀라웠어요."

루스벨트는 사람의 호의를 얻는 가장 간단하고 명확하고 중요한 방법을 알았다. 바로 상대의 이름을 기억하고, 그 사람을 중요하게 대하는 것이다. 많은 이들이 실천하지 못하는 일이다. 대개 낯선 사람을 소개받을 때, 우리는 몇 분간 대화를 나누다 헤어질 때쯤에는 이름을 기억하지 못할 때가 많다. 정치가가 가장 먼저 배우는 가르침은 이렇다. '유권자의 이름을 기억하는 것이 정치력이다. 망각하면 당신도 잊힐 것이다.' 정치에서만큼 비즈니스와 사회생활에서도 이름을 기억하는 능력은 중요하다.

프랑스 황제이자 나폴레옹 1세의 조카였던 나폴레옹 3세는 왕실의 막중한 임무에도 자신이 만나는 모든 사람의 이름을 기억할 수 있음에 뿌듯해했다. 비결은 간단했다. 이름을 뚜렷이 듣지 못했을 때는 이렇게 말하는 것이다. "정말 미안하오. 이름을 잘 듣지 못했소." 이름이 독특할 때는 "철자를 어떻게 쓰나?"라고 되물었다. 대화를 나눌 때는 상대방의 이름을 여러 번 반복해서 말하고 그 사람의 특징, 표정, 겉모습을 연결해서 기억하려 애썼다. 중요한 사람을 대할 때는 더 노력을 기울였다. 혼자 있을 때면 종이에 그 이름을 쓴 뒤 집중해서 살펴보고 머릿속에 확실히 입력했다. 그런 다음 종이를 찢었다. 이런 방식으로 이름의 시각적, 청각적 인상을 뇌리에 깊게 박았다. 이 모든 일에는 시간이 든다. 그러나 에머슨의 말처럼 "훌륭한 매너는 작은 희생으로 완성된다."

그렇다고 왕이나 회사 임원에게만 이름을 기억하고 부르는 게 중요할까? 이건 우리 모두에게 필요한 일이다. 인디애나주 제너럴모터스에서 일하는 켄 노팅엄은 주로 회사 구내식당에서 점심을 먹는데, 어느 날 그는 판매대 뒤에서 일하는 직원이 언제나 짜증 난 표정을 짓고 있다는 걸 알아챘다. "거의 두 시간 동안 샌드위치를 만들었으니 그에게는 저도 다른 샌드위치나 마찬가지였겠죠. 샌드위치를 주문하자 그는 작은 저울에 햄 무게를 재고, 양상추 한 장과 감자칩을 몇 개 담은 후 건네주었습니다.

다음 날 저는 똑같은 줄에 섰습니다. 똑같은 여성이 똑같이 인상을 쓰고 있었죠. 달라진 점은 제가 그의 이름표를 보았다는 겁니다. 저는 웃으며 말했어요. '안녕하세요, 유니스 씨.' 그런 다음 원하는 샌드위치를 말했죠. 어떻게 되었을까요? 유니스 씨는 저울에 달 생각도 하지 않고 햄을 수북이 쌓아 양상추 세 장과 함께 샌드위치를 만들어주었죠. 그러고는 접시가 꽉 차게 감자칩을 담아주었답니다."

우리는 이름에 담긴 마법을 기억해야 한다. 이름은 우리가 대하는 상대방이 완전히, 전적으로 소유한 단 하나의 아이템이다. 이름은 개인을 구분 짓고 많은 사람 속에서 자신을 특별한 존재로 만들어준다. 어떠한 정보를 전하거나 요청할 때 상대의 이름을 기억하면 더 특별히 중요하게 다루어질 수 있다. 식당 종업원부터 고위 임원까지, 이름은 사람을 대할 때 마법 같은 힘을 발휘한다.

원칙 3 어떤 언어로든, 이름은 그 사람에게 가장 달콤하고
중요한 소리임을 기억하라.
Remember that a person's name is to that person the
sweetest and most important sound in any language.

4

대화를 잘하는
사람이 되는 비결

얼마 전 브리지 카드 파티에 참석한 일이 있었다. 나는 원래 브리지 게임을 하지 않는데, 마침 파티에 참석한 한 여성도 그랬다. 여성은 작가 로웰 토머스가 라디오에 진출하기 전 내가 한때 매니저를 맡았으며, 토머스의 여행 준비를 도우며 유럽을 자주 여행했다는 사실을 알고 있었다. 여성이 말했다. "오, 카네기 씨. 방문하셨던 멋진 곳과 명소에 대해 들려주세요."

여성은 소파에 자리를 잡으면서 최근 남편과 함께 아프리카 여행을 다녀왔다고 했다. "와, 아프리카요!" 나는 감탄했다. "너무 흥미로웠겠어요! 항상 가보고 싶었지만 알제에 24시간 정도 머무른 게 전부랍니다. 큰 동물이 있는 곳도 가보셨나요? 정말 운이 좋으셨네요. 부럽습니다. 아프리카에 대해 더 듣고 싶어요."

그러자 그는 45분간 이야기를 이어갔다. 내가 어디를 방문했고, 무엇을 보았는지에 대해서는 더 이상 묻지 않았다. 그는 내 여행 이야기를 듣고 싶은 것이 아니었다. 그가 원한 건 열정적인 청중이었다. 자신이 어디를 여행했는지 말하며 뽐낼 수 있게끔 말이다. 이 여성이 특이한 걸까? 아니다. 많은 사람이 그렇다.

　한번은 뉴욕의 한 출판사가 주최한 디너파티에서 저명한 식물학자를 만났는데, 식물학자와 처음 대화를 나누어본 나는 금세 매료되었다. 말 그대로 의자 끝에 궁둥이만 붙인 채 이국적인 식물, 새로운 품종 개발, 실내 정원에 관한 이야기에 집중했다. 그는 감자에 관한 놀라운 사실을 알려주기도 했고, 작은 실내 정원을 가꾸며 생긴 내 고민에 해결책을 주기도 했다. 이미 말했듯 우리는 디너파티에 있었다. 그곳에 수많은 다른 손님이 있었지만, 나는 예의에 어긋나게 다른 이들은 모두 무시한 채 그 식물학자와 단 둘이만 몇 시간이나 대화를 나누었다.

　그러다 자정이 되어 사람들에게 작별 인사를 하고 떠날 때쯤 식물학자는 파티 주최자에게 가더니 입이 마르게 내 칭찬을 했다. 나를 '굉장히 기분을 좋게 해주는 사람'이라고 칭하며, 그 외에도 많은 점을 이야기하다 '가장 재밌는 대화 상대'였다는 말로 칭찬을 마쳤다.

　재밌는 대화 상대라고? 어째서? 나는 거의 말을 하지 않았다. 말을 하고 싶어도 주제가 바뀌지 않는 한 할 수가 없었다. 식물학에 대해서는 펭귄의 해부학 구조보다 아는 바가 없었기 때문이다. 그렇지만 이렇게는 했다. 주의 깊게 듣는 것. 진심으로 흥미로웠기 때문에 집중했고, 그도 그걸 느꼈기에 기분이 좋을 수밖에 없었을 것이다. 경청은 우리가 누군가에게 줄 수 있는 최고의 찬사다. 소설가 잭 우드퍼드는 『사랑에 빠진 낯선 이들Strangers in Love』에서 "누군가 내게 열렬히 집중하는 은은한 달콤함에 저항할 수 있는 사람은 드물다"고 썼다. 나는 열렬한 집중에서 한발 더 나

아가 그를 '진심으로 인정했고, 폭풍같이 칭찬했다.'

　나는 식물학자에게 굉장히 즐겁고 유익한 대화였다고 전했다. 진짜 그랬다. 그리고 그처럼 다양한 지식을 가지고 싶다고 했다. 진심이었다. 당신과 함께 들판에 나가 탐색하고 싶다고도 말했다. 실제로 원했다. 다시 만났으면 좋겠다고 말했고, 정말 그랬다. 그는 나를 좋은 대화 상대로 여겼지만 실제로 내가 한 일은 잘 들어주고 그가 이야기를 펼치게끔 북돋아준 것뿐이다.

　성공적인 비즈니스 대화의 비결은 무엇일까? 하버드대학교 총장이었던 찰스 W. 엘리엇은 이렇게 말했다. "성공적인 비즈니스 만남의 비결이란 별것 없습니다. 대화하는 상대방에게 온전한 관심을 기울이는 게 중요하죠. 그것만큼 마음을 움직이는 것도 없답니다." 엘리엇은 경청의 대가였다. 미국 초창기 시대의 위대한 소설가였던 헨리 제임스는 엘리엇을 이렇게 회상했다. "엘리엇 박사는 그저 조용히 듣기만 하지 않았습니다. 몸으로 보여주었죠. 허리는 꼿꼿이 세우고 두 손은 무릎에 모은 채, 엄지손가락을 빠르거나 느리게 돌리는 것 외에는 미동도 하지 않았습니다. 대화하는 상대방을 바라보는 얼굴은 귀뿐만 아니라 눈도 경청하는 듯한 느낌이었죠. 온 마음을 다해 들었고 상대가 말하는 내용을 주의 깊이 생각했습니다. 대화가 끝났을 때 상대방은 자신이 할 말을 다 전했다고 느꼈죠."

　아주 명백하다. 그렇지 않은가? 이건 하버드대학교에서 4년을 공부하지 않아도 알 수 있는 사실이다. 그런데도 우리가 방문한 백화점 중에는 비싼 땅을 빌려 물건을 마련하고, 쇼윈도를 멋지게 꾸미고, 광고에 돈을 쏟아부으면서도 정작 경청할 줄 모르는 직원을 두는 곳이 있다. 손님의 이야기를 가로막고, 반박하고, 짜증 나게 해 결국 매장 밖으로 나가게 만드는 점원 말이다.

시카고에 위치한 한 백화점은 경청하지 않는 직원 때문에 매년 수천 달러를 쓰는 단골손님을 잃을 뻔했다. 바로 시카고에서 우리 수업을 들은 헨리에타 더글러스의 이야기다.

더글러스는 백화점에서 특별 할인가에 코트를 구입해 집으로 가져온 후 안감이 찢어진 것을 발견했다. 그는 다음 날 다시 매장을 방문해 교환을 요청했다. 하지만 직원은 불만을 듣는 것조차 거부했다. "손님, 할인가에 구입하셨잖아요." 그러면서 벽에 붙은 종이를 가리키며 큰 소리로 말했다. "읽어보세요. '교환 반품 불가'라고 쓰여 있죠? 한번 사셨으면 그냥 입으셔야죠. 안감은 직접 꿰매시면 되고요." "그렇지만 제품에 하자가 있잖아요." 더글러스는 불만을 토로했다. "달라지는 건 없어요. 원칙은 원칙입니다." 직원은 그의 말을 가로막았다.

더글러스는 화가 나 다시는 이 매장에 발도 들여놓지 않겠다고 다짐하며 나가려 했다. 그때 백화점의 매니저가 그를 보고 인사해왔다. 매니저는 더글러스가 오랫동안 매장을 애용한 걸 알고 있었고, 더글러스는 좀 전에 일어난 일을 말했다. 매니저는 전체 상황을 주의 깊게 들은 후 코트를 살펴보며 말했다. "특별 할인 제품은 환불이 불가합니다. 그래야 시즌이 끝나기 전에 상품을 처분할 수 있거든요. 하지만 하자 제품에는 환불 불가 정책을 적용하지 않죠. 저희가 안감을 수선하거나 교체해드리겠습니다. 원하시면 환불해드릴 수도 있고요." 얼마나 다른 대처인가! 만약 그 매니저가 손님의 이야기를 들어주지 않았더라면 백화점은 오랜 단골을 영원히 잃을 수도 있었다.

경청은 비즈니스뿐만 아니라 가정생활에서도 중요하다. 뉴욕의 크로톤온허드슨에 사는 밀리 에스포지토는 아이들이 대화를 원할 때 경청하는 것을 원칙으로 삼았다. 어느 날 저녁, 에스포지토는 아들 로버트와 함께 아들의 고민거리에 관해 간단히 대화를 나누었다. 이야기를 끝마치자 로버트가 말했다. "엄마는 저를 정말 많이 사랑하시는 것 같아요." 감동한 에스포지토는 답했다. "물론 엄청나게 사랑하지. 그걸 이제 안 거야?" "아니요. 하지만 제가 이야기하고 싶을 때마다 엄마는 하던 일을 멈추고 제 말을 들어주시잖아요. 그때 엄마가 절 정말 사랑하는 게 느껴져요."

허구한 날 반기를 드는 사람이나 가장 냉혹한 비평가도 차분하게 공감하며 이야기를 들어주는 사람 앞에서는 순해질 때가 많다. 성난 킹코브라처럼 커져 자신의 독을 뿜는 동안에도 조용히 들어주는 그런 사람 말이다. 일례로 뉴욕전화회사는 고객 서비스 담당자에게 저주를 퍼부은 가장 악독한 고객을 상대해야 하는 일을 겪은 적이 있었다. 그 고객은 욕을 퍼붓고 고함을 치며 전화선을 뽑아버리겠다고 협박했다. 요금이 잘못 나왔다고 하며 납부를 거부하거나 신문사에 편지를 써 제보하기도 했다. 또 공공서비스위원회에 셀 수 없이 불만을 접수하고, 회사를 상대로 여러 소송을 걸어댔다.

결국 회사에서 가장 노련한 문제 해결사가 분쟁을 일삼는 고객을 만나러 나섰다. 이 문제 해결사는 심술궂은 고객이 불평을 마음껏 쏟아내게끔 했다. 말을 듣는 와중에도 "네, 그러셨겠네요"라며 불만에 공감했다. 문제 해결사는 우리 수업에서 자신의 경험담을 들려주었다.

"고객은 비난을 이어갔고 저는 세 시간 가까이 경청했습니다. 심지어 다음에 다시 방문해 이야기를 더 들었고, 그렇게 네 번을 만났습니다. 그리고 네 번째 만남에서 그가 만든 단체에 가입하기도 했어요. 단체 이름은 '전화 가입자 보호 단체'로, 아직도 회원이에요. 그 고객 외에는 지구상에서 제가 유일한 회원일 겁니다.

만날 때마다 그가 주장하는 모든 의견을 들어주고 공감했습니다. 전화 회사 담당자와 이런 식으로 대화를 나눈 게 처음이었던 그는 점차 태도가 누그러졌어요. 저는 첫 방문에서도 용건을 언급하지 않았고 두 번째, 세 번째 만남에서도 하고자 하는 이야기를 꺼내지 않았습니다. 그러나 네 번째 만남에서 자연스럽게 사건을 종결할 수 있었지요. 고객이 모든 요금을 납부하고, 처음으로 자진해서 공공서비스위원회에 냈던 불만 접수를 모두 철회했거든요."

의심할 여지없이 이 고객은 자신을 무자비한 착취에서 소비자의 권리를 보호하는 신성한 수호자라고 생각했을 것이다. 하지만 그가 실제로 진정 원한 것은 자신이 중요하다는 느낌이었다. 처음에는 화내고 불평하며 이러한 느낌을 얻었지만, 담당자를 만나 자신이 중요한 사람이라는 기분이 충족되자 멋대로 쌓아 올린 불만이 허공으로 사라진 것이다.

어느 날 아침에는 화가 난 고객 한 명이 줄리언 F. 데트머의 사무실로 쳐들어온 일도 있었다. 데트머는 훗날 세계 최대의 양복용 모직 업체가 된 데트머 모직의 창업자였다. 데트머는 내게 설명했다.

"그 고객은 저희 회사에 지급할 금액이 있었는데, 계속해서 부정했어요. 고객이 틀렸다는 걸 확신한 재무 팀은 고객에게 돈을 지불하라고 주장했죠. 몇 통의 독촉 편지를 받은 그 고객은 직접 시카고로 찾아왔습니다. 그러고는 제 사무실로 쳐들어와 돈도 절대 줄 수 없으며 앞으로 데트머 모직에서는 1달러어치도 사지 않겠다고 말하더군요.

일단 저는 그의 이야기를 인내심 있게 끝까지 들었어요. 끼어들고 싶을 때도 있었지만 좋은 생각이 아닌 것 같아 계속 말을 이어가게 놔두었습니다. 마침내 고객이 진정하고 들을 준비가 되었을 때 차분히 말을 꺼냈죠. '이렇게 시카고까지 방문해 이야기를 들려주셔서 감사합니다. 제게 많은 도움이 되었어요. 만약 저희 재무 팀이 고객님을 노엽게 했다면 다른 좋은 고객에게도 그럴 수 있으니 정말 큰일이죠. 믿어주세요. 저는 고객님의 말씀을 훨씬 더 많이 듣고 싶습니다.'

그는 제가 이런 말을 할 거라고는 전혀 기대하지 않았는지 약간 실망한 듯했어요. 이것저것 따지러 시카고까지 왔는데 다투기는커녕 감사해했으니까요. 저는 장부에서 고객의 대금을 삭제한 뒤 잊어버리겠다고 했습니다. 당신은 굉장히 신중하고 한 장부만 관리하지만, 우리 직원은 수천 개의 장부를 관리하니 당신의 말이 맞을 것 같다고 전했죠. 그러면서 당신이 어떤 심정일지 충분히 이해하고, 저도 같은 입장이라면 분명 똑같이 느꼈을 거라고 말했습니다. 이제 우리 회사에서 물건을 구입하지 않을 테니 다른 모직 업체 몇 곳을 추천하겠다고도 했어요.

예전에도 그 손님이 시카고에 오면 다 같이 점심을 먹고는 해서 이날도 점심을 함께하자고 했어요. 그는 약간 주저하다 승낙했습니다. 식사 후 사무실로 돌아온 그는 예전보다 훨씬 많은 주문을 넣었습니다. 기분이 어느 정도 풀려 집으로 돌아간 후에는 우리가 자신을 대한 것처럼 자기도 공정해야겠다고 생각하고는 장부를 다시 검토했죠. 그렇게 빠진 청구서를 발견한 그는 사과 편지와 함께 수표를 보내왔습니다. 훗날 그는 아내가 아이를 낳았을 때, 아들의 중간 이름을 데트머라고 지었습니다. 그리고 그가 죽기 전까지 22년 동안 좋은 친구이자 고객이 되어주었죠."

오래전 가난한 네덜란드 이민자 소년이 가족을 부양하기 위해 학교가 끝나면 빵집 창문을 닦는 일을 했다. 너무 가난한 나머지 매일 바구니를 들고 거리로 나가 연료를 배달하던 석탄 마차가 배수구에 흘린 석탄 조각을 모으러 다닐 정도였다. 그의 이름은 에드워드 보크로, 일평생 학교를 6년밖에 다니지 못했다. 그럼에도 그는 미국 언론 역사상 가장 성공한 잡지 편집자가 되었다. 어떻게 가능했을까? 긴 이야기지만 그 시작은 간략히 설명할 수 있다. 그는 우리가 이 장에서 제시한 원칙을 사용해 성공을 향한 첫걸음을 뗐다.

보크는 열세 살에 학교를 떠나 웨스턴유니언에서 사환으로 일했다. 하지만 단 한 순간도 배움에 대한 생각을 놓지 않았다. 결국 독학을 결심한 그는 버스 요금과 점심 비용을 아껴 미국 위인 백과사전을 샀다. 그런 다음 굉장히 독특한 일을 벌였다. 위인들의 이야기를 읽은 다음 그들의 어린 시절에 관해 더 자세한 내용을 묻는 편지를 쓴 것이다. 좋은 경청가였던 보크는 유명 인사들에게 이야기를 더 듣고 싶다며 부탁했다. 대통령 출마를 준비 중이던 제임스 A. 가필드 장군에게는 어릴 때 운하에서 배를 끄는 일을 한 게 진짜인지 묻는 편지를 썼고, 가필드는 답장을 해주었다. 그랜트

2부 사람들의 호감을 얻는 6가지 원칙

장군에게는 특정 전투에 관해 물었는데, 그랜트는 이 열네 살 소년에게 자세한 지도를 그려주었을 뿐만 아니라 저녁을 먹으러 오라고 초대했다. 그리고 저녁 내내 보크와 이야기를 나누었다.

곧 이 웨스턴유니언 사환은 전국의 수많은 유명인과 서신을 주고받게 되었다. 랠프 월도 에머슨, 올리버 웬들 홈스, 롱펠로, 링컨 여사, 루이자 메이 올컷, 셔먼 장군, 제퍼슨 데이비스 같은 사람과 말이다. 저명한 인사들과 편지를 주고받을 뿐 아니라 휴가 때는 그들의 집에 초대받아 방문하기도 했다. 이런 경험을 하며 그는 매우 귀중한 자신감을 얻었다. 보크는 이들을 만나며 인생의 비전과 포부를 키웠다. 다시 말하지만 이 모든 일이 가능했던 이유는 보크가 우리가 제시한 원칙을 적용했기 때문이다.

수많은 유명 인사를 인터뷰한 기자 아이작 F. 마코슨은 많은 사람이 좋은 인상을 남기지 못하는 이유가 집중해서 듣지 않는 데 있다고 말한다. "사람들은 자기가 다음에 할 말에 너무 신경 쓰는 바람에 귀를 닫을 때가 많습니다. 중요한 위치에 있는 이들은 좋은 달변가보다 좋은 경청자가 더 낫다고 말하죠. 하지만 그런 능력을 가진 사람은 흔하지 않습니다."

중요한 인물만이 아니라 보통 사람들도 좋은 경청자를 더 간절히 원한다. 《리더스 다이제스트》에도 나왔듯 "많은 이가 자기 이야기를 들어줄 사람이 필요해 의사를 찾아간다." 남북전쟁으로 인해 암울한 시기를 보내던 링컨은 일리노이주 스프링필드에 사는 오랜 친구에게 편지를 써, 논의하고 싶은 문제가 있으니 워싱턴에 와달라고 부탁했다. 그렇게 친구가 백악관에 찾아오자 링컨은 친구를 앞에 두고 몇 시간 동안 노예해방선언의 타당성을 털어놓았다. 찬성하고 반대하는 의견을 하나하나 설명하고 편지와 기사도 읽어주었다. 노예를 해방하지 않는다는 비난과 해방한다는 두려움에 그를 비난하는 글이 모두 존재했다.

몇 시간을 떠든 후 링컨은 친구와 악수하고 작별 인사를 건넨 뒤 그를 다시 일리노이로 돌려보냈다. 친구의 의견을 묻지도 않고 혼자 계속 이야기했지만 그것만으로도 생각이 정리된 것이다. "이야기를 나눈 후 링컨은 훨씬 편해 보였습니다." 오랜 친구는 말했다. 링컨이 원한 것은 조언이 아니었다. 힘들 때 우리 모두 그렇듯 그는 단지 마음을 털어놓을 수 있는 따뜻하고 호의적인 경청자가 필요했다. 성난 고객, 불만에 가득 찬 직원, 상처받은 친구가 원하는 것도 바로 그런 경청자일 때가 많다.

현대의 가장 위대한 경청자는 지크문트 프로이트다. 프로이트를 만나본 사람은 그의 듣는 태도를 이렇게 설명했다. "너무 깊은 인상을 받아 절대 잊지 못할 겁니다. 그 누구에게도 보지 못한 자질을 지니고 있었죠. 그렇게 집중해서 제 이야기를 들어준 사람은 처음이었습니다. '영혼을 꿰뚫어 보는 듯한' 날카로운 시선이 아니라, 부드럽고 상냥한 눈빛으로 바라봐주었죠. 목소리는 낮으면서 친절했습니다. 몸짓을 많이 하지는 않았지만 저에게 온전히 집중했어요. 설사 제가 하는 말의 표현이 서툴러도 수긍해주었죠. 누군가 그렇게 제 얘기를 들어준다는 게 어떤 의미인지 모를 거예요."

사람들이 당신을 피하고, 뒤에서 비웃고, 경멸하게 만들고 싶으면 여기 그 비결이 있다. 상대방의 이야기를 오래 듣지 말고 끊임없이 자기 이야기만 떠들어라. 다른 사람이 이야기할 때도 무엇인가 생각나면 기다리지 마라. 말이 끝나기 전에 바로 끼어들면 된다.

그런 사람들을 아는가? 불행히도 나는 그렇다. 놀랍게도 게다가 몇몇은 유명 인사다. 매우 지루하고, 자아에 흠뻑 도취해 자신이 중요하다는 기분에 취해 있는 자다. 자기 말만 하는 이들은 자기만 생각한다. 컬럼비아대학교에서 오랫동안 총장으로 지낸 니콜라스 머리 버틀러 박사는 말했다. "자기만 생각하는 사람은 심각하게 교양이 없다. 아무리 많이 배웠다 한들 교양 없는 사람이다."

따라서 좋은 대화 상대자가 되고 싶다면 집중해서 들어주자. 흥미로운 사람이 되고 싶다면 상대에게 관심을 가져라. 다른 이가 즐거워할 만한 질문을 던지고, 그들과 그들의 성과를 이야기하게끔 북돋자. 기억하라. 상대방은 당신과 당신의 문제보다 자신과 자신의 문제, 열망에 100배는 더 관심이 있다는 것을. 중국에서 수백만 명이 기근으로 죽는 것보다 자신의 치통이 더 큰 문제다. 자기 목에 생긴 종기가 아프리카에 일어난 40번의 지진보다 중요하다.

원칙 4   좋은 경청자가 되어라.
             상대방이 자신에 대해 말하게끔 이끌어라.
             Be a good listener.
             Encourage others to talk about themselves.

5

사람의 마음을 얻는 법

　　시어도어 루스벨트의 초대를 받은 사람들은 그의 방대한 지식에 놀라고는 했다. 상대가 카우보이든, 기병대원이든, 뉴욕의 정치가든, 외교관이든 루스벨트는 무슨 말을 해야 할지 알았다. 어떻게 그럴 수 있었을까? 답은 간단하다. 방문객이 올 때마다 그는 전날 밤늦게까지 앉아 그들이 특히 관심을 가질 만한 주제를 공부했다.

　　모든 리더가 그렇듯 루스벨트 대통령은 알았다. 사람의 마음을 얻는 가장 쉬운 방법은 그 사람에게 가장 소중한 것에 관해 이야기하는 것임을 말이다.

　　에세이 작가이자 예일대학교 문학 교수였던 인정 많은 윌리엄 라이언 펠프스는 일찌감치 이 교훈을 터득했다. 펠프스는 『인간 본성Human Nature』이라는 에세이에서 자신의 경험을 털어놓았다.

　　"여덟 살 때 나는 리비 린슬리 이모 집에서 주말을 보낸 적이 있다. 이모 집은 후서토닉강 근처 스트랫퍼드에 있었다. 그러던 어느 날 저녁, 한 중년 남성이 집에 찾아왔다. 그는 잠시 이모와 이야기를 나눈 후 내게 전적인 관심을 주었다. 당시 나는 보트에 흠뻑 빠져 있었는데, 그가 들려준 보트 이야기는 정말 재밌었다. 그 남성이 떠난 뒤 나는 잔뜩 들뜬 채로 그가 정말 멋진 분이라고 외쳤다. 이모는 그 남성이 뉴욕에 사는 변호사인데, 사실 보트에는 손톱만큼도 관심이 없다고 말했다. '그런데 왜 계속 보트 얘기를 한 거예요?'

'그분이 신사이기 때문이지. 네가 보트를 좋아하는 걸 알고는 네가 흥미를 가지고 즐거워할 이야기를 해주신 거란다. 호감 가게 행동하신 거야.'" 펠프스는 이모가 해준 그 말이 뇌리에 깊게 박혔다고 덧붙였다.

이 장을 쓰는 내 앞에는 보이스카우트 일을 활발히 하고 있는 에드워드 L. 찰리프에게서 온 편지가 있다. 찰리프는 편지에 이렇게 적었다.

"한번은 도움이 필요한 일이 생겼었어요. 유럽에서 큰 잼버리 행사가 열릴 예정이라 한 미국 대기업의 대표분께 보이스카우트 여행 경비를 후원받고 싶었죠. 운이 좋게도 만나러 가기 직전, 그분이 100만 달러짜리 수표를 끊었다 취소되자 액자에 넣어두었다는 이야기를 들었지요. 사무실에 들어간 저는 가장 먼저 액자에 넣어둔 수표를 볼 수 있냐고 부탁했습니다. 100만 달러짜리 수표라뇨! 그런 큰 금액의 수표를 쓴 분도 처음 볼뿐더러, 단원 아이들에게 수표를 실제로 봤다고 이야기해주고 싶다고 했죠. 그는 기꺼이 수표를 보여주었습니다. 저는 감탄하면서 어떤 연유로 수표를 쓰신 건지 궁금하다고 물었습니다."

당신은 아마 눈치챘을 것이다. 찰리프는 보이스카우트나 유럽 잼버리 대회, 자기 용건으로 대화를 시작하지 않았다. 그는 상대가 관심 가질 이야기를 먼저 꺼냈다. 결과는 어땠을까?

"곧 대표가 제게 물었습니다. '참, 그런데 저를 만나러 오신 용건이 뭐죠?' 저는 자초지종을 설명했습니다. 그런데 정말 놀랍게도 그분이 제 부탁을 그 자리에서 승낙했을 뿐만 아니라 훨씬 많은 걸 베풀어주셨습니다.

한 아이의 유럽 경비만 요청했는데, 단원 다섯 명과 제 경비까지 보내주셨죠. 1000달러짜리 신용장을 주며 유럽에서 7주 동안 지낼 수 있도록 도와주셨습니다. 그리고 유럽 지점장에게 소개장을 보내 저희를 돕도록 부탁했고, 직접 파리로 와서 도시를 구경시켜주시기도 했죠. 나중에는 가난한 가정의 단원 아이들에게 일자리까지 제공하셨습니다. 지금도 우리 보이스카우트 그룹을 열심히 지원해주고 계시고요. 그러나 잘 압니다. 그의 관심사를 몰랐더라면, 좋은 분위기를 먼저 만들지 않았더라면 다가가기가 열 배는 힘들었을 거예요."

이런 방법이 비즈니스에도 도움이 될까? 뉴욕의 도매 제빵 업체인 듀버노이앤드선스의 헨리 G. 듀버노이의 사례를 살펴보자. 듀버노이는 뉴욕의 한 호텔에 빵을 납품하려 애써왔다. 그는 4년간 호텔의 매니저를 매주 찾아갔다. 매니저가 참석하는 행사에 가고, 그 호텔에 투숙하며 비즈니스 기회를 만들려고도 해보았다. 그러나 모두 실패했다. 듀버노이는 이렇게 말했다.

"인간관계를 공부한 후, 저는 방법을 바꿔보기로 했습니다. 매니저의 관심사와 열정 분야를 먼저 파악하기로 했죠. 그리고 그가 미국호텔인협회라 불리는 호텔 경영자 모임의 일원임을 알게 되었습니다. 단순한 회원이 아니라 엄청난 열정을 가지고 미국과 국제 모임의 회장직도 맡고 있었죠. 그는 모임이 어디서 열리던 그곳에 참석했죠.

그래서 다음 날 매니저를 만나서는 그 모임을 주제로 이야기를 시작했습니다. 얼마나 반응이 열광적이었는지, 정말 열광 그 자체였습니다! 매니저는 30분 내내 모임에 관해 이야기했습니다. 목소리에 생기가 넘쳤죠. 이 사교 모임이 취미를 넘어 삶의 열정이라는 게 느껴졌습니다.

그의 설득에 저는 협회 회원권을 사기도 했어요. 그러는 동안 빵에 관해서는 한 마디도 꺼내지 않았죠. 그런데 며칠 후에 호텔 직원이 빵의 샘플과 가격을 알려달라며 전화를 걸어왔어요. '매니저님께 무슨 마법을 부리신 건지 모르겠지만, 완전히 넘어가셨더라고요!'

생각해보세요! 이 사람과 비즈니스를 성사하려 4년을 매달렸어요. 만약 끝까지 그의 관심사와 즐거운 대화 주제를 알아내지 못했다면 아직도 헤매고 있었을 겁니다."

메릴랜드주 해거스타운에 살던 에드워드 E. 해리먼은 군 복무를 마친 후 아름다운 컴벌랜드 밸리에 터를 잡았다. 하지만 안타깝게도 남은 일자리가 거의 없었다. 알아보니 그 지역의 여러 회사가 R.J. 펑크하우저라는 독특한 사업가의 소유이거나 영향 아래 있다는 것을 알게 되었다. 해리먼은 그가 자수성가한 사람이라는 점이 흥미로웠다. 그러나 펑크하우저는 구직자와는 만나지 않는 것으로 정평이 나 있었다. 해리먼은 이렇게 적었다.

"여러 사람에게 물어본 결과, 펑크하우저는 권력과 돈에 매우 관심이 많았습니다. 그는 단호한 전담 비서를 두어 저 같은 사람이 오는 일을 차단했지요. 저는 비서의 관심사와 목표를 조사한 후 약속도 없이 사무실을 방문했습니다. 그는 15년간 펑크하우저의 곁을 지켜온 사람이었습니다. 그래서 제가 펑크하우저에게 경제적이고 정치적인 성공을 안겨줄 수 있는 제안이 있다고 하자 굉장한 흥미를 보였죠. 비서의 적극적인 도움이 펑크하우저에게 그동안 많은 도움이 되었을 거라는 얘기도 곁들였습니다. 대화를 나눈 후 비서는 펑크하우저와 약속을 잡아주었지요.

강렬하고 으리으리한 사무실로 들어가며 저는 직접적으로 일자리를 요청하지 않겠다고 다짐했습니다. 펑크하우저는 거대한 책상 뒤에 앉아 제게 외쳤습니다. '그래 무슨 일로 오셨소, 젊은이?' 저는 말했습니다. '펑크하우저 씨, 돈을 벌 기회를 말씀드리러 왔습니다.' 그러자 그는 벌떡 일어나 커다란 의자로 저를 안내했어요.

저는 몇 가지 아이디어를 제안하며 실현할 수 있는 제 능력을 설명했습니다. 그에게 개인적으로나 사업적으로 어떻게 도움이 될지도 말했죠. 펑크하우저는 그 자리에서 저를 채용했습니다. 그리고 저는 20년이 넘게 그 회사에서 성장했어요. 우리 모두의 성공이었죠."

상대의 관심사에 관해 대화하는 것은 양쪽에게 이롭다. 직원 커뮤니케이션 분야의 리더인 하워드 Z. 허지그는 언제나 이 원칙을 지켰다. 이로 인해 어떤 혜택이 돌아왔냐고 묻자 허지그는 답했다. 각 상대에게 얻은 이로움이 다양하지만, 넓게 보면 누군가와 대화할 때마다 자신의 인생이 확장된 것이 진정한 혜택이었다고 말이다.

원칙 5   상대방의 관심사를 이야기하라.

Talk in terms of the other person's interests.

단번에 상대의
호감을 얻는 법

뉴욕 8번대로 33번가에 있는 우체국에서 편지를 부치기 위해 기다릴 때 있었던 일이다. 매년 단조로운 일을 반복해온 창구 직원은 지루한 표정으로 편지 무게를 재고, 우표를 건네고, 잔돈을 주고, 영수증을 발행하고 있었다. 나는 혼자 생각했다. '저 직원이 내게 호감을 느끼게 해보자. 그렇게 하려면 좋은 말을 해야겠지. 나 말고 저 사람에 대해서 말이야. 생각해보자. 내가 진심으로 칭찬할 만한 게 뭐가 있을까?' 특히나 그 대상이 낯선 사람일 때는 더욱 떠올리기 쉽지 않다. 그러나 일이 쉽게 풀렸다. 한없이 경탄할 점을 바로 발견한 것이다.

직원이 내 편지의 무게를 재는 동안 나는 힘주어 말했다. "머리숱이 너무 부럽네요." 직원은 놀란 듯 나를 올려다보았다. 그는 얼굴에 미소를 가득 담은 채 겸손하게 말했다. "뭐, 예전만큼은 아니랍니다." 나는 젊은 시절만큼은 아닐지 모르겠지만 지금 머리도 매우 근사하다고 말했고 직원은 굉장히 기뻐했다. 우리는 즐겁게 가벼운 대화를 이어갔고 그는 마지막에 이렇게 덧붙였다.

"많은 사람이 제 머리숱을 참 부러워하더라고요."

그날 그 직원은 하늘을 나는 기분으로 점심을 먹으러 갔을 것이다. 저녁에는 집에 가서 부인에게 있었던 일을 자랑하고, 거울을 보며 '내 머리숱은 정말 끝내주지'라고 생각할 게 분명했다. 한번은 강연에서 이 이야기를 했더니 강연이 끝나고 어떤 남성이 찾아와 물었다. "그 직원에게 무엇을 얻고 싶으셨던 거예요?"

내가 그에게 무얼 얻으려 했냐고? 무얼 얻으려 했다니! 그렇게 비열하게 자기만 생각하며 작은 행복을 전할 수 없다면, 다른 이에게 아무 대가를 바라지 않고 진심 어린 사소한 칭찬도 할 수 없다면, 마음이 시어 빠진 작은 사과만큼 작다면 그 사람은 필연적으로 인간관계에 실패할 것이다. 물론 나는 그에게 얻고 싶은 게 있었다. 값으로 따질 수 없는 그 무언가를 원했고 결국에는 얻었다. 그 무언가란, 아무런 대가를 바라지 않고 내가 그를 위해 무엇인가를 했다는 기분이다. 시간이 흘러도 당신의 기억과 마음속에서 울려 퍼지는 그런 기분 말이다.

사람이 살아가는 데는 언제나 중요한 법칙이 한 가지 있다. 이 법칙을 지키면 어려움을 겪을 일도 적고 수많은 친구와 함께하며 행복이 샘솟는다. 그러나 법칙을 어기는 순간, 끊임없는 문제가 생겨난다. 그 법칙은 이렇다. '항상 상대가 중요한 존재라고 느끼게 해주자.' 앞서 언급한 대로 존 듀이는 인간의 본성에는 '중요한 사람이 되고 싶은 욕구'가 매우 깊게 자리 잡고 있다고 말했다. 또 철학자 윌리엄 제임스는 "인간 본성의 가장 깊은 곳에는 인정받고 싶은 갈망이 있다"고 말했다. 이미 강조한 것처럼 이런 욕구가 있기에 우리는 동물과 다르며 문명을 발전시켜나갈 수 있었던 것이다.

철학자는 수천 년 동안 여러모로 인간관계의 법칙을 고찰해왔다. 그리고 그 모든 가설은 하나의 중요한 법칙으로 모아졌다. 새로운 게 아닌, 인간의 역사만큼 오래된 법칙이다. 2500년 전 페르시아의 조로아스터가 추종자들에게 가르치고, 2400년 전 중국에서 공자가 이를 설교했다. 도교의 창시자인 노자는 골짜기에서 제자들에게, 부처는 기원전 500년 갠지스 강둑에서 이를 전파했다. 힌두교 경전은 그보다도 1000년 전에, 예수는 1900년 전에 유대의 바위 언덕에서 이것을 가르쳤다. 예수는 아마 역사상 가장 중요할 황금률을 한 가지 생각으로 정리했다. '남에게 대접받고 싶은 대로 남을 대접하라.'

당신은 지인들의 지지를 원하고 자신의 진정한 가치를 인정받고 싶어 한다. 적어도 내 작은 세계에서는 중요한 사람이 되고 싶고, 진정성 없는 싸구려 아첨은 듣고 싶지 않지만 진심 어린 인정은 갈망한다. 찰스 슈와브가 말했듯 당신의 친구와 동료가 진심으로 인정하고 폭풍처럼 칭찬해주기를 바란다. 우리 모두가 그렇다. 그러니 남에게 대접받고 싶은 대로 남을 대접하라는 황금률을 지키자. 어떻게? 언제? 어디서? 답은 '언제 어디서나'다.

위스콘신주 오클레어에 사는 데이비드 G. 스미스는 우리 수업에서 자신의 경험담을 들려주었다. 스미스는 자선 콘서트의 다과 부스를 맡으면서 난감한 상황을 마주했다.

"저녁에 콘서트가 열리는 공원에 도착했을 때였어요. 노년의 두 여성이 다과 부스에 서 있는데 기분이 상당히 나빠 보였죠. 각자 자신이 이 프로젝트의 책임자라고 생각한 모양이에요. 어떻게 해야 할지 고민 중이었는데, 운영 위원회 담당자가 나타나 제게 현금출납기를 건네며 프로젝트를 맡아주어 고맙다 하더군요. 담당자는 제게 로즈와 제인이 도와줄 거라 말하고는 재빨리 사라졌습니다.

긴 침묵이 이어졌어요. 현금출납기가 일종의 권한을 상징한다고 느낀 저는 그 상자를 로즈에게 건넸습니다. 제가 돈을 잘 보관하지 못할 것 같으니 당신이 대신 관리해주면 훨씬 좋겠다고 말했죠. 그다음 제인에게는 부스에서 일을 도울 두 아이에게 소다 기계 사용법을 알려달라고 부탁했습니다. 프로젝트의 그 부분은 제인이 책임지게 한 거죠. 그 후 저녁은 매우 순조로웠어요. 로즈는 행복하게 돈을 세었고, 제인은 아이들을 감독했고, 저는 콘서트를 즐겼답니다."

진정한 인정의 법칙을 사용하기 위해 프랑스 대사가 되거나 마을 파티 위원회의 회장이 될 필요는 없다. 우리는 매일 이런 법칙을 사용해 마법 같은 효과를 낼 수 있다. 예를 들어 감자튀김을 시켰는데 종업원이 으깬 감자를 가져오면 이렇게 말해보자. "번거롭게 해서 죄송하지만 제가 원하는 건 감자튀김입니다." 그러면 종업원은 기꺼이 감자를 바꿔줄 것이다. 우리가 그를 존중했기 때문이다. "귀찮게 해서 죄송하지만" "부탁 좀 드려도 될까요?" "그렇게 해주실 수 있나요?" "괜찮으실까요?" "감사합니다" 같은 사소한 말과 공손함은 매일 반복되는 톱니바퀴 같은 고단한 일상에 윤활유가 되어준다. 좋은 가정교육을 받았다는 표시이기도 하다.

다른 예를 들어보자. 홀 케인은 『기독교인The Christian』『재판관The Deemster』『맨섬 사람The Manxman』 같은 20세기 엄청난 베스트셀러를 쓴 작가로, 수많은 사람이 그의 소설을 읽었다. 대장장이의 아들이었던 홀 케인은 학교를 8년밖에 다니지 못했지만 당대의 가장 부유한 문학인으로 눈을 감았다. 어떻게 된 것일까?

소네트와 발라드를 열렬히 좋아한 홀 케인은 단테 가브리엘 로세티의 모든 시를 닥치는 대로 읽었다. 그리고 로세티의 예술적 업적을 찬양하는 글을 써 직접 그에게 보냈다. 로세티는 매우 기뻐하며 이렇게 생각했을 것이다. '내 능력을 그렇게 높이 평가하는 젊은이라면 분명 영특할 거야.' 그렇게 로세티는 이 대장장이의 아들을 런던으로 초대해 자기 비서로 채용했고, 홀 케인은 인생의 전환점을 맞았다. 그는 새로운 자리에서 당대의 문인들을 만나며 그들의 조언과 격려에 힘과 영감을 얻어 이름을 날리는 작가가 될 수 있었다. 맨섬에 있는 홀 케인의 집인 그리바 성은 세계 곳곳에서 관광객이 방문하는 명소가 되었고, 그는 수백만 달러의 재산을 남겼다.

그러나 누가 알까? 만약 그가 유명 시인을 칭송하는 에세이를 쓰지 않았다면 그저 가난한 무명인으로 눈을 감았을지도 모르는 일이다. 이것이 바로 진심 어린 마음에서 우러나오는 인정의 엄청난 힘이다. 로세티가 자신을 중요한 사람이라고 여긴 것은 이상한 일이 아니다. 사람들은 대부분 자신을 굉장히 중요한 사람이라고 생각한다.

사람의 인생은 누군가 그를 중요한 존재라고 느끼게 해줄 때 달라질 수 있다. 캘리포니아에서 우리 수업을 담당하는 강사 로널드 J. 롤런드는 미술공예 교사이기도 하다. 롤런드는 자신의 초급 공예 수업을 듣는 크리스라는 한 학생에 관한 이야기를 들려주었다.

"크리스는 자신감이 부족하고, 매우 조용하고, 수줍음 많은 소년이라 마땅한 주목을 받지 못할 때가 많았죠. 저는 상급반도 가르쳤는데, 그 반은 자격이 되는 학생만 들을 수 있는 일종의 상징이자 특권으로 여겨졌어요.

그러던 어느 수요일이었습니다. 크리스가 책상에 앉아 열심히 작업 중이더군요. 마음 깊은 곳에 숨겨진 열정이 진심으로 느껴졌죠. 그래서 크리스에게 상급반에서 수업을 듣겠냐고 물었습니다. 그때 크리스의 표정을 어떻게 설명할 수 있을까요. 부끄럼 많은 이 열네 살 소년은 눈물을 참으려 애썼습니다. '제가요, 선생님? 제가 그래도 될까요?' '그럼 물론이지 크리스. 넌 자격이 충분하단다.' 그렇게 말한 후 저 역시 눈물이 날 것 같아 자리를 떴어요. 그날 교실을 나서는 크리스의 키는 족히 5센티미터는 커 보였습니다. 아이는 빛나는 푸른 눈으로 저를 바라보며 '감사합니다. 롤런드 선생님' 하고 밝게 인사했죠.

크리스는 제가 절대 잊지 못할 가르침을 알려주었습니다. 바로 중요한 존재라고 느끼고 싶은 우리의 강렬한 욕구를요. 이 깨달음을 절대 잊지 않기 위해 저는 '여러분은 중요한 존재다'라는 표어를 만들었어요. 그리고 모두 볼 수 있게끔, 모든 학생이 똑같이 중요한 존재임을 항상 기억하게끔 교실 앞에 걸어두었습니다."

사람들은 대부분 어떤 면에서는 자신이 상대보다 뛰어나다고 느낀다. 그게 진실이다. 따라서 사람의 마음을 얻는 확실한 방법은 당신이 진심으로 그 사람의 중요성을 인정한다는 걸 은연중에 알리는 것이다. 에머슨이 한 말을 떠올려보자. "내가 만나는 모든 이는 나보다 뛰어난 면이 있기에 배울 점이 있다." 그러나 안타깝게도 성취감을 느낄 이유가 가장 적은 이들이 정말 꼴 보기 싫게 법석을 피우고 우쭐해하며 자만할 때가 많다. 셰익스피어는 이렇게 표현했다. "… 인간들, 오만한 인간들은 덧없는 권위를 내세워… 하늘 높은 줄 모르고 기묘한 술책으로 천사를 울리려 든다."

이제 내 수업을 듣는 비즈니스 종사자들이 이 원칙을 적용해 얻은 놀라운 결과를 소개하겠다. 코네티컷주에 사는 한 변호사의 사례다. 이야기에 등장하는 친척 때문에 이름을 밝히고 싶어 하지 않으니 그를 R 씨라고 칭하겠다. 우리 수업을 수강한 지 얼마 되지 않아 R 씨는 아내의 친척 집을 방문하기 위해 롱아일랜드로 차를 몰고 갔다. 아내는 연로한 숙모와 대화하라며 그를 남겨두고는 다른 젊은 친척을 보러 갔다. 수업 때 인정의 원칙을 사용한 사례를 발표하기로 한 R 씨는 숙모와 대화를 나누며 좋은 경험을 쌓을 수 있겠다고 생각했다. 그래서 진심으로 칭찬할 만한 게 있는지 집을 둘러보았다.

"이 집은 1890년쯤에 지어진 거죠?" R 씨가 물었다. "그렇지. 바로 그때 지었다네." 숙모가 답했다. "제가 태어난 집과 느낌이 비슷해요. 아름답고 튼튼하고 널찍한 게 말이죠. 아시겠지만 요즘은 집을 이렇게 안 짓더라고요." 숙모는 고개를 끄덕였다. "자네 말이 맞아. 요즘 젊은 사람들은 아름다운 주택에는 관심이 없어. 그저 작은 아파트를 사서 차로 여기저기 돌아다니지. 여기는 정말 꿈의 집이야." 숙모의 목소리가 따뜻한 추억에 잠겨 떨렸다. "사랑

2부 사람들의 호감을 얻는 6가지 원칙

이 담겨 있지. 남편과 오랫동안 꿈꿔오다 지은 집이거든. 건축가도 없이 우리가 직접 계획을 세웠어."

숙모는 R 씨에게 집을 구경시켜주었고, 그는 숙모가 여행하며 모으고 평생을 아껴온 아름다운 소장품에 진심으로 감탄했다. 페이즐리 숄, 오래된 영국 찻잔, 웨지우드 그릇, 프랑스식 침대와 의자, 이탈리아 그림, 한때 프랑스 성에 걸려 있던 실크 커튼 같은 소장품에 찬사를 보냈다.

숙모는 집 안을 보여준 후 R 씨를 차고로 데려갔다. 그곳에는 새것이나 진배없는 고급 패커드 자동차가 있었다. "우리 남편이 죽기 얼마 전에 나를 주겠다고 저 차를 샀지." 숙모가 부드러운 목소리로 말을 이어갔다. "그이가 저세상에 가고 나서는 타본 적이 없어…. 자네는 좋은 것들을 인정할 줄 알지. 그러니 자네가 타게." "아니에요, 숙모님. 당황스럽네요. 물론 너무 감사하지만 받을 수 없습니다. 전 숙모님과 혈연관계도 아닌걸요. 제 차도 아직 새것이고, 숙모님 친척 중 저 차를 원할 사람도 많을 거예요." "친척이라고!" 숙모는 소리쳤다. "그래, 저 차를 차지하려고 내가 죽기만 기다리는 친척들이 있지. 그렇지만 절대 못 가질 거야." "친척들한테 주기 싫으시면 중고차 업자에게 아주 쉽게 파실 수 있을 거예요." "팔라고!" 숙모의 목소리가 다시 높아졌다. "내가 이 차를 팔 수 있을 거 같은가? 남편이 선물한 차를 생판 모르는 사람이 타고 다니는 모습을 참을 수 있겠어? 파는 건 꿈에도 생각하지 않았어. 자네에게 주겠네. 자네는 아름다운 것들의 진가를 아니까." R 씨는 차를 받지 않으려 여러모로 애써보았지만, 숙모의 마음을 상하게 하고 싶지 않아 결국 승낙할 수밖에 없었다.

넓은 집에 페이즐리 숄, 프랑스 가구, 추억과 함께 홀로 남겨진 이 여성은 작은 인정에 목말라 있었다. 한때는 그도 젊고 아름답고 인기도 많았다. 한때는 사랑이 가득한 집을 짓고 유럽 전역에서 장식품을 수집했다. 하지만 이제는 노년의 외로움에 고립된 탓에 사람의 사소한 온정과 작지만 진심 어린 인정을 갈망했지만 아무도 알아봐주지 않았다. 그래서 누군가 알아주자 사막에서 샘물을 발견한 듯 표현할 길이 없을 정도로 고마웠던 것이다. 그렇게 아끼던 패커드 차를 선물로 줄 만큼 말이다.

이번에는 뉴욕주 라이의 루이스앤드발레타인 조경 업체에서 감독관으로 근무 중인 도널드 M. 맥머혼의 경험담을 들어보자. "'인간관계론' 강연을 들은 직후, 저는 유명한 법률가의 저택에서 조경 작업을 하게 되었습니다. 주인이 나와서 어느 곳에 철쭉과 진달래를 심고 싶은지 몇 가지 방식을 제안했죠. 저는 이렇게 말을 건넸어요. '판사님, 멋진 취미를 가지고 계시네요. 개들이 너무 아름다워 감탄했습니다. 매디슨스퀘어가든 대회에서 매년 많은 상을 타실 만하네요.'

이렇게 몇 마디 칭찬한 효과는 엄청났습니다. "맞아요. 개들 덕분에 참 즐겁게 지내고 있죠. 훈련장을 한번 보시겠어요?" 그는 그 후 한 시간 동안 자기 개와 지금까지 받은 여러 상을 보여주었습니다. 족보도 가져와 개들의 미와 지성을 좌우하는 혈통에 관해서도 설명했죠. 그리고 마침내 저를 돌아보며 물었습니다. "혹시 아이들이 있나요?" "네, 아들이 한 명 있어요." 제가 답했죠. "아이가 강아지를 좋아할까요?" "그럼요, 좋아서 난리가 날 겁니다." "좋습니다. 그럼 내가 한 마리 선물하리다." 판사가 외쳤습니다. 그러고는 강아지 사료 주는 법을 설명하다 잠시 멈추더니 말했죠. "말로만 하면 잊기 쉬우니 써드리겠습니다." 그는 집 안에 들어가 강아지의 혈통과 사료 주는 법을 타이핑해 가지고 나왔어요. 그의 취미와 수상을 진심으로 칭찬하면서 수백 달러에 달하는 강아지와 한 시간 15분이라는 귀중한 시간을 얻은 거죠."

코닥의 조지 이스트먼은 영화를 가능하게 만든 투명 필름을 개발해 수백만 달러를 벌었으며 세상에서 가장 유명한 사업가로 성공했다. 그러나 이런 엄청난 업적에도 이스트먼 역시 우리처럼 소소한 칭찬을 갈망했다. 한 사례를 보자. 이스트먼이 로체스터에 이스트먼 음악대학과 킬본홀을 지을 때였다. 뉴욕 슈피리어 의자 회사 대표인 제임스 애덤슨은 이 건물에 들어갈 극장 의자를 공급하고 싶었다. 건축업자와 연락한 애덤슨은 로체스터에 있던 이스트먼과 약속을 잡았다.

애덤슨이 도착하자 건축가는 말했다. "의자 계약을 따고 싶으신 거 압니다. 하지만 지금 조지 이스트먼 씨의 시간을 5분 이상 잡아먹으면 기회는 아예 물 건너갈 거예요. 매우 바쁘고 엄격한 분이거든요. 그러니 요점만 빨리 말하고 나가시는 게 좋아요." 애덤슨은 그러기로 마음먹었다.

방에 들어갔을 때 이스트먼은 몸을 숙인 채 책상에 있는 서류를 보고 있었다. 곧 고개를 든 그는 안경을 벗고 건축가와 애덤슨에게 다가왔다. "안녕하세요, 여러분. 어떤 일로 오셨습니까?" 건축가가 소개를 마치자 애덤슨이 말을 이었다. "미팅을 기다리는 동안 감탄하며 사무실을 보았습니다. 이런 곳에서 정말 일해보고 싶더군요. 실내 가구 사업을 하고 있지만 이렇게 아름다운 사무실은 평생 처음 봅니다." 조지 이스트먼은 답했다. "덕분에 잊고 있던 걸 깨닫습니다. 맞아요. 아름다운 사무실이죠? 처음 지어졌을 때는 정말 좋아했는데, 지금은 생각할 게 너무 많다 보니 사무실 안을 몇 주간 쳐다보지 않을 때도 있네요."

애덤슨은 방을 가로질러 가 널빤지를 손으로 문질렀다. "영국산 참나무네요. 그렇죠? 이탈리아 참나무와는 질감이 조금 다르죠." "맞습니다." 이스트먼은 답했다. "수입한 영국산 참나무예요. 고급 목재를 전문으로 하는 친구가 골라준 제품입니다." 이스트먼은 애덤슨에게 방 안을 보여주며 균형, 색감, 수제 조각품과 그가 직접 꾸민 장식을 소개했다.

목조 가구에 감탄하며 방 안 곳곳을 구경하던 그들은 창문 앞에 멈추어 섰다. 조지 이스트먼은 겸손하면서도 부드러운 목소리로 창밖에 보이는 건물들을 가리켰다. 그가 사회에 공헌하기 위해 세운 로체스터대학교, 종합병원, 동종요법 병원, 쉼터, 어린이 병원이었다. 애덤슨은 고통받는 이들을 돕기 위해 이상적으로 부를 사용하는 그에게 다정한 찬사를 건넸다. 그러자 이스트먼은 유리 케이스를 열어 자신의 첫 카메라를 꺼냈다. 한 영국인에게 사들인 발명품이었다.

애덤슨은 사업을 시작하기까지 어떤 어려움을 겪었는지 자세히 알고 싶다고 했다. 이스트먼은 자신이 어린 시절에 경험한 가난을 솔직히 들려주었다. 그는 아버지가 돌아가신 후 홀로 남은 어머니가 하숙을 치고 자신은 보험 사무소에서 사환으로 일하던 때를 돌이켰다. 밤낮으로 가난의 무서움에 치를 떨던 이스트먼은 어머니를 고생시키고 싶지 않아 돈을 많이 벌기로 결심했다고 했다. 이스트먼이 사진 건판을 처음 만들던 시절을 말하자, 애덤슨은 중간중간 질문을 던지며 더 많은 이야기를 꺼내게 한 다음 몰입해서 들었다. 이스트먼은 밤샘 실험을 하며 하루 종일 사무실에서 일하고, 화학반응이 일어나는 동안 쪽잠을 자고, 때로는 72시간 동안 옷도 갈아입지 않은 채 쭉 일한 적도 있다고 말했다.

제임스 애덤슨은 10시 15분에 이스트먼의 사무실에 들어갔고, 5분 이상 지체해서는 안 된다는 경고도 들었다. 그러나 그들은 한 시간, 두 시간이 지났는데도 여전히 대화를 이어갔다. 마침내 조지 이스트먼이 애덤슨을 돌아보며 말했다. "지난번 일본에 갔을 때 의자를 몇 개 사서 가져왔어요. 그런데 집 베란다에 놔두었더니 햇빛 때문에 페인트가 벗겨지지 뭡니까. 그래서 시내에서 페인트를 사 직접 의자에 칠해보았어요. 어떻게 칠했는지 보고 싶지 않으신가요? 그래요. 우리 집에서 같이 점심을 먹읍시다. 한번 보여드리죠."

점심 식사 후 이스트먼은 일본에서 가져온 의자를 보여주었다. 가격은 비록 몇 달러에 불과했지만, 자신이 칠했다는 이유로 백만장자인 조지 이스트먼에게 자랑거리가 된 의자였다. 그 후 이스트먼은 의자 9만 달러어치를 주문했다. 애덤슨과 경쟁 업체 중 누가 그 계약을 땄을지는 더 말하지 않아도 알 것이다. 그날부터 이스트먼이 죽기 전까지 두 사람은 좋은 친구로 지냈다.

프랑스 루앙에서 레스토랑을 운영하는 클로드 마라이는 이 원칙을 지킨 덕에 중요한 직원을 잃지 않았다. 5년 동안 레스토랑에서 근무한 핵심 직원 폴레트는 마라이와 스물한 명의 종업원 사이에서 중요한 연결고리 역할을 해주었다. 그런데 그런 폴레트에게 사표를 내겠다는 편지를 받자 마라이는 충격에 빠졌다. 그는 이렇게 고백했다.

"정말 놀랐어요. 사실은 실망감이 더 컸습니다. 그동안 좋은 대우를 하고 요구도 잘 들어주었다고 생각했거든요. 하지만 직원이자 친구였던 폴레트를 너무 당연하게 생각한 탓에 다른 직원보다 더 많은 걸 바랐을 수도 있죠. 사표를 수리하기 전에 먼저 설명을 들어야 했어요. 그래서 따로 불러 말했죠. '폴레트, 내 상황을 좀 이해해줘요. 사표를 수리할 수 없을 것 같아요. 나와 이 회사에 당신이 얼마나 중요한 존재인데요. 이 레스토랑이 성공하기 위해서는 꼭 당신이 있어야 해요.' 저는 이 말을 전 직원 앞에서 한 번 더 했습니다. 폴레트를 저희 집에 초대해 가족 앞에서 그를 향한 신뢰를 다시금 강조하기도 했죠."

그렇다. 뛰어난 통찰력을 지닌 영국의 총리 디즈레일리는 말했다. "상대방에 관한 이야기를 해라. 그러면 그들은 몇 시간이고 귀를 기울일 것이다."

원칙 6 상대가 중요한 사람이라고 느끼게 하라.
진심으로 그렇게 대하라.
Make the other person feel important and do it sincerely.

2부 사람들의 호감을 얻는 6가지 원칙

사람들의 호감을 얻는 6가지 원칙

원칙 ❶ 다른 사람에게 진정한 관심을 가져라.

원칙 ❷ 미소를 지어라.

원칙 ❸ 어떤 언어로든, 이름은 그 사람에게 가장 달콤하고

중요한 소리임을 기억하라.

원칙 ❹ 좋은 경청자가 되어라.

상대방이 자신에 대해 말하게끔 이끌어라.

원칙 ❺ 상대방의 관심사를 이야기하라.

원칙 ❻ 상대가 중요한 사람이라고 느끼게 하라.

진심으로 그렇게 대하라.

■

"오해는 결코 말다툼이 아닌 사람을 대하는
재치와 기술, 화해와 다른 사람의 입장을
헤아리는 공감으로 끝날 수 있다."

사람을
설득하는
12가지 원칙

논쟁에는 승자가 없다

제1차세계대전이 끝난 어느 날, 나는 런던에서 매우 소중한 교훈을 배웠다. 당시 나는 로스 스미스 경의 매니저로 일하고 있었다. 호주 출신 비행사인 로스 경은 전쟁이 일어나는 동안 팔레스타인에서 뛰어난 활약을 보였고, 전쟁이 끝난 후 30일 만에 비행기로 세상의 반을 돌아와 놀라움을 안겨주었다. 이런 시도가 처음이었던 만큼 엄청난 선풍이 일어 호주 정부는 로스 경에게 5만 달러를 수여했고, 영국 왕은 기사 작위를 부여했다. 한동안 그는 영국에서 가장 화제성이 높은 사람이었다. 어느 날 저녁, 나는 그런 로스 경을 기리는 연회에 참석했다.

그때 옆에 앉은 남성이 "인간이 아무리 대략적인 계획을 세워도 운명을 결정하는 건 신이다"라는 인용구에 관한 재밌는 이야기를 했는데, 그는 이 인용구가 성경에서 나왔다고 말했다. 하지만 나는 틀렸다는 것을 알고 있었다. 그것도 확실히. 전혀 의심의 여지가 없었다. 우월함을 과시하고 대단한 사람이 되는 기분을 느끼고 싶었던 나는 그를 지적하며 달갑지 않은 존재를 자청했다. 하지만 이야기꾼은 주장을 굽히지 않았다. "뭐요? 셰익스피어라고요? 그럴 리 없어요! 말도 안 됩니다! 이 인용구는 성경에 나온 겁니다. 확실해요."

그 이야기꾼은 내 오른쪽에 앉아 있었고, 왼쪽에는 내 오랜 친구인 프랭크 개몬드가 앉아 있었다. 개몬드는 수년간 셰익스피어를 연구해온 사람이었고, 우리는 개몬드에게 물어보기로 했다. 개몬드는 듣더니 식탁 아래로 내 발을 쿡 차며 말했다. "데일, 자네가 틀렸네. 이 신사분 말씀이 맞아. 성경에 나온 인용구라네."

그날 밤 집으로 돌아오며 나는 개몬드에게 물었다. "자네도 알잖아, 셰익스피어가 쓴 문장인 거." "물론이지." 개몬드는 답했다. "〈햄릿〉 5막 2장에 나오는 대사지. 하지만 데일, 우리는 즐거운 파티에 손님으로 간 거잖아. 왜 그 사람이 틀렸다고 증명하려 해? 그러면 그 사람이 널 좋아할까? 체면 좀 살려주면 좋잖아. 네 의견을 물은 것도 아니고, 그걸 원한 것도 아닌데 왜 논쟁을 벌여? 날선 상황은 만들지 않는 게 좋아." 개몬드는 그렇게 절대 잊을 수 없는 교훈을 알려주었다.

나는 이야기꾼을 불편하게 했을 뿐만 아니라 친구까지 곤란한 상황에 밀어 넣은 것이다. 그 상황에서는 논쟁을 벌이지 말았어야 했다. 특히 따지고 들기 좋아하던 내게 절실히 필요한 가르침이었다. 어린 시절, 나는 지상 모든 것에 관해 형과 논쟁하고는 했다. 대학에 가서는 논리와 논증을 배워 토론 대회에 나가기도 했다. '쇼 미 스테이트Show Me State'라는 별명을 지닌 미주리 출신답게 나를 보여주고 싶었다. 후에는 뉴욕에서 토론과 논쟁을 가르치기도 했으며 부끄럽지만 그 주제로 책을 쓸 계획도 있었다.

그래서 수많은 논쟁을 듣고 참여하며 결과를 지켜보았다. 그리고 모든 것을 종합해볼 때, 논쟁에서 이기는 유일한 방법은 논쟁을 피하는 것이라는 결론에 도달했다.

방울뱀과 지진을 피하듯 논쟁을 피하라. 논쟁이 끝날 때쯤 이면 사람들은 대부분 자기주장이 옳다고 더 확신한다. 당신은 논쟁에서 이길 수 없다. 당신이 지면 진 것이고, 이겨도 진 것이기 때문이다. 왜일까? 생각해보자. 상대방을 이겨 먹고, 주장의 맹점을 쏘아붙이고, 상대의 머리가 제대로 박히지 않았다는 걸 증명했다고 해보자. 그다음은 어떨까? 당신은 기분이 좋더라도 상대는 어떻겠는가? 당신은 상대가 스스로를 열등하다 느끼게 만들고, 그 사람의 자존심에 상처를 냈다. 그는 당신의 승리에 분노할 것이다. 그리고… 타의로 설득당한 사람은 여전히 자기 의견을 고수한다.

몇 년 전, 패트릭 J. 오헤어라는 사람이 내 수업에 들어왔다. 그는 교육을 많이 받지 못한 사람이었는데, 툭하면 싸우는 걸 좋아했다! 한때 운전기사로 일한 오헤어는 트럭 판매도 신통치 않아지자 나를 찾아왔다. 몇 가지만 물어봐도 그가 비즈니스 상대와 자주 싸우며 적을 만들고 있다는 걸 알 수 있었다. 예를 들어 물건을 사려는 사람이 트럭에 관해 어떤 안 좋은 말을 하면 오헤어는 몹시 화가 나 상대를 몰아붙였고, 그렇게 논쟁에서 이길 때가 다반사였다. 훗날 그는 내게 고백했다. "사무실을 나오며 자주 생각했습니다. '저 닭대가리에게 본때를 보여주었지.' 본때를 보여주기는 했죠. 하지만 물건은 하나도 팔지 못했습니다."

내가 해결할 우선순위는 오헤어에게 말하는 법을 가르치

3부 사람을 설득하는 12가지 원칙

는 게 아니었다. 그보다 더 시급한 과제는 오헤어가 말을 줄이고 말싸움을 피하게끔 하는 것이었다. 현재 오헤어는 뉴욕 화이트모터 회사에서 제일 잘나가는 영업 사원이다. 어떻게 된 걸까? 그에게 직접 이야기를 들어보자.

"보통은 방문하면 고객들은 이렇게들 말합니다. '뭐요? 화이트 트럭? 그 차는 별로예요. 공짜로 준다 해도 안 받습니다. 나는 후지트 트럭을 살 거요.' 그러면 저는 이렇게 답합니다. '후지트도 좋은 트럭이죠. 그걸 구매하셔도 절대 후회하지 않으실 거예요. 훌륭한 회사에서 만들고, 좋은 사람들이 판매하니까요.' 그러면 상대방은 말문이 막힙니다. 논쟁할 여지가 없어요. 후지트 트럭이 최고라 말했는데, 저도 그렇다고 하면 할 말이 없는 거죠. 오후 내내 '후지트가 최고예요'라고 할 수는 없잖아요. 저도 맞장구치는 마당에요. 그때부터는 후지트 트럭이라는 주제에서 벗어나 화이트 트럭의 장점을 소개할 수 있답니다. 한때는 상대방이 처음에 그렇게 말하면 화가 치밀었습니다. 후지트의 안 좋은 점을 이야기하며 논쟁을 벌이고는 했죠. 하지만 제가 비난하면 할수록 잠재 고객은 반대편을 들게 됩니다. 논쟁할수록 경쟁사 제품을 사야겠다는 마음만 굳건해지는 거죠. 지금 와서 돌이켜보면 어떻게 물건을 팔았는지 모르겠습니다. 다투고 논쟁하느라 인생의 많은 시간을 허비했죠. 이제는 아예 입을 다뭅니다. 그편이 훨씬 낫거든요."

지혜로운 벤저민 프랭클린은 이렇게 말했다. "따져 묻고, 괴롭히고, 반박하면 때로는 승리할 수 있다. 그러나 상대방의 호의는 영원히 잃는 것이기에 그것은 헛된 승리와 같다." 그러니 잘 판단해보자. 당신은 비실용적이고 극적인 승리와 사람의 호의 중 어떤 것을 원하는가? 둘 다 가지기는 어렵다. 한번은《보스턴 트랜스크립트》에 이런 의미심장한 풍자시가 실렸다.

> 여기 죽는 순간까지 자신의 우선 통행권을
> 주장한 윌리엄 제이가 묻혔다.
> 속도를 낼 때 그는 옳다. 정말 옳다.
> 그러나 죽었다. 마치 옳지 않은 것처럼.

당신이 옳을 수도 있다. 속도를 내며 주장을 몰아붙일 때는 정말 옳은 것 같다. 그러나 다른 이의 마음을 바꾸는 문제 앞에서 당신의 주장은 힘이 없다. 마치 옳지 않은 것처럼.

세무사 프레더릭 S. 파슨스는 정부의 세금 조사관과 한 시간째 논쟁하며 다투는 중이었다. 9000달러가 걸린 항목이 문제였다. 파슨스는 이 9000달러가 사실상 회수 불가능한 악성 부채이기 때문에 세금을 붙여서는 안 된다고 주장했다. "맙소사, 악성 부채라니요." 조사관은 반박하며 말했다. "분명한 과세 대상입니다."

"조사관은 냉정하고 거만하고 완강했어요." 파슨스는 우리 수업에서 이야기를 풀어놓았다. "원인과 사실관계도 따지지 않았죠. 논쟁을 계속할수록 그는 더 완강해졌습니다. 그래서 논쟁을 피하고 주제를 바꾸어 그를 인정해보기로 했죠. '조사관님이 내릴 정말 중요하고 어려운 결정에 비하면 이런 건 아주 사소한 문제일 것 같습니다. 저도 세금을 공부했지만 책에서 이론을 배운 게 다죠. 하지만 조사관님은 직접 많은 경험을 하며 배우셨을 겁니다. 저도 조사관님 같은 일을 해보고 싶은 마음이 드네요. 많이 배울 수 있을 것 같거든요.' 저는 진심을 담아 말했습니다.

'그렇군요.' 조사관은 의자에 바로 앉았더니 뒤로 살짝 기댄 채 자신이 적발한 교묘한 부정행위 같은 업무 이야기를 한참 들려주었습니다. 그의 목소리는 점차 친근해졌고, 곧 자기 아이들에 관해서도 말하기 시작했죠. 그러고는 제 문제를 좀 더 검토한 후 며칠 내로 결과를 알려주겠다며 사무실을 떠났습니다. 그리고 3일 후에 사무실로 전화가 왔습니다. 제가 제출한 그대로 소득 신고서를 진행하기로 했다면서요."

이 세금 조사관은 인간의 가장 흔한 취약점을 보여준다. 그는 자기가 중요한 사람이라고 느끼고 싶어 했다. 파슨스와 논쟁을 벌이는 동안에는 자기 권위를 크게 주장하며 그렇게 느꼈다. 그러나 파슨스가 그의 중요성을 인정하자 논쟁은 종결되었고, 자아를 맘껏 표출할 수 있게 된 조사관은 이내 친절하고 공감할 줄 아는 사람이 되었다. 부처는 말했다. "미움은 결코 미움이 아닌 사랑으로 끝난다." 오해는 결코 말다툼이 아닌 사람을 대하는 재치와 기술, 화해와 다른 사람의 입장을 헤아리는 공감으로 끝날 수 있다.

한번은 링컨이 동료와 심한 언쟁을 벌인 젊은 장교를 질책한 적이 있다. 링컨은 이렇게 말했다. "자기 능력을 최대한 발휘하려는 사람은 사사로운 말다툼에 쓸 시간이 없네. 화를 주체하지 못하고 자제력을 잃는 일도 없지. 동등한 상황이라면 큰 건이라도 양보하게. 내가 분명 옳더라도 작은 손해를 감수할 수 있어야 하네. 개에게 물리느니 길을 양보하는 게 낫지 않은가. 개를 죽인다고 물린 상처가 낫는 것도 아니니 말일세."

이코노믹프레스가 출간한 『짧은 이야기들Bits and Pieces』
은 의견 차이가 언쟁으로 번지지 않는 방법을 다음과 같이 제시
한다.

❶ 다른 의견도 반기자. '두 파트너의 의견이 항상 일치한다
면 한 사람은 필요가 없다'는 말을 떠올려보자. 당신이 생각하지
못한 부분을 상대가 알려준 것에 감사하라. 어쩌면 심각한 실수를
저지르기 전에 생각을 고치는 기회가 될 수도 있다.

❷ 본능적인 첫 느낌을 믿지 말자. 의견이 맞지 않는 상황
에서 처음에 우리는 본능적으로 방어하는 태도를 취한다. 이를 조
심하자. 침착함을 유지하고 첫 반응에 주의하자. 최상이 아닌 최
악의 모습이 나올 수도 있다.

❸ 화를 조절하자. 어떤 일에 화를 내는지로 그 사람의 그
릇을 판단할 수 있다는 걸 기억하자.

❹ 우선 듣자. 상대방이 말할 기회를 주자. 상대가 먼저 말
을 끝내게 하자. 저항, 방어, 논쟁을 삼가자. 장벽만 더 높아질
뿐이다. 이해라는 다리를 만들고, 오해라는 높은 장벽을 세우지
말자.

❺ 합의할 수 있는 부분을 찾자. 상대방의 말을 들은 후 의
견을 일치시킬 수 있는 부분을 곰곰이 생각해보자.

❻ 솔직해지자. 실수를 인정할 부분은 인정하라. 실수를 사과하면 상대도 마음의 장벽을 풀고 적개심을 줄인다.

❼ 상대방의 생각을 검토하고 면밀히 살피겠다고 약속하자. 다른 의견이 옳을 수도 있으니 실제로 그래야 한다. 그렇지 않고 성급히 대응하면 상대가 나중에 이렇게 말할지도 모른다. "설명했는데 듣지 않더군요." 그러니 먼저 의견을 검토하겠다고 하는 것이 훨씬 수월하다.

❽ 상대방이 쏟은 관심에 진심으로 감사하라. 당신에게 이견을 낼 정도라면 공통 분야에 그만큼 관심을 쏟고 있다는 의미다. 당신에게 진정한 도움을 줄 사람으로 상대를 바라보자. 적이 친구가 될 수도 있다.

❾ 양쪽 모두 문제를 곰곰이 생각할 수 있게 행동은 잠시 미루자. 모든 사항을 고려할 수 있도록 몇 시간 후나 다음 날로 새 회의를 잡자고 제안하라. 그리고 회의를 준비하며 다음과 같은 어려운 질문을 스스로에게 던져보자.

상대방이 옳은 걸까? 옳은 점도 일부 있을까? 그들의 입장과 주장이 더 맞고, 나은 부분이 있을까? 내 대응은 문제를 해결할 수 있을까, 아니면 그저 불만을 토로하는 것에 그칠까? 이로 인해 상대방과 더 멀어질까, 가까워질까? 선량한 사람들이 나를 좋게 평가할 만한 행동일까? 이기는 게임일까, 지는 게임일까? 이긴다면 나는 어떤 대가를 치러야 할까? 그냥 입을 다물고 있으면 논쟁이 사그라들까? 이 어려운 상황이 내게 기회가 될 수 있을까?

오페라 테너 가수인 얀 피어스는 50년 가까이 결혼 생활을 한 후 말했다. "아내와 저는 오래전에 한 가지를 약속했습니다. 아무리 화가 나도 그 한 가지만큼은 지켜왔죠. 바로 한 명이 소리를 지르면 다른 사람은 무조건 듣자는 약속입니다. 두 사람이 같이 화내면 그저 시끄럽고 분위기만 험악해질 뿐, 대화가 되는 게 아니니까요."

원칙 1   논쟁에서 이기는 유일한 방법은 피하는 것이다.

The only way to get the best of an argument is to avoid it.

2

적을 만들지 마라

　　시어도어 루스벨트는 대통령 시절 모든 상황에서 75퍼센트만이라도 자신이 옳다면 가장 높은 기대치를 충족한 것이라 말했다. 20세기의 엄청난 위인이 바란 기대치가 그 정도라면 우리는 어떨까? 55퍼센트만 옳다고 확신해도 월스트리트에서 하루에 100만 달러를 벌 수 있을 것이다. 그러니 55퍼센트도 옳다고 확신할 수 없으면서 어찌 다른 사람에게 틀렸다고 말할 수 있겠는가?

　　우리는 말뿐 아니라 표정, 억양, 몸짓으로 상대방이 틀렸음을 표현한다. 하지만 그런다고 해서 상대가 수긍할까? 절대 아니다! 그들의 지식, 판단, 자존심, 자존감에 직격탄을 날렸기 때문이다. 그런 행동은 상대방이 되받아치게 만들기만 할 뿐, 절대 생각을 바꾸고 싶게 만들지는 못한다. 칸트나 플라톤의 논리를 총동원해 퍼부어도 이미 상대는 감정이 상했기 때문에 의견을 바꾸지 않을 것이다. "당신에게 이게 왜 옳은지 증명해 보이겠다"는 식으로 말을 시작하지 마라. 최악이다. 이는 "내가 당신보다 똑똑하니 몇 가지 알려주고 네 생각도 바꿀 거야"라고 말하는 것과 같다.

한마디로 도전장을 날리는 셈이다. 반발심을 키워 본격적으로 말을 시작하기도 전에 상대방이 싸우고 싶게 만든다. 아주 좋은 상황에서도 사람의 생각을 바꾸는 일이 어려운 마당에 왜 더 어렵게 만드는가? 왜 자신을 불리하게 만드는가? 무엇인가를 증명하고 싶어도 다른 이가 눈치채게끔 해서는 안 된다. 상대가 느끼지 못할 정도로 은근히, 노련하게 행동하라. 영국 시인 알렉산더 포프는 이를 간결하게 표현했다.

가르치지 않는 것처럼 사람을 가르치고,
잠시 잊고 있던 걸 알려주는 것처럼
새로운 사실을 제안하라.

300여 년 전 갈릴레오는 말했다. "당신은 어떤 것도 가르칠 수 없다. 그 사람이 직접 찾게 도와줄 수 있을 뿐이다." 영국의 정치가 체스터필드 경도 아들에게 이렇게 말했다. "가능한 한 다른 이보다 현명해져라. 그러나 그들에게는 알리지 마라." 소크라테스는 아테네에 있는 그의 추종자에게 반복해서 강조했다. "내가 아는 유일한 한 가지는 내가 아무것도 모른다는 것이다." 감히 소크라테스보다 현명할 수 없던 나는 다른 사람의 잘못을 지적하지 않기로 했고 이는 현명한 태도였다.

상대방의 발언이 틀렸고 내가 아무리 그걸 확신해도 이렇게 말을 시작해보면 어떨까? "그렇군요. 한번 봅시다. 저는 다르게 생각했지만 제가 틀린 걸 수도 있죠. 그럴 때가 많거든요. 만약 제 생각이 틀렸다면 바로잡고 싶어요. 내용을 자세히 살펴봅시다."

"제가 틀린 걸 수도 있죠. 그럴 때가 많거든요. 자세히 내용을 살펴봅시다" 같은 말은 아주 긍정적인 마법의 효과를 보인다. 이 세상 그 누구도 "제가 틀린 걸 수도 있으니 자세히 내용을 살펴봅시다"라는 말에 반발하지 않을 것이다.

몬태나주 빌링스에 사는 자동차 딜러 해럴드 레인케는 우리 수업에서 배운 이 원칙을 적용해 고객을 상대했다. 레인케는 자동차 영업의 압박감 때문에 고객의 불만에 냉철하고 사무적으로 굴 때가 많았다고 토로했다. 이는 분노와 불화로 이어졌으며 사업에도 손해였다. 그는 수업에서 말했다.

"이런 태도가 자꾸 제 발목을 잡자 새로운 방법을 시도해보기로 했습니다. 이렇게 말하는 거죠. '저희 대리점이 많은 실수를 저질러 저도 당혹스러울 때가 많습니다. 고객님도 그런 사례일 수 있으니 자세히 얘기해주세요.'

그랬더니 고객의 경계심이 풀리더군요. 감정이 해소되자 문제도 훨씬 합리적으로 해결할 수 있었고요. 몇몇 고객은 잘 이해해주어 고맙다고 말하기도 했답니다. 새 차를 구입하려는 친구를 데려온 고객도 두 명이나 있었어요. 경쟁이 치열한 시장에서 정말 반가운 일이죠. 저는 모든 고객의 의견을 존중하고, 원만하고도 정중하게 대하는 것이 경쟁사를 이기는 비결이라고 믿습니다."

내가 틀릴 수 있다고 인정한다고 해서 곤란할 일은 없다. 이런 인정은 오히려 논쟁을 마무리하며, 상대도 그만큼 공정하고 유연한 마음으로 너그럽게 생각하게끔 만든다. 그리고 상대 역시 자신이 틀릴 수도 있다는 생각을 하게 한다. 그렇다면 반대로 상대방이 틀렸다고 확신한 뒤 직설적으로 이야기한다면 어떤 결과가 일어날까?

예를 들어보자. 뉴욕의 젊은 변호사 S 씨는 엄청난 금액과 중요한 법적 쟁점이 달린 큰 사건을 맡아 대법원에서 변론을 펼쳤다. 논쟁 중 판사가 물었다. "해사법규에서 공소시효는 6년입니다. 그렇죠?" S 씨는 말을 멈추고 판사를 잠시 응시했다. 그러고는 직설적으로 말했다. "판사님, 해사법규에는 공소시효가 없습니다."

S 씨는 수업에서 자신의 경험담을 묘사했다. "그러자 법정이 고요해졌습니다. 법정 안 온도가 0도로 내려간 듯 싸늘해졌어요. 저는 제가 맞고 판사가 틀렸기 때문에 바른대로 말했습니다만, 과연 판사가 제게 호의적이었을까요? 아니었습니다. 법률적으로 제가 유리했고 그 어느 때보다 변론도 잘했다 생각했지만, 결과적으로는 설득에 실패했습니다. 매우 박식하고 명망 높은 판사에게 틀렸다고 말하는 엄청난 실수를 저지른 거죠."

논리적인 사람은 드물다. 우리는 대부분 편견과 선입견을 품고 있다. 질투, 의심, 두려움, 부러움, 자존심이 뒤섞인 선입견으로 눈이 멀어 있다. 사람들은 자신이 추구하는 종교, 머리 스타일, 사회주의 신념, 좋아하는 영화배우에 관한 생각을 바꾸고 싶어 하지 않는다. 따라서 틀렸다고 하고 싶을 때면 매일 아침 식사 전마다 다음 글을 읽어보자. 제임스 하비 로빈슨의 통찰력 깊은 책 『생각의 발전 과정The Mind in the Making』에 나오는 글이다.

우리는 큰 감정의 동요나 저항 없이 생각을 바꾸기도 한다. 그러나 틀렸다고 지적받으면 비난에 분노하며 자기 생각을 더욱 굳힌다. 우리의 신념은 별생각 없이 생겨난다. 그러나 누군가 그 신념을 빼앗고자 하면 지나치게 집착하게 된다. 중요한 것은 신념 자체보다 위협당한 내 자존심이다.

인간사에서 '나의'라는 짧은 단어보다 중요한 말은 없다. 그리고 이 단어의 의미를 잘 생각해야 현명한 길로 나아갈 수 있다. '나의' 저녁, '나의' 개, '나의' 집, '나의' 아버지, '나의' 조국, '나의' 신. 그 어떤 것이든 '나의'라는 단어가 지닌 힘은 동일하다. 사람들은 나의 시계가 맞지 않다거나 나의 차가 낡았다는 비난에 분개한다. 화성 운하에 관한 나의 생각이, 에픽테토스를 말하는 나의 발음이, 살리신의 의학적 가치를 말하는 나의 의견이, 사르곤 1세의 통치 기간에 관한 나의 정보가 틀렸다는 지적에 화를 낸다. 우리는 사실이라고 믿어온 것을 계속 믿고 싶고, 누군가 이에 의심을 품으면 분개하며 그 생각을 고수하기 위한 모든 구실을 찾는다. 그 결과 우리의 사고는 이미 믿는 것을 계속 믿기 위한 주장을 펼친다.

저명한 심리학자 칼 로저스는 저서 『진정한 사람되기』에 이렇게 적었다.

다른 사람을 이해하도록 스스로를 허용하는 일에는 엄청난 가치가 있다. 내 표현 방식이 이상하게 느껴질 수도 있겠다. 다른 사람을 이해하기 위해 나 자신을 허용해야 할까? 나는 그렇다고 생각한다. 상대방이 무슨 말을 할 때 우리의 첫 반응은 이해보다 평가나 판단이 먼저다. 누군가 어떤 기분이나 태도나 신념을 표현할 때도 보통 즉각적으로 '그거 좋지' '그건 바보 같은데' '그건 말도 안 되지' '그건 틀렸어' '그건 별로야' 같은 생각을 한다. 우리는 그가 하는 이야기가 그에게 어떤 의미인지 자세히 이해하도록 스스로를 허용하지 않는다.

한번은 인테리어 디자이너를 고용해 집에 걸 커튼을 제작했는데, 청구서에 명시된 금액을 보니 입이 쩍 벌어질 정도였다. 며칠 후 친구가 놀러 와 커튼을 구경했고 가격을 알려주자 친구는 의기양양하게 외쳤다. "뭐? 너무하네. 아무래도 너 바가지 쓴 거 같아."

진실이냐고? 맞다. 친구는 내게 진실을 말했다. 그렇지만 자기가 내린 판단의 실체를 듣고 싶은 사람은 없을 것이다. 그래서 나도 인간이기에 나를 변호했다. 결국에는 좋은 제품이 오래가고, 싼 커튼은 이런 뛰어난 질과 아름다운 디자인이 나올 수 없다며 주절주절 말했다.

다음 날은 다른 친구가 방문했는데, 그 친구는 자기도 여유가 되면 이런 멋진 커튼으로 집을 장식하고 싶다며 입이 마르게 칭찬했다. 나는 전날과 완전히 다르게 반응했다. "저기, 사실은 나도 감당이 안 돼. 너무 비싸게 샀어. 괜히 샀다 싶다니까."

우리는 자신의 잘못을 마음속으로 인정할 수 있다. 능숙하고 부드럽게 이끌어만 준다면 다른 사람에게도 잘못을 인정하고, 자신의 솔직함과 포용성에 뿌듯해할 수도 있다. 그러나 상대가 우리 식도에 그 불편한 진실을 쑤셔 넣으려고 하면 이 모든 것은 불가능해진다.

남북전쟁 당시 미국에서 가장 유명한 언론인이던 호레이스 그릴리는 링컨의 정책에 강력하게 반대했다. 그릴리는 지속해서 논쟁을 벌이고 비난하고 매도하면 링컨을 설득할 수 있다고 생각해 몇 달, 몇 해 동안 지독한 공격을 이어갔다. 심지어 링컨이 부스에게 총격당한 날 밤까지도 잔인하고 혹독하고 신랄하게 그를 공격하는 글을 썼다.

　　그러나 그렇게 지독하게 군다고 링컨이 그릴리에게 동조했을까? 전혀 아니다. 조롱과 매도로는 사람의 생각을 바꿀 수 없다. 당신이 대인 관계, 자기 관리, 인성 계발에 관한 훌륭한 조언을 원한다면 벤저민 프랭클린의 자서전을 읽어보자. 정말 멋진 인생 이야기가 담긴 미국의 고전문학이다. 이 책에서 프랭클린은 논쟁을 일삼던 고약한 습관을 버리고, 미국 역사상 가장 유능하고 유쾌하고 사교적인 사람이 된 비결을 들려준다.

　　프랭클린이 경솔하게 굴던 젊은 시절, 퀘이커교도인 오랜 친구가 그를 한쪽으로 데려가 몇 가지 진실을 신랄하게 말했다. "벤, 너 정말 구제 불능이구나. 의견이 맞지 않는 사람들을 모두 공격하잖아. 너무 모욕적이라 아무도 좋아할 수가 없겠어. 친구들도 네가 없을 때 더 즐거워해. 모든 걸 다 아는 척하는데 너한테 뭘 얘기할 수 있겠어. 노력해봤자 불쾌하고 힘들기만 하니까 아무도 너와 말을 섞으려 하지 않겠지. 그러니 너는 지금의 얕은 지식에서 더는 발전할 수 없을 거야."

　　내가 인정하는 벤저민 프랭클린의 가장 멋진 점은 이런 따끔한 질책을 받아들이는 태도다. 프랭클린은 친구의 말이 사실이고, 그런 행동이 실패와 사회적 재앙으로 이어진다는 걸 깨칠 만큼 그릇이 크고 지혜로운 사람이었다. 그래서 180도 다른 사람이 되어 거만하고 독단적인 태도를 바로 고치기 시작했다. 프랭클린은 자서전에서 "나는 규칙을 만들었다"고 말한다.

"다른 이의 감정을 해치는 반박을 금하고 단정적으로 내 주장을 펼치지 않겠다고 결심했다. '확실히' '의심할 여지없이' 같은 확신을 내포한 단어도 아예 쓰지 않았다. 대신 '이렇게 생각합니다' '이렇게 이해했어요' '그런 것으로 보입니다' '지금은 그렇게 생각합니다' 같은 말을 쓰려고 노력했다.

상대의 주장이 틀렸다고 생각할 때도 바로 반박하거나 말도 안 되는 주장임을 증명하며 즐거워하기보다 이렇게 답했다. 어떤 상황이나 환경에서는 당신의 의견이 맞을 수도 있지만 지금은 나와 생각이 조금 다르다는 식으로 말이다. 변화로 인한 효과는 금방 나타났다. 예를 들어 사람들과 좀 더 즐겁게 대화할 수 있었다. 내 의견을 최대한 겸손하게 제안하자 상대도 크게 반박하지 않고 전보다 쉽게 받아들였다. 내가 틀린 것이 밝혀져도 덜 부끄러웠고, 내가 옳았을 때도 상대가 훨씬 수월하게 실수를 인정하고 의견에 동참하게끔 할 수 있었다.

처음에는 본성을 많이 억눌러야 했지만 나중에는 편하고 익숙해져 지난 50년 동안 독단적인 모습을 보인 적이 없다. 그리고 성실함을 비롯한 이런 태도 덕분에 새로운 제도나 개정안을 제시할 때 많은 시민의 지지를 받고, 공공 의회의 의원이었을 때도 마음껏 영향력을 펼칠 수 있었다고 생각한다. 어휘나 문법적으로 말솜씨가 좋지 않던 나는 말을 유창하게 하지 못했으며 달변가도 아니었지만, 내 주장을 대부분 관철할 수 있었다."

그렇다면 벤저민 프랭클린의 방법은 비즈니스에서 어떤 효과가 있을까? 두 가지 예를 들어보자. 노스캐롤라이나주 킹스 마운틴에 사는 캐서린 A. 올레드는 우리 수업을 들은 후 방직공장에서 산업 엔지니어링 관리자로 일한다. 올레드는 직장의 민감한 문제를 해결하는 방식이 어떻게 달라졌는지를 들려주었다.

"저는 작업자들이 많은 방적을 생산할수록 더 높은 수입을 얻는 인센티브 시스템의 기준을 정하고 관리하는 일을 맡고 있어요. 회사가 두세 종류의 실만 생산할 때는 기존 시스템이 잘 굴러 갔지만, 최근 12가지가 넘는 다양한 종류의 실을 생산하고자 설비와 창고를 확장하자 현재 시스템이 맞지 않더군요. 성과에 따른 정당한 보수와 생산을 높이기 위한 인센티브를 지급하는 데 적합하지 않았죠.

그래서 저는 작업자가 특정 시간에 생산하는 실의 종류에 따라 보수를 지급하는 새로운 시스템을 만들었습니다. 그리고 이 방식을 도입하자고 경영진을 설득하는 회의에 들어갔죠. 저는 현재 시스템이 왜 문제이며, 작업자에게 공정하지 못한지 조목조목 설명했습니다. 그 모든 해결책을 제가 어떻게 마련했는지도 소개했죠. 결과는 완벽한 실패였습니다! 새 시스템을 주장하는 데 정신이 팔린 탓에 경영진이 기존 시스템의 문제점을 포용력 있게 인정할 여지를 주지 않은 거죠. 제 제안은 묵살되었습니다.

우리 수업에 몇 번 참여하고야 제가 어떤 실수를 저질렀는지 확 깨달았어요. 그래서 회의를 다시 소집한 후, 이번에는 경영진이 생각하는 문제점을 알려달라고 부탁했죠. 각 항목을 함께 검토하며 그들이 생각하는 최선의 방법을 묻기도 했습니다. 저는 적정한 틈을 두고 몇 가지 사항을 조심스럽게 제안하며 경영진이 제가 고안한 시스템을 생각하게끔 유도했습니다. 그리고 회의가 끝날 무렵에 정식으로 시스템을 발표하자 그들은 열렬히 찬성했죠. 저는 확신합니다. 상대에게 직설적으로 틀렸다고 말하면 소득은 없고 상처만 남는다고요. 상대방의 자존심만 다치고 당신은 달갑지 않은 대화 상대가 될 뿐입니다."

다른 예를 보자. 여기 인용하는 사례들은 많은 사람이 일상에서 흔히 겪는 일이다. R.V. 크롤리는 뉴욕의 목재 회사에서 영업사원으로 일한다. 크롤리는 자신이 오랫동안 깐깐한 목재 검사관의 잘못을 지적해왔다고 시인했다. 논쟁에서 이겼지만 별 소득은 없었다. "이 목재 검사관들은 야구 심판 같아요. 한번 결정을 내리면 절대 바꾸지 않죠."

크롤리는 논쟁에서 이겨도 회사는 오히려 수천 달러를 손해보고 있다는 사실을 깨달았다. 우리 수업을 들은 그는 방법을 바꿔 논쟁을 그만두기로 했다. 과연 어떻게 되었을까? 그가 수업에서 들려준 이야기를 그대로 소개하겠다.

"어느 날 아침에 사무실에 전화가 왔어요. 짜증과 화가 잔뜩 난 상대방은 우리가 공장에 보낸 목재가 모두 만족스럽지 않다고 하더군요. 더는 화물차에서 목재를 내리지 않겠으니 바로 공장에서 치워달라고 했습니다. 차에서 4분의 1 정도의 목재를 내린 상황에서 목재 검사관이 55퍼센트가 불량품이라고 보고한 겁니다. 그러자 아예 목재를 인수하지 않기로 한 거죠.

저는 곧장 공장으로 출발하며 상황을 해결할 최선책을 궁리했습니다. 보통 때 같으면 제 경험과 목재 관련 전문 지식을 동원해 채점 기준을 운운하며 우리 목재의 등급이 더 높게 책정되어야 하고, 목재 검사관이 검사 기준을 착각한 것이라 주장했을 겁니다. 그렇지만 이번에는 수업에서 배운 원칙을 적용해보자고 결심했죠.

공장에 도착하자 구매업자와 목재 검사관이 험악한 기분으로 따질 태세인 게 보였습니다. 저희는 다 같이 화물차 쪽으로 갔고, 저는 상황을 보게끔 목재를 계속 내려달라고 했습니다. 그리고 검사관에게 지금까지 한 대로 불합격한 목재는 한편에 두고, 상태가 괜찮은 목재는 다른 한쪽에 놓아달라고 부탁했죠.

그가 하는 방식을 지켜보니 검사 기준을 잘못 이해하고 있고, 너무 엄격하다는 생각이 들었어요. 이 목재는 백송나무였습니다. 제가 알기로 그 검사관은 단단한 목재에 관해서는 전문가지만 백송나무에 대해서는 잘 모르고 경험이 많지 않은 편이었어요. 백송나무는 제 전문 분야입니다. 하지만 그렇다고 제가 등급을 매기는 방식에 이의를 제기했을까요? 전혀요. 저는 계속 지켜보며 그에게 왜 어떤 목재는 불합격인지 물었습니다. 검사관이 틀렸다는 뉘앙스는 전혀 주지 않았죠. 향후 고객사가 원하는 정확한 목재를 제공하기 위해 묻는 거라고 강조해 말했습니다.

매우 친절하고 협조적으로 질문하고, 기준에 맞지 않는 목재는 분류하는 게 옳다고 이야기하며 그의 기분을 맞춰주자 팽팽했던 긴장감이 서서히 녹았습니다. 그리고 때때로 넌지시 제 의견을 던지면서 실제로는 불합격품 중 일부가 회사의 요청 등급에 맞는 목재이며, 그들이 제시한 기준은 좀 더 비싼 등급의 목재라는 생각이 검사관의 머릿속에 자리 잡게끔 했죠. 하지만 제가 이를 문제 삼는다는 생각은 들지 않도록 매우 조심했습니다.

그러자 그의 태도는 점차 바뀌었습니다. 그러고는 자신이 백송나무에는 경험이 많지 않다며 차에서 내리는 목재마다 제 의견을 물었죠. 저는 각각의 목재가 왜 합격인지 설명했습니다. 그러나 그들의 기준에 부적합하다면 인수하지 않아도 좋다는 점도 계속 강조했죠. 마침내 검사관은 불합격 목재가 쌓일 때마다 죄책감을 느끼는 지경에 이르렀어요. 그리고 애초에 잘못은 원하는 좋은 등급의 목재를 요청하지 않은 그들에게 있다는 결론을 냈습니다.

최종적으로 검사관은 제가 떠난 후 목재를 전부 다시 검사해 통과시켰으며, 우리 역시 대금을 전액 받을 수 있었습니다. 작은 기지와 상대에게 반박하지 않겠다는 굳은 결심 덕분에 우리 회사는 상당한 현금을 보존할 수 있었죠. 무엇보다 다시 얻은 고객사의 호의는 값을 따질 수 없는 가치일 겁니다."

마틴 루서 킹은 평화주의자인 그가 어떻게 미국 공군의 대니얼 '채피' 제임스 장군을 존경할 수 있냐는 질문을 받았다. 제임스 장군은 당시 미국에서 가장 높은 계급장을 지닌 흑인 장교였다. 킹 목사는 답했다. "저는 사람들을 제 기준이 아닌 그들의 기준으로 판단합니다." 비슷한 예로 로버트 E. 리 장군은 남부 연합의 대통령이던 제퍼슨 데이비스와 이야기하며 부하 한 명을 매우 높이 칭찬했다. 그러자 자리에 함께 있던 다른 장교가 놀라며 물었다. "그자가 장군님을 헐뜯을 기회만 엿보는 악랄한 적인 걸 모르십니까?" "알고 있네." 리 장군은 말했다. "하지만 대통령은 내가 그를 어떻게 생각하는지 물었지, 그가 나를 어떻게 생각하는지 물은 건 아니잖나."

사실 내가 이 장에서 제시한 건 전혀 새로운 내용이 아니다. 이미 2000년 전 예수는 말했다. "너의 적과 속히 화해하라." 그리고 예수가 태어나기 2200년 전, 이집트의 악토이 왕도 아들에게 이러한 지혜로운 조언을 남겼다. 오늘날에도 절대적으로 필요한 조언이다. "사람들과 다투지 않고 조화롭게 지내라. 결국 너에게 도움이 될 것이다." 다시 말해 고객, 배우자, 적과 다투지 마라. 그들이 틀렸다고 말하지 말고 화나게 하지 말자. 작은 기지를 발휘하자.

원칙 2   다른 사람의 의견을 존중하라.

             절대 틀렸다고 말하지 마라.

             Show respect for the other person's opinions.

             Never say, "You're wrong."

틀리면 인정하라

우리 집에서 조금만 가면 야생 나무가 우거진 터가 있다. 봄이 되면 블랙베리 덤불이 하얀 꽃으로 뒤덮이고, 다람쥐가 터를 잡아 새끼들을 키우고, 망초가 말의 머리만큼이나 자라는 그런 곳이다. 자연 그대로인 이 삼림은 포레스트 공원이라 불렸다. 콜럼버스가 신대륙을 처음 발견했을 때와 별다를 게 없을 듯한 숲이다. 나는 이 공원을 보스턴 불도그이자 정이 많고 유순한 나의 개 '렉스'와 자주 걷는다. 인적이 매우 드문 공원이기에 따로 목줄이나 입마개를 착용하지 않고 산책을 시키고는 했다.

하루는 공원에서 자기 권위를 뽐내고 싶어 안달이 난 기마경찰과 마주쳤다. "목줄과 입마개도 하지 않고 공원에 개를 풀어놓으면 어쩌자는 겁니까?" 그는 나를 질책했다. "법에 위반되는 거 모르십니까?" "네, 알고 있습니다." 나는 부드럽게 대답했다. "그렇지만 아무 문제도 일으키지 않을 개예요." "그건 당신 생각이죠! 당신 생각! 법은 당신 생각을 조금도 신경 쓰지 않습니다. 그 개가 다람쥐를 잡아 죽일 수도, 아이를 물 수도 있죠. 이번에는 봐드리지만 이 개가 입마개와 목줄 없이 돌아다니는 걸 제가 다시 보게 된다면 법정에 출두하셔야 할 겁니다." 나는 그렇게 하겠다고 순순히 약속했다.

실제로 몇 번은 지켰다. 그러나 렉스는 입마개를 거부했고 나도 채우기가 꺼려져 그냥 나가보기로 했다. 한동안은 별일이 없었지만 어느 날 오후에 사달이 나고 말았다. 그날 렉스와 나는 언덕 꼭대기까지 달리기를 했는데, 놀랍게도 그곳에는 그때 만난 그 법의 심판자가 말에 앉아 있었다. 내 앞에 있던 렉스는 경찰을 향해 곧장 달려갔다. 된통 걸렸다는 느낌이 들었다. 그래서 경찰이 말을 꺼내기도 전에 선수를 쳤다. "현장을 잡혔네요. 경관님, 제 책임입니다. 알리바이도, 변명할 것도 없습니다. 지난주에 입마개 하지 않고 돌아다니면 벌금이라고 경고하셨는데도 지키지 않았네요."

"글쎄요." 경찰은 부드러운 어조로 답했다. "사람이 아무도 없으면 작은 개를 마음껏 뛰놀게 하고 싶은 마음이 들기는 하죠." "네, 그렇기는 하지만 법에 어긋나죠." 나는 대답했다. "뭐, 저렇게 작은 개가 누구를 해치지는 않을 거예요." 경찰이 오히려 항변했다. "네, 그렇지만 다람쥐를 죽일 수도 있죠." 내가 말했다. "자, 너무 상황을 심각하게 받아들이시는 것 같군요. 이렇게 합시다. 제 눈에 띄지 않는 언덕 너머에서 개가 뛰게끔 하세요. 그러면 없던 일로 하죠."

그 경찰도 사람인지라 자신이 중요하게 인정받는다는 느낌을 원했다. 그래서 내가 자책하자, 그가 인정받는 유일한 길인 자비를 베푸는 관대한 태도를 보인 것이다.

내가 변명하려고 애썼다면 어떻게 되었을까? 경찰과 말다툼해 좋을 일은 없었을 것이다. 나는 옥신각신하는 대신 그가 절대적으로 옳으며 내가 잘못했다고 시인했다. 빠르고 솔직하게, 열과 성을 다해 인정했다. 그러자 상황은 내가 그의 편을 들고, 그가 나의 편을 들며 아름답게 마무리되었다. 뛰어난 매너로 유명했던 정치가 체스터필드 경도 이 기마경찰만큼 너그러울 수는 없었을 것이다. 불과 한 주 전만 해도 법을 운운하며 나를 협박한 사람이었는데 말이다.

어찌 되었든 지적당할 거라면 남이 아닌 자기가 매를 드는 게 낫지 않을까? 생경한 입에서 나오는 비난을 듣는 것보다 자아비판이 훨씬 수월하지 않겠냐는 말이다. 다른 이가 생각하고, 말하고 싶고, 말하려 하는 나에 관한 비난을 내가 먼저 말해보자. 그러면 상대가 인정 많고 관대한 태도로 당신을 대하고, 그 기마경찰처럼 어느 정도는 실수를 덜어줄 확률도 높아진다.

상업 예술가 퍼디낸드 E. 워런은 화가 많고 까다로운 작품 구매자의 호의를 얻기 위해 이 방법을 사용했다. "광고와 출판용 그림은 매우 정교하고 정확하게 그리는 것이 중요합니다." 워런은 설명을 이어갔다. "그런데 몇몇 아트에디터는 일을 바로 처리해달라고 부탁하고는 합니다. 이러면 사소한 실수가 생기기 쉽죠. 특히 한 아트에디터는 사소한 실수를 찾는 데 희열을 느끼는 사람이었어요. 그의 사무실을 나오면서 모욕감을 느낄 때가 많았습니다. 비판 자체보다 사람을 공격하는 그의 태도 때문에요.

얼마 전 급한 작업을 마무리해 이 에디터에게 넘겼더니 바로 자기 사무실로 들어오라고 전화가 왔어요. 무언가 마음에 들지 않는다면서요. 도착하자 예상하던 두려운 일이 저를 기다리고 있었습니다. 적개심에 찬 그 에디터는 비난거리가 생긴 걸 즐기는 듯했죠. 그는 왜 이렇게 작업했냐며 맹렬히 따졌습니다. 지금이 수업에서 익힌 자아비판을 적용해볼 기회라고 생각한 저는 이렇게 말했어요. '말씀하신 대로라면 제 잘못이고 변명할 여지가 없는 실수입니다. 오랫동안 같이 작업해온 만큼 더 잘 알았어야 했는데, 부끄럽네요.'

그러자 그가 바로 저를 옹호하기 시작했습니다. '맞는 말이지만 그렇게 심각한 실수는 아닙니다. 그저…' 저는 그의 말을 막으며 이야기했습니다. '실수가 발생하면 비용도 더 들고 화가 나는 법이죠.' 그가 끼어들려 했지만 저는 틈을 주지 않았습니다. 즐기기 시작했거든요. 난생처음 자아비판을 해보았는데 꽤 좋았습니다.

'좀 더 신경 써야 했어요. 그동안 맡겨주신 일도 많은데 최상의 결과물을 받으셔야죠. 전부 다시 작업해서 드리겠습니다.' '아뇨! 아닙니다! 그렇게까지 하실 건 없어요.' 그는 손을 내저었습니다. 그러고는 제 작업을 도리어 칭찬하더니 사소한 몇 가지만 수정하면 되고, 비용도 발생하지 않을 거라고 말하더군요. 간단한 몇 가지만 수정하면 되니 걱정할 것도 없다면서요. 제가 열심히 자신을 비판하자 그도 다툴 마음이 사라진 겁니다. 그는 함께 점심을 먹자며 저를 데려갔고, 헤어지기 전에는 수표를 건네며 다른 의뢰도 맡겼습니다."

자신의 실수를 인정하는 용기를 내면 어느 정도 좋은 점이 따라온다. 탓하고 변명하는 분위기를 해소하고 실수로 일어난 문제를 해결하는 데도 도움이 될 때가 많다. 뉴멕시코주의 앨버커키에 사는 브루스 하비는 병가 중인 직원에게 급여 전액 지급하는 실수를 저질렀다. 오류를 발견한 하비는 해당 직원에게 다음 달 급여에서 더 많이 지급된 금액을 공제해서 바로잡겠다고 설명했다. 직원은 그렇게 되면 재정적으로 매우 곤란하다며 일정 기간에 나누어 공제해달라고 사정했다. 그건 상사의 승인을 받아야 가능한 일이었다. 하비는 수업에서 이렇게 설명했다.

"이야기를 꺼내면 상사가 불같이 화낼 게 뻔히 보였죠. 어떻게 상황을 해결할까 고민하다 사실 이 모든 문제가 내 잘못이니 상사에게 솔직히 인정해야 한다는 생각이 들었습니다. 그래서 상사의 사무실을 찾아가 제 실수를 고백하며 자초지종을 설명했죠. 그는 길길이 날뛰며 인사 팀 탓을 하더군요. 저는 제 잘못이라고 다시금 강조했어요. 그러자 재무 팀 불찰이라며 화를 냈습니다. 한 번 더 제 탓임을 강조하자 이번에는 사무실의 다른 두 직원을 탓했습니다. 그때마다 저는 제 잘못이라고 반복해서 말했죠. 마침내 그가 저를 바라보며 말했습니다. '그래, 그럼 자네 잘못이라 하고 이제 바로잡아보세.' 오류는 바로잡혔고 아무도 곤란해지지 않았습니다. 저는 어려운 상황을 잘 해결하고, 변명거리를 찾지 않고 용기를 냈다는 사실에 매우 기분이 좋았습니다. 그 후로는 상사도 저를 더욱 신임했죠."

잘못을 방어하려 애쓰는 건 어리석은 자들이다. 그들은 대부분 그렇게 행동한다. 하지만 내 잘못을 인정하면 무리에서 더 돋보일 뿐만 아니라 스스로도 기쁨과 고결함을 느낄 수 있다. 남부군 총사령관이던 로버트 E. 리도 그러했다. 리는 피켓 장군의 게티즈버그 공격이 실패한 일을 두고 오직 자신만을 탓했다. 그에 관한 역사적 기록에서 가장 돋보이는 미담이다.

피켓의 돌격은 단연코 서양사에서 일어난 가장 멋지고 그림 같은 공격이었다. 피켓 자체가 그림같이 멋진 사람이었다. 길게 늘어뜨린 적갈색 머리카락은 어깨에 닿을 정도였고, 이탈리아 원정 대전 당시의 나폴레옹처럼 전쟁 중에도 거의 매일 열렬한 러브 레터를 썼다. 비극적인 7월의 어느 날, 피켓이 모자를 오른쪽으로 비스듬히 쓰고 북부군을 향해 힘차게 달려갈 때, 충성스러운 그의 부대는 열렬히 환호했다. 줄지어 선 부대원들은 함성을 치며 그를 따라 돌격했다. 깃발이 날리고 총검은 햇빛에 반짝였다. 대담하고 웅장하고 용맹스러운 광경이었다. 그 모습을 바라보는 북부군에서 감탄사가 나올 정도였다. 피켓 부대는 과수원과 옥수수밭을 통과하고 풀숲과 산골짜기를 건너며 진격했다. 적이 무시무시한 대포를 발사할 때마다 대열이 흩어졌지만 진격을 멈출 수는 없었다.

그때 갑자기 묘지 능선 돌담 뒤에 숨어 있던 북부군이 나타나 돌격하는 피켓 부대에게 총알을 쏘아댔다. 불길이 치솟은 언덕은 불타는 화산 같았으며 도살장을 방불케 했다. 몇 분도 지나지 않아 피켓 휘하의 지휘관은 한 명을 제외한 전원이 쓰러졌으며 5000명의 군사 중 4000명이 전사했다. 마지막 공격에서 루이스 A. 아미스테드 지휘관은 대원들을 이끌고 돌담을 뛰어넘어 달려갔다. 그리고 자신의 칼끝에 모자를 걸어 흔들며 외쳤다. "제군들이여, 싸우자!"

그들은 실제로 그렇게 했다. 돌담을 뛰어넘어 적들을 찌르고, 소총으로 머리를 박살 내고, 묘지 능선에 깃발을 꽂았다. 남부군의 깃발이 꽂힌 순간은 잠시였다. 그러나 그 짧았던 순간만큼은 남부군의 정점이 여실히 드러났다. 하지만 멋지고 영웅적이었던 피켓의 돌격은 종말의 시발점이기도 했다. 결국 리 장군은 실패했고, 북쪽으로 더는 진격할 수 없음을 체감했다. 남부군의 운이 다한 것이다.

슬픔과 충격에 휩싸인 리 장군은 남부 연합 대통령인 제퍼슨 데이비스에게 사임하겠다는 의사를 밝히며, 더 젊고 유능한 사람을 임명해달라고 부탁했다. 만일 리가 끔찍한 실패로 끝난 피켓의 공격을 다른 이의 책임으로 넘길 마음만 있었다면 빠져나갈 구멍은 많았다. 몇몇 부하 지휘관은 리를 실망하게 했고, 보병 부대를 지원할 기병대는 늦게 도착했다. 따지고 보면 어긋난 것이 한둘이 아니었다.

그러나 고결한 성품의 리 장군은 남을 탓하지 않았다. 피켓의 너덜너덜해진 부대가 힘겹게 남부군 전선으로 돌아오자, 그는 혼자 말을 타고 그들을 맞으러 나가 숭고할 정도로 스스로를 탓했다. "모든 것이 내 불찰이다. 이 전투에서 패배한 건 오직 나뿐이다." 역사를 통틀어 이렇게 인정하는 용기와 인품을 지닌 장군은 찾기 힘들다.

홍콩에서 우리 수업의 강사로 일하는 마이클 청은 중국 문화가 지닌 특정 문제를 언급하며 때로는 기존 관습을 고수하는 것보다 새 원칙을 받아들일 때 좋은 점이 많다는 것을 알아야 한다고 주장했다. 청의 수업을 듣는 사람 중에는 수년간 아들과 연이 끊긴 한 중년 남성이 있었는데, 그는 한때 아편중독을 겪다가 벗어난 사람이었다.

3부 사람을 설득하는 12가지 원칙

중국에는 연장자가 먼저 손을 내밀지 않는다는 관습이 있기에 이 남성은 아들과 화해를 하려면 아들이 먼저 다가와야 한다고 생각했다. 반면 앞선 수업에서는 한 번도 보지 못한 손주를 언급하며 아들과 다시 잘 지내고 싶은 간절한 마음을 표현하기도 했다. 모두 중국인인 반 동료들은 자신의 바람과 뿌리 박힌 관습 사이에서 갈등하는 그를 이해했다. 하지만 이 남성은 젊은이가 연장자를 존중하는 게 옳다고 말하며, 굴복하지 않고 아들이 먼저 다가올 때까지 기다려야 한다고 생각했다.

그러나 강좌가 끝나갈 때쯤 반 동료들에게 다시 말했다. "곰곰이 한번 생각해보았습니다. 데일 카네기는 강조했죠. '잘못했다면 빠르고 확실하게 시인하라.' 빠르게 시인하기에는 너무 늦은 감이 있지만 확실히 인정할 수는 있었어요. 저는 아들에게 잘못을 저질렀습니다. 아들이 저를 거부하고 연을 끊은 건 당연한 일이었죠. 어린 사람에게 먼저 용서를 구하는 게 체면을 구기는 일일 수도 있어요. 하지만 제가 잘못했으니 인정해야 할 책임도 제게 있습니다."

우리는 모두 박수를 치며 그를 응원했다. 결국 그는 다음 수업에서 아들의 집을 찾아가 용서를 구하고 화해했으며, 마침내 며느리와 손주도 만나 새롭게 가족 관계를 시작했다는 이야기를 들려주었다.

엘버트 허버드는 미국을 흔든 가장 독창적인 작가로, 그의 신랄한 문장은 엄청난 거부감을 일으킬 때가 많았다. 그러나 사람을 대하는 기술이 뛰어났던 그는 적을 친구로 만드는 데 탁월했다. 한번은 화가 난 독자가 글의 이런저런 부분에 동의할 수 없다며 허버드를 모욕하는 편지를 보내왔고, 허버드는 이렇게 답했다.

생각해보니 저도 제게 완전히 동의할 수는 없네요. 어제 쓴 글이 오늘은 이상해 보이기도 하거든요. 독자분의 의견을 알려주셔서 감사합니다. 근처에 오실 일이 있다면 방문해주세요. 이 주제에 관해 밤새 논의해봅시다. 멀리서나마 저의 힘찬 악수를 보냅니다.

엘버트 허버드 드림.

당신을 이렇게 대하는 과연 사람에게 어떤 말을 더 할 수 있겠는가?

내가 옳을 때는 부드럽고 재치 있는 방식으로 상대가 내 생각을 받아들이게끔 하자. 솔직히 생각해보면 내가 틀렸을 때란 놀라울 정도로 많다. 그럴 때는 빨리, 적극적으로 실수를 인정하자. 이 방식으로 얻을 수 있는 결과는 엄청나다. 그리고 믿을 수 없겠지만 자신을 방어하는 것보다 실수를 인정할 때 더 기분이 좋다. 오랜 격언을 기억하자. "싸워서는 원하는 것을 절대 얻을 수 없다. 양보하면 당신이 원하는 그 이상을 얻을 것이다."

원칙 3 잘못했다면 빠르고 확실하게 시인하라.

If you are wrong, admit it quickly and emphatically.

4

사람을 이끄는
꿀 한 방울

화가 나서 몇 마디 던지고 감정을 쏟아낸다면 속이 후련할 것이다. 하지만 상대방은 어떨까? 상대도 당신처럼 기분이 좋을 까? 공격적인 말투와 적대적인 태도를 보인다고 해서 다른 사람을 당신의 생각에 동조하게 만들 수는 없다.

미국 대통령이었던 우드로 윌슨은 이렇게 말했다. "당신이 주먹을 꽉 쥐고 싸우려는 태세로 다가오면 나도 똑같이 할 수밖에 없습니다. 그러나 '우리 앉아서 함께 고민해봅시다. 서로 의견이 다르면 왜 다른지, 무엇이 쟁점인지 생각해보죠'라고 말한다면 곧 알게 될 겁니다. 사실 우리 의견이 크게 다르지 않고, 몇 가지만 차이가 있다는 걸 말이에요. 오히려 많은 부분 의견이 같죠. 조금만 참을성 있게 진솔한 태도로 의견을 합치려는 의지를 갖추면 우리는 뜻을 모을 수 있습니다."

윌슨의 말에 그 누구보다 맞장구를 칠 사람이 바로 존 D. 록펠러 주니어다. 1915년으로 거슬러 올라가보자. 록펠러는 당시 콜로라도주에서 가장 미움받는 사람이었다. 미국 산업 역사상 전

례 없는 유혈 파업이 2년 동안 콜로라도를 잔혹하게 휩쓸었고, 성난 광부들은 콜로라도 석유 철강 회사에 더 높은 임금을 요구했다. 그 회사의 주인이 록펠러였다. 건물들은 망가지고 군대까지 개입하여 곳곳에 유혈이 낭자했다. 총 맞은 파업자들 몸에는 총탄이 가득했다.

이렇게 증오로 불타는 시기에 록펠러는 파업자들을 설득하고 싶었다. 그리고 실제로 설득했다. 도대체 어떻게 한 걸까? 전말은 이렇다. 록펠러는 파업자들과 몇 주 동안 친분을 쌓은 뒤 파업 대표자들을 향해 연설했다. 모든 것이 걸작인 이 연설의 영향은 엄청났다. 록펠러를 집어삼킬 듯했던 격렬한 증오의 파도를 잠재울 정도였으며, 심지어는 추종자까지 생겨났다. 정중한 태도로 사실관계를 하나씩 설명한 덕분에 파업자들은 그렇게 격렬히 싸워온 임금 인상에 관해 아무 군말하지 않고 일터로 돌아갔다.

이 놀라운 연설은 이렇게 시작한다. 얼마나 따뜻함이 담겨 있는지 주목하자. 그리고 기억하자. 록펠러는 불과 며칠 전만 해도 그를 나무에 목매달고 싶어 한 사람들 앞에서 연설했다는 것을 말이다. 그렇지만 그는 의료봉사단을 위해 연설하는 것과 같은 따뜻함과 친절함을 담아 말했다. 그의 연설은 "이 자리에 와서 영광입니다" "여러분의 가정을 방문해 가족분들을 만나보면서" "이방인이 아닌 친구로 우리는 함께합니다" "우정을 도모하며, 공동의 이익을 위해" "여러분의 호의 덕분에 제가 있을 수 있습니다" 같은 문장들로 빛났다.

"오늘은 제 인생에서 기억에 남을 날입니다. 이 훌륭한 회사의 노동자 대표, 임원, 관리자분을 처음 만나는 특별한 자리니까요. 이 자리에 있어 영광이며, 함께한 이 순간을 평생 잊지 않을 것입니다. 2주 전에 이 자리에 섰다면 저는 여러분의 얼굴도 잘 모르는 이방인이었겠죠. 저는 한 주간 남부 탄광촌의 모든 현장을 방문하고 자리를 비운 몇 분을 제외한 모든 대표 위원분과 얘기하는 기회를 가졌습니다. 여러분의 가정도 방문해 부인분과 아이들도 만났죠. 이 자리에 우리는 낯선 사람이 아닌 친구로 모였습니다. 이런 우호적인 마음으로 공동의 이익을 도모하는 자리를 가지게 되어 무척 기쁩니다.

이 회의는 회사 관리자와 노동자 대표가 함께하는 자리입니다. 관리자도, 노동자 대표도 아닌 제가 이 자리에 올 수 있었던 건 여러분의 호의 덕분이고요. 그러나 어떤 의미에서는 제가 주주와 이사회를 대표하는 사람이기도 하기에 여러분 모두에게 친밀감을 느끼고 있습니다.”

적을 친구로 만드는 훌륭한 기법을 보여주는 최고의 예다. 록펠러가 다른 방법을 취했다고 가정해보자. 광부들과 싸우고 냉혹한 사실을 그들 앞에 들이밀었다면 어땠을까? 넌지시 광부들에게 책임을 묻고 갖은 논리를 동원해 그들의 잘못을 입증했다고 치자. 어떻게 되었을까? 분노와 경멸과 폭동은 더욱 거세졌을 것이다.

어떤 사람이 당신에게 증오와 악감정을 가지고 있다면 이 세상 어떤 논리로도 생각을 바꿀 수 없다. 군림하려는 상사와 남편, 잔소리 많은 아내, 야단치는 부모 모두가 깨달아야 한다. 사람들은 자기 생각을 바꾸고 싶지 않으며 강제로 이끈다고 동조하지도 않는다. 그러나 우리가 부드럽고 친절하게 대하면 그들은 더욱 부드럽고 친절한 사람이 될 수 있다.

실제로 링컨은 오래전 이렇게 말했다. "'쓸개즙 한 통보다 꿀 한 방울에 더 많은 파리가 온다'라는 오랜 격언이 있다. 인간도 마찬가지다. 누군가를 당신 편으로 만들고 싶다면, 먼저 당신이 그의 진정한 친구라는 확신을 주자. 그것이 사람의 마음을 사로잡는 꿀 한 방울이자 상대를 설득하는 가장 확실한 방법이다."

기업의 관리자는 파업 노동자를 우호적으로 대할 때 더 원활히 문제를 해결할 수 있다는 사실을 깨달았다. 일례로 화이트 모터 공장에서 일하는 2500명의 노동자는 임금 인상과 노동조합 가입 의무를 요구하며 파업을 벌였다. 하지만 당시 사장이던 로버트 F. 블랙은 분개하거나 비난하며 협박하지 않았다. 파업 노동자들을 폭군이나 공산주의자로 매도하지도 않았다. 블랙은 오히려 칭찬했다. 심지어 클리블랜드 신문에 '평화롭게 파업하는 노동자들'이라고 그들을 높이 사는 광고를 게재하기도 했다. 또 파업 노동자들이 심심해하는 것 같자, 야구방망이와 글러브를 여러 벌 구입해 공터에서 칠 수 있게끔 했다. 볼링을 하고 싶어 하는 이들을 위해서는 볼링장을 빌려주기도 했다.

블랙이 베푼 호의는 언제나 그렇듯 호의로 돌아왔다. 파업 노동자들은 빗자루, 삽, 손수레를 빌려와 공장 주변의 성냥개비, 종이, 담배와 시가 꽁초를 치우기 시작했다. 상상해보라! 임금과 노조 때문에 투쟁하면서 공장 주변을 청소하는 시위자들이라니. 미국의 맹렬하고도 긴 노동 투쟁 역사에서 듣도 보도 못한 일이다. 결국 파업은 일주일 만에 원한이나 나쁜 감정 없이 원만히 타협하며 끝을 맺었다.

대니얼 웹스터는 신과 같은 외모와 말투로 사건을 변론한 매우 유명한 변호사였다. 그러나 강력한 변론을 시작하기에 앞서 웹스터는 부드럽게 강조했다. "배심원분들께서 고려해주실 내용 입니다" "생각해볼 가치가 있다고 믿습니다" "여러분께서 분명 주 목하실 거라 믿는 사실을 말씀드리겠습니다" "여러분은 인간의 본성을 잘 아시는 만큼 이 사실의 중요성도 쉽게 아실 거라 생각 합니다." 그는 강하게 밀어붙이거나 부담을 주지 않았고, 자기 의 견을 상대에게 강요하지도 않았다. 부드러운 말투로 조용하고 친 절하게 다가가는 태도가 웹스터를 유명하게 만들었다.

파업을 해결하고 배심원에게 변론하는 일은 어쩌면 당신 과는 먼 이야기일 수 있지만, 임대료를 깎고 싶은 상황은 충분히 발생할 수 있을 것이다. 그때도 친절한 방식이 도움이 될까? 한번 알아보자. 임대료를 깎고 싶었지만 집주인이 꿈쩍도 하지 않을 것 을 알았던 엔지니어 O.L. 스트라우브는 우리 수업에서 자신의 이 야기를 들려주었다.

"저는 편지를 썼어요. 임대계약이 완료되는 대로 집을 비 우겠다고요. 사실은 이사를 가고 싶지 않았습니다. 임대료를 줄일 수 있다면 계속 살고 싶었지만 가망이 없어 보였죠. 다른 세입자 들도 시도했다 실패했거든요. 모두 입을 모아 집주인이 정말 상대 하기 까다로운 사람이라고 하더군요. 저는 생각해보았습니다. '내 가 지금 인간관계 수업을 듣고 있잖아. 배운 대로 집주인을 대해 보고 어떻게 될지 알아보자.'

편지를 받은 집주인과 비서는 곧바로 저를 찾아왔습니다. 저는 문간에서 친절하게 인사하며 그들을 맞이했죠. 꽤 적극적으 로 호의와 반가움을 표시했어요. 임대료가 너무 비싸다는 얘기는 꺼내지도 않았습니다. 그저 이 집에서 사는 게 너무 좋았다는 말로 시작했죠. 말 그대로 '진심으로 인정하고 폭풍같이 칭찬'했습니다. 그가 건물을 운영하는 방식에 찬사를 보내면서, 일 년 더 있고 싶지만 그럴 형편이 안 된다고만 언급했죠.

집주인은 세입자에게 그런 환대를 받아본 적이 없었는지 어쩔 줄 몰라 했죠. 그러더니 불만 많은 세입자에 관한 자신의 고민을 털어놓기 시작했습니다. 한 세입자는 그에게 열네 통의 편지를 보냈는데, 거기에는 모욕적인 내용도 있었다고 토로했어요. 위층 남자가 계속 코를 골면 임대계약을 취소하겠다며 협박한 세입자도 있었다고 했죠.

집주인은 이렇게 말했어요. '당신같이 만족해하는 세입자를 보니 참 위안이 되는군요.' 그러더니 요청하지도 않았는데 임대료를 조금 내려주겠다고 제안했습니다. 조금 더 내려주기를 바랐던 저는 마련할 수 있는 금액을 이야기했습니다. 집주인은 두말없이 승낙해주었고요. 그러고는 나가던 도중에 돌아보며 물었습니다. '인테리어는 어떻게 도와줄까요?' 제가 만약 다른 세입자처럼 임대료를 깎으려 했다면 똑같이 실패했을 거예요. 친절한 태도로 상대에게 공감하며 감사를 표한 방식이 통한 거죠."

펜실베이니아주 피츠버그의 딘 우드콕은 전기 회사의 부서장이었다. 하루는 전봇대 위의 특정 장비를 수리하라는 임무가 우드콕의 부서에 떨어졌다. 얼마 전까지 다른 부서가 맡아오다 최근에 그의 부서로 넘어온 업무였다. 부서원들도 배워본 적은 있지만 실제로 맡은 건 처음인 일이라 잘 해낼지, 어떻게 해낼지 회사 전체의 관심이 집중된 상황이었다. 우드콕, 중간관리자들, 관련 부서 직원들이 현장을 보러 갔다. 현장에는 많은 차와 트럭이 모여 있었고, 여러 사람이 전봇대 꼭대기에 매달려 작업 중인 두 직원의 모습을 지켜보는 중이었다.

주변을 살펴보던 우드콕은 한 남성이 카메라를 들고 차에서 내리는 것을 발견했다. 남성은 곧 이 현장을 촬영하기 시작했다. 전기 회사 사람들은 언론에 특히 민감했기에 문득 우드콕은 이 카메라를 든 남성에게 상황이 어떻게 비칠지를 깨달았다. 두 사람이 할 일에 열댓 명이 몰려 있는 것을 보고는 아마 지나치다 생각했을 것이다.

우드콕은 사진사 쪽으로 다가갔다. "저희 작업에 관심이 있으신 거 같군요." "네, 어머니가 관심이 있으실 거예요. 이 회사 주식을 가지고 계시거든요. 이걸 보면 정신을 좀 차리시고 잘못 투자했다고 생각하실 수도 있겠어요. 제가 계속 말씀드렸거든요. 당신네 같은 회사들은 인력 낭비가 심하다고요. 이게 그 증거인 셈이죠. 신문사도 이 사진을 좋아할 거예요." 사진사가 말했다. "그렇게 보일 수도 있겠네요. 맞아요, 저도 똑같이 생각했을 거예요. 하지만 오늘은 좀 특별한 상황입니다."

우드콕은 자기 부서에서 이 업무를 처음 맡느라 회사 전 직원의 관심이 쏠려 있다고 설명하며, 보통 때 같으면 직원이 두 명이면 충분히 해낼 수 있는 일이라고 답했다. 이야기를 들은 사진사는 카메라를 치우고 우드콕과 악수하더니 시간을 내 설명해주어 고맙다고 말했다. 우드콕이 친절히 대응한 덕분에 회사는 곤혹스러운 상황과 좋지 않은 여론을 모면할 수 있었던 것이다.

이번에는 뉴햄프셔주 리틀턴에 사는 수강생 제럴드 H. 윈의 이야기를 들어보자. 그는 친절한 방식으로 손해배상청구를 매우 원만하게 해결한 사례를 들려주었다.

"겨우내 꽁꽁 언 땅이 녹기도 전인 이른 봄, 평소와는 달리 폭우가 쏟아졌습니다. 보통은 근처 도랑과 배수구로 흘러갈 빗물이 제가 막 집을 지은 부지까지 들어왔죠. 물이 고여 집 토대 주변으로 수압이 높아졌고, 물은 콘크리트 지하실 바닥까지 침범했습니다. 바닥이 갈라지며 지하실이 물로 가득 찼죠. 난로와 온수기가 망가지는 바람에 수리비는 2000달러가 넘게 나왔습니다. 이런 피해를 대비해 들어놓은 보험도 없었죠.

그러던 중 그 구역의 땅 주인이 집 근처에 배수구를 설치하지 않았다는 사실을 알게 되었습니다. 배수구가 있었다면 문제를 사전에 막을 수 있었는데 말이죠. 약속을 잡고 40킬로미터 떨어진 그의 사무실로 가며 저는 찬찬히 상황을 짚어보았습니다. 수업에서 배운 원칙을 떠올려보니 화를 내보았자 얻을 게 없을 거라는 결론이 나왔죠. 그래서 사무실에 도착한 후 평정심을 유지하며 최근 그가 휴가를 다녀온 서인도제도를 주제로 대화의 물꼬를 텄습니다. 그리고 이때다 싶을 순간에 빗물 때문에 생겨난 '작은 피해'를 언급했죠. 주인은 문제 해결을 위해 자신이 책임질 부분은 돕겠다고 바로 승낙했습니다.

그리고 며칠 뒤, 전화가 걸려왔습니다. 땅 주인은 피해도 보상하고, 같은 일이 다시 일어나지 않도록 빗물 배수구를 설치하겠다고 약속했어요. 토지 주인의 불찰이었다 해도 제가 친절하게 대화를 시작하지 않았다면 그가 모든 보상을 책임지게끔 할 수는 없었을 겁니다."

3부 사람을 설득하는 12가지 원칙

오래전 맨발로 숲속을 지나 미주리 북서부에 있는 시골 학교로 걸어가던 어린 시절, 나는 바람과 해님에 관한 우화를 읽었다. 서로 더 힘이 세다고 다투던 와중에 바람이 말했다. "내가 너보다 강하다는 걸 보여주지. 저 아래 코트 입은 노인 보이지? 장담한다. 내가 더 빨리 코트를 벗길 수 있을걸?" 곧 해님은 구름 뒤로 숨었고 바람은 회오리가 칠 정도로 세게 입김을 불어댔다. 그렇지만 바람이 입김을 세게 불수록 노인은 코트를 더 꽉 여몄다.

마침내 입김은 잦아들었고 바람은 이내 포기했다. 그러자 구름 뒤에 있던 해님이 나와 노인을 향해 다정한 미소를 보냈다. 그러자 노인은 바로 이마의 땀을 닦아내며 코트를 벗었다. 해님은 바람에 말했다. 다정함과 친절함의 힘이 분노와 강압보다 언제나 더 강력하다고.

쓸개즙 한 통보다 꿀 한 방울이 더 많은 파리를 사로잡는다는 걸 깨달은 사람들은 매일 다정하고 친절하게 행동한다. 메릴랜드주 루터빌에 사는 F. 게일 코너는 구입한 지 4개월 된 자동차의 세 번째 수리를 서비스 센터에 맡기며 이를 증명했다. 그는 우리 수업에서 말했다.

"매니저에게 이야기하고, 고함을 지르고, 따져봐야 만족스럽게 문제가 해결되지 않을 게 뻔했습니다. 저는 쇼룸으로 걸어가 대리점 사장인 화이트 씨를 만나고 싶다고 했습니다. 잠시 기다린 뒤 화이트의 사무실로 안내받았죠. 그리고 제 소개를 한 다음, 그와 거래했던 친구들의 추천으로 이 대리점에서 차를 구입했다고 밝혔습니다. 가격도 너무 좋고 서비스도 뛰어나다고 추천받았다면서요. 이야기를 들은 화이트 씨는 뿌듯한 미소를 지었습니다.

그런 다음 서비스 센터에서 겪는 제 문제를 언급했죠. '사장님의 좋은 평판에 흠이 나는 상황이 있다면 알고 싶으실 것 같아 말씀드려요'라는 말도 덧붙였습니다. 화이트 씨는 상황을 알려주어 고맙다며 문제를 잘 처리하겠다고 약속했어요. 실제로 직접 나서 문제를 해결했을 뿐만 아니라 차를 수리하는 동안 타라며 자기 차를 빌려주었죠."

크리서스궁에서 일하던 그리스 노예 이솝은 기원전 600년경에 「바람과 해님」 같은 불멸의 우화들을 만들었다. 그러나 이솝이 알려준 인간 본성에 관한 진리는 2600년 전 아테네에서나 오늘날의 보스턴과 버밍엄에서나 변함이 없다. 해님은 바람보다 당신의 코트를 더 빨리 벗길 수 있다. 온갖 공격과 비난보다 친절함과 다정한 태도를 보여주고 감사를 표할 때 상대의 마음을 바꾸기가 더 쉽다. 링컨의 말을 잊지 말자. "쓸개즙 한 통보다 꿀 한 방울에 더 많은 파리가 온다."

원칙 4 친절한 태도로 시작하라.

Begin in a friendly way.

5

소크라테스의 비결

사람들과 대화할 때 생각이 다른 부분부터 논의하려 들지 말자. 의견이 같은 부분부터 이야기하고 계속 그것을 강조하라. 가급적 당신과 상대방 모두 같은 곳을 향해 애쓰고 있으며, 목적이 아닌 방법의 차이만 있을 뿐이라는 걸 강조하자.

상대의 입에서 처음부터 긍정의 말이 나오게 이끌자. '아니요'라는 부정의 말이 나오지 않게 하라. 오버스트리트 교수에 따르면 '아니요'라는 대답은 가장 극복하기 힘든 장벽이다. '아니요'라 말해버리면 자존심 때문에 그 입장을 계속 고수하게 된다. 시간이 흘러 부정한 것이 경솔했다는 생각이 들어도 자존심이 마음에 걸리는 것이다! 우리는 한 번 입 밖에 내뱉은 생각은 바꾸고 싶지 않아 한다. 따라서 긍정적인 방향으로 상대와 대화를 시작하는 것이 대단히 중요하다.

노련한 화자는 시작부터 긍정의 반응을 많이 끌어낸다. 그러면 듣는 사람의 심리는 마치 당구공이 굴러가듯 긍정적인 방향으로 움직인다. 일단 당구공을 한 방향으로 몰면, 그다음에 방향을 바꾸기 위해서는 힘이 든다. 반대 방향으로 돌려보내는 데는 훨씬 더 많은 힘을 쏟아야 한다.

이 심리 패턴은 아주 분명하다. 우리가 진심으로 '아니요'라고 부정할 때, 사실은 단순히 이 짧은 단어를 말하는 것보다 몸에서는 훨씬 많은 일이 일어난다. 분비선, 신경, 근육 같은 모든 기관이 함께 작용해 거부 상태가 되기 때문이다. 보통은 미세하지만 때로는 눈에 띌 정도로 몸이 움츠러들거나 그럴 준비를 한다. 즉 모든 신체 시스템이 받아들이지 못하게 경계 태세를 갖추는 것이다.

반대로 사람이 '네'라고 긍정할 때는 전혀 거부반응이 일어나지 않는다. 신체 기관은 원활히 앞으로 움직이고 받아들이는 수용적 자세를 취한다. 따라서 시작부터 상대에게 더 많은 긍정을 끌어낼수록 당신의 의견이 받아들여질 확률이 높아진다. 학생, 고객, 아이, 배우자, 그 누구든 처음부터 부정하게 만든다면, 그 강력한 부정을 긍정으로 바꾸는 데는 엄청난 지혜와 인내심이 필요하다.

뉴욕시의 그리니치 저축은행에서 일하는 제임스 에버슨은 긍정 기법을 사용해 잃을 뻔한 잠재 고객을 잡았다.

"한 고객이 계좌를 개설하러 왔고, 저는 고객이 작성해야 하는 일반적인 서류를 건넸습니다. 고객은 대부분 기꺼이 작성했지만 몇 가지 사항에는 단호히 답변을 거절했어요. 인간관계 수업을 듣기 전이었다면 이 잠재 고객에게 정보 제공 없이는 계좌를 개설할 수 없다고 말했을 겁니다. 부끄럽게도 예전에는 바로 그렇게 대응했죠. 물론 그렇게 최후통첩을 내리면 제 기분이 나아지기도 했습니다. 결정권자는 우리고, 은행의 규칙과 규정을 지켜야한다는 걸 보여주었으니까요. 그러나 분명 그런 태도로는 돈을 맡기러 온 고객에게 존중받고 환영받는다는 느낌을 줄 수 없었죠.

그래서 그날 아침에는 약간의 지혜를 발휘해 은행이 아닌 고객이 원하는 것을 말하자고 결심했습니다. 무엇보다 손님이 처음부터 '네, 네'라고 말하게끔 하자고 생각했어요. 그래서 손님에게 맞춰가며 그가 작성을 거부한 정보가 꼭 필요한 건 아님을 밝히며 이렇게 말했습니다.

'그렇지만 고객님이 혹시 사망하신 후 이 은행에 예금이 있다면, 법적 권한이 있는 가까운 친척에게 전달되기를 원하시나요?' '네, 물론입니다.' 그는 답했죠. '그렇다면 사망 시에 저희가 실수나 지연 없이 고객님의 뜻을 이행할 수 있게끔 가까운 친척의 이름을 알려주시겠어요?' '네, 그러죠.' 그는 재차 동의했습니다.

은행이 아닌 그를 위해 정보를 요청한다는 걸 깨달은 고객의 태도는 부드럽게 달라졌습니다. 은행을 나서기 전에 필요한 모든 정보를 주었을 뿐만 아니라, 제 제안대로 어머니를 수혜자로 하는 신탁 계좌도 개설했죠. 어머니에 관해 필요한 모든 정보도 기꺼이 작성했습니다. 이 경험 덕에 처음부터 긍정의 답을 이끌면 상대가 당면한 문제를 잊고 모든 제안 사항을 수월하게 받아들일 수 있다는 걸 깨달았죠."

웨스팅하우스 전기 회사 영업 사원인 조지프 앨리슨은 이런 이야기를 들려주었다.

"제 담당 구역에는 회사가 가장 거래하고 싶어 하는 한 고객이 있었습니다. 전임자도 10년간 애를 썼지만 별다른 소득이 없었죠. 그 구역을 맡은 후, 저 역시 3년간 열심히 노력해보았지만 별 성과가 없었습니다. 그러다 마침내 13년의 영업과 방문 끝에 모터 몇 대를 그에게 판매했어요. 고객이 모터의 성능을 확신하면 수백 개를 더 주문할 거라는 기대도 했죠.

성능에 문제가 없을 거라고 생각한 저는 3주 후에 자신 있게 전화를 걸었습니다. 하지만 수석 엔지니어는 충격적인 소식을 전했어요. '앨리슨, 나머지 모터는 구입할 수 없겠어요.' '왜죠? 도대체 무슨 일인가요?' 저는 깜짝 놀라 물었습니다. '웨스팅하우스 회사의 모터는 너무 뜨겁습니다. 제 손을 올려놓을 수도 없어요.'

저는 고객을 말을 듣고, 오랜 경험을 바탕으로 논쟁해보았자 소용이 없을 거라는 생각이 들었습니다. 그래서 긍정의 '네' 대답을 이끌어보기로 했죠. '맞습니다. 저도 100퍼센트 동감입니다. 모터가 너무 뜨거우면 더는 구입하시면 안 되죠. 전국전기제조협회가 정한 기준보다 뜨겁게 돌아가는 모터는 구입해서는 안 되니까요. 그렇죠?' 엔지니어는 동의했습니다. 첫 번째 '네'를 받아냈죠.

'전국전기제조협회는 제대로 고안된 모터라면 실내 온도보다 40도 정도까지 높을 수 있다고 제시하는데, 맞나요?' '그렇습니다.' 그는 동의했습니다. '거의 정확한 수치예요. 그런데 당신 회사의 모터는 훨씬 뜨겁다는 말입니다.' 저는 논쟁하지 않고 그저 물었습니다. '공장 안의 온도가 어떻게 되나요?' '아마 24도 정도일 겁니다.' '그렇다면, 공장 실내 온도인 24도에 40도를 더하면 약 64도가 되는군요. 그렇게 뜨거운 물이 나오는 수도꼭지에 손을 대면 데지 않을까요?' '네.' 수석 엔지니어는 또다시 부정할 수 없었습니다. '자, 그러면 모터를 만지지 않는 것이 좋지 않을까요?' '그렇군요. 당신 말이 맞는 것 같소.'

결국 대화 끝에 그는 제 생각을 인정했습니다. 그리고 논의가 끝나자 비서를 부르더니, 다음 달부터 3만 5000달러에 해당하는 상품을 주문하라고 지시하더군요. 오랫동안 수많은 금액이 달린 비즈니스 기회를 날린 후에야 저는 논쟁이 무익하다는 사실을 깨달았습니다. 상대의 관점으로 바라보고 긍정의 반응을 끌어내는 것이 훨씬 이롭고 즐거운 일이죠."

캘리포니아주 오클랜드에서 우리 수업을 후원하는 에디 스노우는 긍정의 반응을 이끈 가게 주인 덕분에 자신이 단골손님이 된 이야기를 들려주었다. 활 사냥에 관심이 생긴 에디는 동네 활 가게에서 장비와 용품을 사는 데 상당한 돈을 썼다. 어느 날 남동생이 방문하자 에디는 가게에서 동생이 쓸 활을 빌리려 했다. 그러나 점원은 활을 대여하지 않는다고 말했고 에디는 다른 활 가게에 전화를 했다. 아래는 에디가 설명한 정황이다.

"굉장히 상냥한 한 남성이 전화를 받았습니다. 활을 대여할 수 있냐고 묻자, 다른 가게와는 완전히 다르게 대응했죠. 가게 주인은 죄송하지만 형편상 더는 대여 사업을 하지 않는다고 답했어요. 그런 다음 제가 가게에서 활을 대여해본 적이 있는지 물었습니다. 저는 '네. 몇 년 적에 빌린 적이 있어요'라고 대답했습니다. 주인은 아마 대여하는데 25달러에서 30달러 정도를 내지 않았느냐고 묻더군요. '네, 맞아요.' 저는 또다시 동의했습니다.

주인은 제가 효율적으로 소비하는 스타일인지 물었고, 당연히 저는 그렇다고 대답했습니다. 그러자 자기 가게에서 모든 필수 용품을 포함한 활 세트를 할인해서 34달러 95센트에 판다고 설명하더군요. 대여비에 약 4달러 95센트만 더하면 완전한 세트를 구입할 수 있는 거죠. 그는 그게 대여를 중단한 이유라고 설명했습니다. 괜찮은 제안이라 생각했냐고요? 맞습니다. 저는 '네'라고 답하며 세트를 구입하기로 했어요. 이후 가게를 방문해서는 몇 가지 제품을 더 샀고, 그 이후로 단골손님이 되었죠."

'아테네의 끈질긴 질문자'로 불린 소크라테스는 가장 위대한 철학자로 꼽힌다. 그는 역사를 통틀어 아주 극소수만이 할 수 있는 일을 해냈다. 바로 인간의 사고방식을 송두리째 바꾸는 것이다. 그리고 죽은 지 2400년도 더 지난 오늘날까지 논쟁이 가득한 이 세상에 가장 많은 영향을 준 현명한 설득자로 존경받는다.

소크라테스의 비결은 무엇이었을까? 상대에게 틀렸다고 말하는 것이었을까? 아니다. 소크라테스는 그러지 않았다. 그는 훨씬 능숙한 사람이었다. 오늘날 '소크라테스 문답법'이라 불리는 그의 방법은 '네, 네' 반응을 끌어내는 것이 핵심이었다. 그는 상대방이 동의할 만한 질문을 던지고 한 가지씩 동의를 받아내며 수많은 '네'를 끌어냈다. 불과 몇 분 전까지도 격렬히 반대하던 결론을 자기도 모르게 받아들이게끔 계속 질문한 것이다.

다음번에 누군가의 잘못을 지적하고 싶은 마음이 들면 소크라테스를 떠올리며 부드럽게 질문을 던져보자. '네, 네'라는 긍정의 반응을 이끄는 질문 말이다. 중국에는 동양의 오랜 지혜가 담긴 격언이 있다. "부드럽게 걷는 사람이 멀리 간다." 그들은 5000년 동안 인간 본성을 연구하며 중국의 문화를 만들었고 많은 통찰력을 키웠다. 기억하자. "부드럽게 걷는 사람이 멀리 간다."

원칙 5 상대의 긍정 반응을 바로 끌어내라.

Get the other person saying "yes, yes" immediately.

6

불만을 잠그는 안전밸브

다른 사람을 자기 생각대로 이끌려는 사람은 말이 많다. 그들이 말하게 놔두자. 자기 일과 문제를 잘 아는 건 그들이니 그들이 이야기하게끔 당신은 질문을 던지자. 물론 의견이 다를 때는 끼어들고 싶은 마음이 들 수도 있다. 하지만 그러지 말자. 위험한 일이다. 머릿속이 하고 싶은 말로 가득 찬 상태라면 상대방은 귀를 기울이지 않을 것이다. 그러니 마음을 열고 인내심 있게 듣자. 진심으로 들어주자. 상대가 자기 생각을 마음껏 펼치게 북돋자.

이 원칙이 비즈니스에서도 통할까? 한번 알아보자. 여기 강제적으로 그 원칙을 시도해본 영업 사원이 있다. 미국의 한 대형 자동차 제조사는 실내 시트커버의 연간 구매를 앞두고 협상을 진행했다. 주요 업체 세 곳이 샘플을 작업해 제출했고, 자동차 회사의 임원들은 샘플을 검토한 후 각 업체 담당자에게 정해진 날에 방문해 최종 발표를 하라는 공지를 보냈다.

한 업체의 담당자로 온 G.B.R은 심각한 후두염에 걸린 채 장소에 도착했다. 바로 그가 우리 수업에서 이야기를 들려주었다.

"고객사 임원들을 만나기 위해 제 순서를 기다리고 있었습니다. 목소리가 완전히 나가버려 속삭이는 것도 힘들 지경이었죠. 회의실로 들어가자 직물 엔지니어, 구매 담당자, 영업 이사, 회사 대표가 보였습니다. 저는 일어나 발표하려 애를 썼지만 끅끅대는 소리만 나올 뿐이었습니다. 그들은 탁자에 둘러앉아 있었습니다. 그래서 종이에 이렇게 써서 보여주었어요. '여러분, 제가 목소리가 나가 말씀을 드릴 수가 없습니다.'

그러자 고객사의 대표가 나섰어요. "그럼 제가 대신 말을 전하죠." 그는 실제로 제 샘플을 보여주며 장점을 설명했습니다. 상품의 장점에 관해 활발한 논의가 오갔죠. 저 대신 말을 하던 대표는 논의할 때도 제 입장을 대변했습니다. 저는 그저 웃고, 고개를 끄덕이고, 약간의 몸짓을 하며 참여한 게 전부였죠.

이 독특한 회의가 끝나고 저는 계약을 따냈습니다. 무려 450킬로미터가 넘는 직물을 공급하는 160만 달러어치 계약이었죠. 제가 성사한 가장 큰 금액의 계약이었습니다. 하지만 목소리가 제대로 나왔더라면 오히려 실패했을 겁니다. 전반적인 내용을 잘못 파악하고 있었거든요. 우연히 입을 다물고 있게 되면서 다른 사람이 말하게 하는 것이 때로는 큰 가치가 있다는 걸 깨달았죠."

상대가 말하게 하는 것은 비즈니스뿐만 아니라 가정생활에도 도움이 된다. 바버라 윌슨이라는 여성은 딸 로리와 급속도로 사이가 틀어졌다. 얌전하고 사근사근했던 로리는 자라면서 말도 잘 듣지 않고 공격적인 태도를 보이는 10대로 변했다. 타일러보고, 협박도 해보고, 벌도 줘보았지만 모두 소용이 없었다. 윌슨은 우리 수업에서 자신의 이야기를 들려주었다.

"어느 날 저는 그냥 포기하기로 했습니다. 로리는 제 말을 무시하고 할 일을 끝내기도 전에 친구를 만나러 나갔죠. 딸이 집에 돌아왔을 때 수천 번 소리 지르고 싶은 마음이었지만 기력이 없었습니다. 그래서 그냥 바라보며 슬프게 말했죠. '왜 그러는 거니 로리, 도대체 왜?'

로리는 제 상태를 눈치채고 차분하게 답했습니다. '정말 알고 싶어요, 엄마?' 고개를 끄덕이자 로리는 말을 이어갔죠. 처음에는 조금 주저하는 듯싶더니 곧 끊임없이 말을 쏟아내더군요. 저는 그동안 한 번도 딸의 이야기를 들어주지 않았어요. 언제나 이거 해라, 저거 해라 지시만 했죠. 아이가 속마음이나 감정이나 생각을 말하려 해도 가로막고 제 할 말만 했어요. 로리에게 필요한 건 상사 같은 엄마가 아니라 성장하면서 겪는 모든 고민을 털어놓을 수 있는 친구 같은 엄마라는 걸 깨달았죠. 아이의 말을 들어주어야 할 때 제 말만 하고 있었던 겁니다. 귀를 기울이지 않은 거예요.

그때부터는 하고 싶은 말을 다 하게끔 하고 있어요. 아이도 자기 속마음을 말해주고요. 관계는 매우 좋아졌고 로리도 다시 말도 잘 듣기 시작했죠."

한번은 뉴욕 신문 경제란에 특별한 능력과 경험을 가진 사람을 구하는 대형 광고가 실렸다. 이 광고에 회신을 보낸 찰스 T. 쿠벨리스는 며칠 후 면접을 보러 오라는 연락을 받았다. 면접을 보기 전, 찰스는 월스트리트에서 시간을 보내며 회사의 설립자에 관한 모든 정보를 찾아보았다. 그리고 면접 중 이렇게 언급했다. "이렇게 뛰어난 회사를 알게 되어 대단히 영광입니다. 사장님은 28년 전 속기사 한 명과 책상만 두고 회사를 일구셨다 들었습니다. 맞나요?"

성공한 이들은 대부분 초창기 시절의 고생담을 회상하기 좋아한다. 이 설립자도 마찬가지였다. 그는 단돈 450달러와 독창적인 아이디어만 가지고 어떻게 회사를 일구었는지 한참 동안 이야기를 풀어놓았다. 휴일도 없이 매일 열두 시간에서 열여섯 시간씩 일하며 비웃음과 조롱을 견디고 모든 걸 이겨내, 이제는 월스트리트 중역들이 정보와 조언을 구하러 오는 사람이 된 과정을 들려주었다. 그는 자신의 경력에 자부심을 느꼈고, 그럴 자격이 충분했다. 이야기를 들려주는 그는 무척 즐거워 보였다. 그리고 마침내 이 설립자는 쿠벨리스의 경력에 관해 짧게 질문했다. 그런 다음 부사장 한 명을 부르더니 말했다. "우리가 찾던 그런 인재군."

쿠벨리스는 시간을 들여 잠재적 고용주의 업적을 공부하고 상대방과 그의 일에 관심을 보였다. 그리고 대부분을 상대가 말하게끔 이끈 덕에 매우 좋은 인상을 남길 수 있었다.

캘리포니아주 새크라멘토에 사는 로이 G. 브래들리는 이와 상반된 경험을 했다. 그는 유망한 영업직 지원자가 하는 말을 묵묵히 들어주었다. 로이는 이렇게 말했다. "작은 중개 사무소인 우리는 병원비 지원, 의료보험, 연금 같은 복리 후생을 제공하지 않습니다. 모든 직원이 독립적 중개인인 셈이죠. 다른 대형 경쟁사처럼 광고를 하지 않으니 잠재 고객에게 마케팅도 제공하지 않고요.

지원자 리처드 프라이어는 저희가 원하는 경력을 가지고 있었습니다. 하지만 제 부하 직원이 먼저 그와 인터뷰하는 동안 저희 일에 관한 온갖 부정적인 이야기를 들려주자, 제 사무실에 들어오는 리처드는 다소 관심이 떨어진 듯했습니다. 저는 우리 회사에서 일하는 장점을 설명했어요. 독립적으로 영업하기 때문에 사실상 자영업자와 비슷한 개념이라고요.

그는 이 장점에 관한 자기 생각을 말하기 시작했어요. 그러면서 인터뷰 때 가졌던 부정적 생각들을 하나씩 떨쳐내는 듯했습니다. 생각을 정리하면서 반쯤은 혼잣말을 하는 듯해 보이는 순간도 많았죠. 저는 덧붙여 말을 보태고 싶었지만 참았습니다. 하지만 인터뷰가 끝날 때쯤 그는 우리 회사에서 일하겠다고 결심했습니다. 스스로를 설득한 겁니다. 잘 들어주며 많은 말을 하게 한 덕에 상대가 마음속으로 장단점을 따져보고 도전하자는 긍정적인 결론을 내리게 된 거죠. 저희는 리처드를 채용했고, 그 역시 회사의 훌륭한 인재가 되었습니다."

친구도 당신이 하는 자랑을 듣기보다는 자신의 성취를 말하고 싶어 한다. 프랑스 철학자 프랑수아 드 라로슈푸코는 말했다. "적을 원하면 친구를 뛰어넘어라. 그러나 친구를 원한다면 친구가 당신을 뛰어넘게 놔두어라." 이게 왜 진실일까? 친구는 당신보다 뛰어날 때 자신이 중요한 사람이라고 느끼며, 반대로 당신이 더 뛰어나다면 초라함과 질투를 느끼기 때문이다.

뉴욕시의 미드타운 직업소개소에서 가장 인기가 많은 구직 상담사는 헨리에타다. 그러나 처음부터 그런 것은 아니었다. 오히려 처음 몇 달간은 동료와 전혀 친해지지 못했다. 왜일까? 헨리에타가 자신이 성사한 일자리, 새로 거래한 고객, 성과를 매일 자랑하고 다녔기 때문이다. 헨리에타는 우리 수업에서 이렇게 말했다.

"전 일을 잘하고 거기에 자부심이 있었어요. 그러나 동료들은 제 업적에 공감이 아닌 분개를 하더군요. 저는 동료들이 저를 좋아하기 바랐고, 그들과 진짜 친구가 되고 싶었어요. 그래서 수업에서 몇 가지 원칙을 배운 후부터는 저에 관한 말을 줄이고 동료의 이야기를 더 듣기로 했죠. 그러다 보니 그들 역시 자랑거리가 있다는 것을 알게 되었어요. 동료들은 제 자랑을 듣는 것보다 자신의 성과를 말할 때 훨씬 신나 했답니다. 지금은 대화를 나눌 때 상대에게 즐거운 일이 있었는지를 먼저 물어요. 제 성과는 그들이 물을 때만 언급한답니다."

원칙 6 상대방이 많은 이야기를 하게 하라.

Let the other person do a great deal of the talking.

7

자기 생각이라고 느끼면
협력한다

누군가 은 쟁반에 담아주는 생각보다 자신이 직접 찾아낸 생각에 좀 더 믿음이 가지 않는가? 그렇다면 당신의 의견을 다른 사람의 목에 억지로 쑤셔 넣는 것도 좋지 않을 것이다. 그보다 현명한 방법은 제안을 하고 상대가 직접 결론에 도달하게끔 하는 것이다.

필라델피아에서 우리 수업을 듣는 아돌프 셀츠는 자동차 전시장에서 영업 관리자로 일했다. 셀츠는 의욕도 없고 계획도 없는 자동차 영업 사원들에게 활력을 불어넣어야 할 필요를 느꼈다. 영업 회의를 소집한 아돌프는 관리자인 자신에게 바라는 점을 알려달라고 직원들에게 요청했다. 그리고 그들의 생각을 칠판에 받아 적은 후 말했다. "여러분이 제게 바라는 모든 요소를 지키겠습니다. 그럼 이제는 제가 여러분에게 기대할 수 있는 점을 얘기해 보실까요?" 그러자 충성심, 정직, 주도성, 긍정적 자세, 팀워크, 하루 여덟 시간 열정적으로 근무하기 같은 답변이 금세 쏟아졌다.

회의는 새로운 용기와 자극을 불어넣으며 끝났다. 한 영업 사원은 하루에 열네 시간을 일하겠다며 다짐할 정도였다. 아돌프는 그 후 놀라울 정도로 영업 실적이 늘었다고 했다. "직원들은 저와 일종의 양심 거래를 한 셈입니다. 제가 관리자로 해야 할 역할을 다하는 한, 직원들도 자신의 할 일을 하는 거지요. 바람과 희망 사항을 물은 것이 필요하던 활력을 불어넣어준 셈입니다."

우리는 누가 억지로 시켜서 한다는 느낌을 싫어하며, 내 뜻대로 소비하고 내 생각대로 행동한다는 느낌을 훨씬 선호한다. 또 누군가가 자신의 희망과 욕구와 생각을 물어봐주는 것도 좋아한다. 유진 웨슨의 사례를 살펴보자. 웨슨은 이 진실을 깨달을 때까지 많은 수입을 놓쳤다. 스타일리스트와 섬유 제조 업자에게 디자인을 제공하는 스튜디오에 스케치를 팔던 웨슨은 3년간 매주 한 번씩 뉴욕의 한 유명 스타일리스트를 찾아갔다.

"스타일리스트는 항상 저를 만나주었지만 절대 디자인을 구입하지는 않았어요. 언제나 제 스케치를 유심히 바라보며 말하고는 했죠. '안 되겠네요, 웨슨 씨. 지금은 아닌 것 같아요.'"

150번을 실패한 후에야 웨슨은 자신의 사고가 너무 정체되었다는 것을 느꼈다. 그래서 일주일에 한 번씩 저녁에 시간을 내서 사람의 마음을 움직이는 방법을 연구했다. 새롭게 생각해보고 다시 열정을 찾기 위해서였다. 그리고 웨슨은 배운 방식을 시도해보고자 미완성 스케치 여섯 개를 들고 스타일리스트의 사무실로 달려갔다. "괜찮으시다면 도움을 주실 수 있을까요? 이 미완성 스케치들을 보시고 어떤 식으로 완성하면 사용할 수 있을지 의견을 주시면 감사하겠습니다." 스타일리스트는 아무 말 없이 스케치를 잠시 바라보다 마침내 말했다. "제가 며칠 그림을 가지고 있을게요. 웨슨 씨, 다시 오셨을 때 말씀드리죠."

3일 후 웨슨이 방문하자 스타일리스트는 몇 가지 사항을 제안했고, 웨슨은 그 피드백을 반영해 스케치를 완성했다. 결과는 어땠을까? 모두 통과였다. 그 후로 이 스타일리스트는 웨슨에게 자기 아이디어를 반영한 다른 여러 스케치도 주문했다. "왜 그동안 실패했는지 깨달았죠." 윌슨은 말했다. "여태까지는 제가 고객에게 필요하다고 생각한 것을 사라고 강요한 겁니다. 이제는 반대로 고객의 생각을 알려달라고 요청하고요. 스타일리스트는 그제야 자신이 디자인을 창조한다고 느꼈죠. 실제로 그랬고요. 사달라고 할 필요도 없었습니다. 그분이 알아서 샀으니까요."

상대방이 자신이 생각의 주인이라고 느끼게 만드는 것은 비즈니스뿐만 아니라 가정생활에도 효과가 있다. 오클라호마주 털사에 사는 폴 M. 데이비스는 이 원칙을 적용한 이야기를 들려주었다.

"얼마 전에 저희 가족은 정말 흥미로운 여행을 다녀왔습니다. 저는 오랫동안 게티즈버그의 남북전쟁 격전지, 필라델피아에 있는 독립기념관, 수도인 워싱턴 D.C. 같은 역사적 장소에 가보고 싶었어요. 밸리 포지, 제임스타운, 윌리엄스버그의 식민지 민속촌이 가장 꿈꿔온 여행지였죠. 그런데 3월에 아내 낸시가 서부 쪽을 여행하자고 제안하더군요. 뉴멕시코, 애리조나, 캘리포니아, 네바다 같은 곳을 구경하자고요. 아내는 몇 년 전부터 서부를 여행하고 싶어 했습니다. 하지만 동부와 서부를 모두 갈 수는 없었죠.

마침 중학교에서 미국 역사 공부를 마친 딸 앤은 조국의 역사적 사건들에 무척 관심이 많던 참이었습니다. 다음 방학 때 배웠던 장소에 가보고 싶은지 묻자 아이는 무척 좋아했어요. 이틀 후, 저녁 식사 시간에 아내 낸시가 말했습니다. 모두 좋다면 이번 여름휴가는 동부 쪽으로 가자고요. 앤에게도 도움이 많이 될 거고 우리도 재밌을 거라면서요. 모두 두말없이 찬성했죠."

한 엑스레이 제조 업체는 이 심리를 적용해 브루클린의 대형 병원에 장비를 팔았다. 이 병원은 시설을 확충하며 미국 최고의 영상의학과에 필요한 장비를 준비 중이었다. 영상의학과 책임자인 L 박사는 저마다 자기 회사의 장비를 찬양하는 영업 사원들 때문에 매우 난감한 상황이었다. 그러나 한 제조 업체의 영업 사원은 어떻게 하면 인간의 본성을 잘 다룰 수 있는지 다른 이들보다 훨씬 잘 알았고, 이렇게 편지를 썼다.

> 저희 공장은 최근에 새로운 엑스레이 장비 라인을 완성했습니다. 마침 첫 장비가 사무실에 도착했는데, 아직 완벽하지 않은 듯해 더 좋은 제품으로 만들고자 합니다. 한번 시간을 내어 살펴보시고 어떻게 만들면 박사님 작업에 더 도움이 될지 의견을 주시면 정말 감사하겠습니다. 바쁜 일정을 내주시는 만큼 시간을 정해주시면 제 차를 보내드리도록 하겠습니다.

L 박사는 우리 수업에서 이 사건을 들려주며 말했다. "편지를 받고 놀랐죠. 놀라운 동시에 기쁘기도 했습니다. 엑스레이 제조 업체가 제 조언을 구한 건 처음이었거든요. 제가 중요한 사람이 된 기분이 들었습니다. 그래서 그 주 내내 일정이 있었지만 저녁 약속을 취소하고 장비를 보러 갔습니다. 자세히 볼수록 장비가 마음에 쏙 들더군요. 장비를 사라고 떠민 사람은 없었지만 병원을

위해 구입해야 한다는 생각이 들었고, 그렇게 뛰어난 성능에 반한 저는 장비를 병원에 설치해달라고 주문했지요."

랄프 왈도 에머슨은 그의 에세이 『자기신뢰』에 이렇게 적었다. "우리는 천재라 불리는 사람들의 작품에서 전에 마음속에서 밀어낸 생각들을 발견한다. 한때는 자신이 생각한 것이었지만 이제는 범접하기 힘든 위엄을 띠고 있다." 에드워드 M. 하우스 대령은 우드로 윌슨이 대통령이던 시절, 국내외 정세에 막대한 영향을 휘둘렀다. 윌슨은 그 어떤 각료보다 하우스 대령에게 비밀스러운 태도로 상담과 조언을 구했다.

하우스 대령은 어떤 방법으로 대통령을 사로잡은 걸까? 하우스가 작가 아서 D. 하우든 스미스에게 직접 말하고, 이를 스미스가《새터데이 이브닝 포스트》기사에 인용한 덕에 우리는 다행히 그 비결을 알 수 있게 되었다. 하우스는 이렇게 밝혔다.

"대통령을 알고 난 후, 저는 그분의 생각을 바꾸는 가장 좋은 방법이 자연스럽게 생각을 심는 것임을 깨달았습니다. 자신이 관심을 가지고 직접 생각해보게끔 만드는 것이죠. 그 효과를 처음 발견한 건 우연이었습니다. 백악관을 방문했을 때 그가 거부할 것 같았던 정책을 건의했는데, 며칠 후 저녁 자리에서 대통령이 그 제안을 마치 자기 생각인 것처럼 이야기하는 겁니다."

이때 하우스가 말하는 중간에 끼어들어 "아니, 그건 대통령님 생각이 아니라 제 생각이잖습니까!"라고 했을까? 그럴 리 없다. 노련한 하우스는 그러지 않았다. 그는 자신의 공을 인정받는 데는 큰 관심이 없었다. 결과가 중요했다. 그래서 그것이 윌슨 대통령 본인의 생각이라 느끼게끔 계속 놔두었다. 그리고 하우스는 여기서 한발 더 나아갔다. 윌슨이 그런 제안을 한 것에 공개적으로 찬사를 보낸 것이다. 기억하자. 우리가 만나는 모든 이도 우드로 윌슨 같은 사람이라는 것을. 그러므로 사람을 대할 때는 하우스 대령처럼 행동해보자.

아름다운 캐나다 뉴브런즈윅에 사는 한 남성은 이 방법을 사용해 나를 단골로 만들었다. 나는 뉴브런즈윅에서 낚시와 카누를 즐길 계획으로 정보를 얻고자 관광 안내소에 편지를 보냈다. 그러자 수신자 목록에 내 이름과 주소가 올라갔는지, 곧바로 여러 캠프장과 안내원이 보낸 수많은 편지와 자료와 추천서가 밀려들었다. 나는 어디를 선택해야 할지 몰라 당황스러웠다.

그때 한 캠프장 주인이 현명한 방법을 썼다. 그 주인은 자기 캠프장에서 묵었던 여러 뉴욕 사람의 이름과 전화번호를 보내주었다. 내가 그들에게 직접 전화를 걸어 알아보게끔 한 것이다. 그런데 놀랍게도 그가 준 목록에 아는 이름이 있었고, 나는 그에게 전화를 걸어 경험담을 들은 후 캠프장에 도착할 날짜를 알렸다.

다른 이들은 내게 그들의 서비스를 팔려고 애썼지만, 그 캠프장 주인은 내가 직접 선택하게 이끈 것이다. 결과는 대성공이었다. 2500년 전 중국의 현인 노자는 이렇게 말했다. 오늘날 이 책을 읽는 당신에게도 꼭 필요한 이야기다.

강과 바다가 수많은 계곡의 존경을 받는 까닭은 그들보다 낮은 곳에 있기 때문이다. 그렇기에 모든 계곡을 다스릴 수 있다. 이렇듯 사람을 다스리고 싶은 현인은 자기 몸을 낮춘다. 그들보다 앞서가고 싶을 때는 자신을 뒤로 보낸다. 그러니 현인이 위에 있어도 사람들은 그 무게를 느끼지 못하고, 자신보다 앞에 있어도 무례하다고 느끼지 않는다.

원칙 7 상대가 본인이 생각한 것처럼 느끼게 만들어라.

Let the other person feel that the idea is his or hers.

기적을 안겨줄 공식

물론 상대방이 완전히 틀릴 수도 있다. 그러나 그들은 그렇게 생각하지 않는다. 그러니 어리석은 사람이 되어 그들을 비난하지 말고 이해하려 노력하자. 현명하고, 참을성 있고, 뛰어난 사람만이 그런 노력을 쏟는다. 상대방이 그렇게 생각하고 행동하는 데는 그만한 이유가 있다. 그 이유를 찾아내면 상대의 행동, 어쩌면 성격까지도 이해할 수 있다.

진심으로 상대방의 입장이 되어보자. "그 사람의 입장이라면 나는 어떻게 느끼고 행동했을까?" 이렇게 생각해보면 많은 시간과 짜증을 줄일 수 있다. 왜일까? 원인을 알면 결과도 어느 정도 이해할 수 있기 때문이다. 그러면 당신의 대인 관계 기술 역시 놀랍게 향상될 것이다.

"잠시 멈추자." 케네스 M. 구드는 저서 『사람의 구매를 이끄는 방법How to Turn People into Gold』에서 이렇게 말한다. "잠시 멈추어 지대한 관심이 가는 내 문제와 딱히 관심이 가지 않는 다른 문제들을 비교해보라. 그러면 알게 될 것이다. 세상 다른 사람들도 똑같이 생각한다는 것을! 이것을 깨달으면 당신도 링컨과 루스벨트처럼 대인 관계의 견고한 기초를 터득할 수 있다. 즉, 성공적인 대인 관계를 위해서는 다른 이의 관점에 공감하는 것이 중요하다."

뉴욕주 헴프스테드에 사는 샘 더글러스는 아내에게 잔디 손질에 너무 많은 시간을 쓴다고 말하기 일쑤였다. 잡초를 뽑고 비료를 주고 일주일에 두 번씩 잔디를 깎는데도 4년 전에 이사 왔을 때와 별반 차이가 없어 보인다며 말이다. 아내는 당연히 기분이 상했고 남편이 그렇게 말할 때마다 집안 분위기도 나빠졌다. 하지만 우리 수업을 들은 후 더글러스는 그동안 자신이 얼마나 어리석었는지 깨달았다. 아내가 잔디 손질을 너무 좋아하고 그런 노력을 알아봐주기를 바란다는 생각은 못 해본 것이다.

어느 날 저녁 식사 후, 아내는 잡초를 뽑고 싶다며 더글러스에게 같이 하겠냐고 물었다. 처음에는 망설였지만 곧 마음을 고쳐먹은 더글러스는 밖에 나가 아내를 거들기 시작했다. 아내는 기쁨을 감추지 못했다. 그들은 한 시간 동안 함께 열심히 일하며 즐거운 대화를 나누었다. 그 후로도 더글러스는 자주 정원 손질을 도왔다. 아내에게 잔디가 근사하다며 감탄하고, 딱딱한 토양의 정원을 멋지게 가꾸었다고 칭찬했다. 그 대상이 잡초일지라도 아내의 관점에서 바라보는 법을 배웠기 때문에 둘은 더욱 행복해졌다.

제럴드 S. 니런버그 박사는 『사람에게 다가가는 법Getting Through to People』에서 이렇게 말했다. "상대의 생각과 기분을 내 것만큼 존중해야 대화에서 협조적인 태도를 끌어낼 수 있다. 상대에게 대화의 방향과 목적을 알려주고 말을 시작해보자. 그 사람의 입장에서 듣고 싶은 말을 고려해 대화하자. 상대의 관점에 수긍하면 그 역시 당신의 생각에 열린 마음을 가질 것이다."

나는 언제나 집 근처 공원에서 산책과 자전거 타기를 즐겼다. 고대 갈리아의 드루이드처럼 떡갈나무를 숭배하기도 했다. 그래서 해마다 어리고 작은 나무들이 불필요한 화재로 타버리는 것을 볼 때면 괴로웠다. 화재의 원인은 부주의한 흡연이 아니었다. 대부분은 야생을 즐기겠다고 공원에 온 청소년들이 나무 밑에서 달걀이나 소시지를 굽다가 일어났다. 어떨 때는 불길이 너무 거세 소방차가 동원되기도 했다.

공원 한구석에는 화재를 낸 누구든 벌금을 물고 구속될 수 있다는 표지판이 있었지만, 너무 외진 곳에 놓인 탓에 보는 이가 거의 없었다. 공원을 살펴야 하는 기마경찰 역시 크게 신경 쓰지 않아 화재는 해마다 심해졌다. 한번은 공원에 불길이 빠르게 번지고 있길래 경찰에게 달려가 소방서에 알려달라고 했더니, 관할 구역이 아니기에 자기 일이 아니라는 냉정한 답변이 돌아왔다!

절망한 나는 이 공원의 파수꾼이 되기로 결심했다. 하지만 안타깝게도 초반에는 상대의 입장에서 생각해보지 않고 행동하고는 했다. 나무 밑에서 불이 올라오는 걸 보면 너무 화가 나고, 옳은 일을 하고 싶은 마음에 그릇된 행동을 한 것이다. 나는 아이들을 쫓아가 불을 내면 잡혀갈 거라고 경고했다. 불을 끄라고 고압적인 말투로 명령하면서 거부하면 체포될 거라고 협박하기도 했다. 아이들의 마음은 생각도 하지 않고 그저 내 감정만 쏟아낸 것이다.

결과는 어떻게 되었을까? 아이들은 내 말을 따랐다. 뚱한 표정으로 뿔이 난 채 말이다. 하지만 내가 떠난 후면 다시 불을 피워 공원 전체를 불태우고 싶은 마음이 들었을지도 모른다. 그리고 세월이 흘러 인간관계에 관한 지식과 약간의 기술을 익히면서 나는 다른 사람의 눈으로 상황을 볼 수 있게 되었다. 그때부터는 불이 올라오는 곳에 가 명령하는 대신 이런 식으로 말했다.

"얘들아, 좋은 시간 보내고 있니? 무슨 요리를 하는 거야? 나도 어릴 때 직접 불 피우는 걸 좋아했단다. 지금도 그렇지. 그런데 알다시피 공원에서는 상당히 위험할 수 있어. 너희들은 그럴 의도가 없겠지만 조심성이 없는 아이들도 있거든. 그런 친구들은 너희가 불 피우는 걸 보고 따라 한 다음 불을 제대로 끄지 않고 돌아간단다. 그러면 마른 잎에 불이 번져 나무를 죽이지. 조심하지 않으면 여기 나무가 다 사라져버릴지도 몰라. 불이 나버리면 잡혀 갈 수도 있단다. 하지만 그만하라고 강요하며 즐거운 시간을 방해하고 싶지는 않구나. 너희가 즐거운 게 나도 좋지. 그러니 지금 불 옆에 있는 나뭇잎을 모두 치워주겠니? 떠날 때 불을 흙으로, 반드시 많은 흙으로 덮어야 한단다. 그리고 다음번에 놀러 올 때는 저 언덕 너머에 있는 모래밭에서 불을 피워주면 좋겠구나. 그쪽은 안전하단다. 고맙다, 얘들아. 좋은 시간 보내렴."

얼마나 다른 결과가 나왔을까? 아이들은 자발적으로 협조했다. 시무룩하지도, 퉁퉁거리지도 않았다. 강압적으로 명령을 따른 것도 아니고, 창피를 당한 것도 아니기 때문이다. 상대의 관점을 생각하며 상황을 해결했기 때문에 양쪽 모두 기분이 상하지 않을 수 있었다.

상대의 관점에서 생각하는 것은 감당하기 힘든 문제의 긴장감을 덜어주기도 한다. 호주 뉴사우스웨일스에 사는 엘리자베스 노백은 6주 동안 자동차 할부금을 내지 못하고 있었다.

"어느 금요일에 담당 직원에게 불쾌한 전화를 받았습니다. 월요일 아침까지 122달러를 내지 않으면 회사에서 조처하겠다는 내용이었죠. 주말 동안 돈을 마련할 길이 없던 저는 월요일 이른 아침에 전화를 받고 최악의 상황을 예상했습니다.

그렇지만 짜증 내는 대신 상대의 관점에서 상황을 바라보았어요. 저는 그에게 너무 많은 불편을 끼쳐 죄송하다며 진심으로 사과했습니다. 그동안 몇 번 할부금을 늦게 냈던 만큼 매우 골치 아픈 고객일 것 같다고도 말했죠. 그러자 직원의 목소리 톤이 바로 바뀌더군요. 저는 골치 아픈 고객 축에도 못 낀다며 고객들이 얼마나 무례하고, 거짓말을 하고, 전화를 피하는지 토로하기 시작했죠. 저는 쏟아내는 불평을 묵묵히 들어주었습니다. 그러자 그는 제가 요청한 것도 아닌데 할부금 전액을 당장 낼 필요는 없다고 제안했습니다. 월말에 20달러를 먼저 내고 가능할 때마다 나머지 금액을 내도 괜찮다면서요."

내일 누군가에게 불을 끄라거나, 물건을 사라거나, 자선단체에 기부하라고 부탁하기 전에 잠시 눈을 감고 상대방의 관점에서 상황을 생각해보자. "그 사람이 그렇게 행동하고 싶게 만들려면 어떻게 해야 할까?" 물론 시간이 드는 일이다. 그러나 이 노력을 기울이면 적을 만들지 않고, 갈등과 마찰도 줄이고, 더 좋은 결과를 얻을 수 있다.

하버드 비즈니스스쿨의 도넘 학장은 말했다. "인터뷰에 앞서 내가 할 말과 상대의 관심사와 동기를 파악해 상대가 할 말을 구체적으로 생각하지 못했다면, 차라리 인터뷰 전에 사무실 앞에서 두 시간씩 서성이며 생각을 정리하겠다." 너무 중요한 말이라 강조해서 다시 적어본다. "인터뷰에 앞서 내가 할 말과 상대의 관심사와 동기를 파악해 상대가 할 말을 구체적으로 생각하지 못했다면, 차라리 인터뷰 전에 사무실 앞에서 두 시간씩 서성이며 생각을 정리하겠다."

여러분이 이 책을 읽고 단 하나, 항상 자신만이 아닌 상대의 관점에서 상황을 바라보는 습관이 생긴다면 앞으로의 사회생활에 분명 큰 힘이 될 것이다.

원칙 8   진심으로 다른 사람의 관점에서 생각하라.

Try honestly to see things from the other person's point of view.

9

모두가 원하는 것

마법 같은 문장이 있으면 참 좋겠다. 모든 논쟁을 멈추고, 나쁜 감정을 없애고, 상대방이 집중해서 듣게 만드는 그런 문장 말이다. 그렇지 않은가?

실제로 여기 그런 문장이 있다. "그렇게 생각하시는 게 당연해요. 저도 당신이었다면 똑같이 느꼈을 겁니다." 성미가 아주 고약한 사람도 누그러뜨릴 말이다. 우리는 100퍼센트 진심으로 이 말을 할 수 있다. 왜냐고? 상대방의 입장이라면 당연히 그렇게 느꼈을 테니까.

알 카포네를 예로 들어보자. 당신이 알 카포네 같은 신체와 기질과 생각을 가지고 똑같은 환경에서 똑같은 경험을 했다고 치자. 그러면 그와 매우 비슷한 사람이 되어 같은 상황에 놓였을 것이다. 오직 그러한 것들이 지금의 그를 만들었기 때문이다. 당신이 방울뱀이 아닌 유일한 까닭은 당신의 부모님이 방울뱀이 아니기 때문인 것처럼 말이다.

당신의 존재에 당신이 기여한 부분은 아주 적다. 그러니 기억하자. 신경질적이고 고집불통에 말도 안 통하는 사람들이 그렇게 된 데는 다 이유가 있다. 측은지심을 가지고 그들에게 공감해주자. '신의 은총이 아니었다면, 나도 저럴 수 있다'고 속으로 생각하자. 당신이 만나는 사람은 대부분 공감에 굶주리고 목말라 있다. 그러니 상대에게 공감하면 그만큼의 사랑이 돌아올 것이다.

한번은 방송에서 『작은 아씨들』의 저자인 루이자 메이 올컷에 대해 언급한 적이 있다. 물론 나는 올컷이 매사추세츠주 콩코드에 살면서 이 불멸의 책을 썼다는 걸 알고 있었다. 그런데 나도 모르게 뉴햄프셔주 콩코드에 있는 그의 옛집을 방문했다고 말해버렸다. 만약 뉴햄프셔를 한 번만 말했다면 용서가 되었을지도 모르겠지만, 정말 애석하게도 두 번이나 잘못 말하고 말았다! 마치 말벌에 무방비로 쏘이는 것처럼 내게는 온갖 신랄한 편지와 전보, 메시지가 쏟아졌다. 많은 이가 분개했고 몇 내용은 꽤 모욕적이기까지 했다.

특히 매사추세츠주 콩코드에서 자라 현재 필라델피아에 사는 한 여성은 엄청난 분노를 터뜨렸다. 내가 올컷을 뉴기니의 식인종이라 불렀어도 그보다 화낼 수는 없을 정도였다. 그의 편지를 읽으며 속으로 생각했다. '하느님, 이 여인이 제 아내가 아닌 것이 참 다행입니다.' 나는 곧바로 답장을 써서 이 생각을 알려주고 싶었다. 비록 내가 지역을 잘못 말하는 실수를 저지르긴 했지만, 당신은 기본 예의에도 어긋나는 더 큰 실수를 저질렀다고 말이다. 그렇게 편지를 시작해 팔을 걷어붙이고 본격적으로 내 생각을 쓰고 싶었다. 그러나 이내 그렇게 하지 않고 마음을 가라앉혔다. 성질 급한 어리석은 사람이나 할 만한 행동이라는 생각이 들었기 때문이다.

나는 그보다는 나은 사람이 되고 싶었다. 그래서 그 여성의 적의를 호의로 바꾸기로 결심했다. 쉽지는 않겠지만 해볼 만하다며 이렇게 생각해보았다. "사실 입장을 바꾸면 나도 그렇게 느꼈을 거야." 그렇게 그의 관점에 공감해보기로 했다. 그 후 필라델피아에 방문했을 때 나는 그에게 전화를 걸었고, 대화는 이렇게 흘러갔다.

나: 부인. 몇 주 전에 제게 편지를 보내주셨죠. 감사드리고 싶어 전화했습니다.

여성: (예리하고, 교양 있고, 점잖은 목소리로) 실례지만 누구시죠?

나: 아마 잘 모르시겠지만 저는 데일 카네기라고 합니다. 몇 주 전 일요일에 제가 루이자 메이 올컷에 관해 방송한 것을 청취해주셨죠. 그날 제가 올컷이 뉴햄프셔주 콩코드에서 살았다고 말하는 엄청난 실수를 저질렀습니다. 정말 바보 같은 실수였죠. 사과드리고 싶습니다. 시간을 내서 편지를 보내주셔서 감사합니다.

여성: 카네기 씨, 그런 편지를 써서 죄송합니다. 제가 화를 못 참았어요. 사과하겠습니다.

나: 아뇨! 아닙니다! 사과할 사람은 부인이 아니라 저죠. 어린 학생들도 알았을 만한 일인걸요. 그다음 주 일요일에 방송으로 사과를 드렸지만 개인적으로도 용서를 구하고 싶었습니다.

여성: 저는 매사추세츠주 콩코드에서 태어났어요. 집안 대대로 수백 년 동안 살아와 고향에 큰 자부심을 느끼고 있죠. 그래서 올컷이 뉴햄프셔주에 살았다고 하셨을 때 너무 속상했어요.

하지만 그런 편지를 보낸 건 정말 부끄럽습니다.

나: 저도 마음고생을 엄청 했습니다. 제 실수로 매사추세츠가 고통받은 건 아니지만 제게는 그 일이 고통으로 다가왔어요. 부인처럼 고상하고 교양 있는 분이 시간을 내어 라디오 진행자에게 편지를 쓰는 일은 쉽지 않았을 거라 생각합니다. 다음에 제가 다시 실수를 한다면 편지를 써서 알려주세요.

여성: 저기, 제 비판을 그렇게 받아주셔서 정말 고맙습니다. 선생님은 정말 좋으신 분 같네요. 앞으로 더 알아갈 기회가 있기를 바라겠습니다.

내가 사과하고 상대의 관점에 공감했기 때문에 그도 내 입장을 이해하고 미안함을 전했다. 나는 모욕을 당했지만 감정을 조절하고 친절로 응대한 스스로가 흡족했다. 근처 강에서 점프나 하라며 소리치는 것보다 내게 호의를 가지게 하는 과정에서 더 큰 진정한 즐거움을 느낄 수 있었다.

모든 대통령은 거의 매일 인간관계에 관한 골치 아픈 문제를 마주한다. 태프트 대통령도 예외는 아니었다. 하지만 그는 신랄한 악감정을 중화시키는 공감의 엄청난 가치를 경험했다. 태프트는 그의 저서 『공직자의 윤리Ethics in Service』에서 야심 가득한 한 여성의 절망과 화를 누그러뜨린 재밌는 일화를 들려준다.

"워싱턴에 살며, 정치적 영향력이 있는 남편을 둔 부인이 어느 날 나를 찾아왔다. 그 부인은 아들의 취직 건으로 6주가 넘게 애를 썼다. 수많은 의원을 대동해 찾아와 그들이 말을 전하는지도 확인했다. 하지만 그 자리는 전문 지식이 필요했기 때문에 관련 부서장의 추천에 따라 나는 다른 사람을 임명했다. 그러자 부인은 편지를 보내, 내가 마음만 먹으면 자기가 행복한 사람이 될 수 있었는데 그러지 않았으니 배은망덕한 사람이라며 비난했다. 또 내가 특별히 신경 쓰던 법안을 통과시키느라 자기 주 의원들과 갖은 애를 썼는데, 이게 그에 대한 보답이냐며 불평을 늘어놓았다.

그런 편지를 받으면 처음에는 이렇게 예의 없고 막무가내인 사람을 어떻게 혼내줄까 하는 생각이 든다. 답장을 바로 쓸 수도 있다. 하지만 현명한 사람이라면 그 편지를 서랍에 넣고 열쇠로 잠가둘 것이다. 그런 편지는 답장이 늦어져도 괜찮으니 이틀 후쯤 편지를 꺼내보자. 그 정도 시간이 지나면 보통은 답장을 보내지 않기 마련이다.

나 또한 이렇게 행동했다. 나는 이 과정을 거친 후 앉아서 최대한 정중하게 편지를 썼다. 부인이 얼마나 실망했을지 알지만 그 자리의 임명은 개인적으로 결정할 수 없었다는 점을 설명했다. 전문 자격이 있는 사람을 뽑아야 했기에 해당 부서장의 추천을 따랐다고 말이다. 그리고 아들이 성취하기 바란 것들을 꼭 이루었으면 한다고 적었다. 답장을 받고 한결 누그러진 부인은 그런 편지를 보내 미안하다고 메시지를 보내왔다.

그런데 임명이 바로 확정되지 않고 지연되자, 얼마 후 부인의 남편이라고 주장하는 사람에게서 편지가 날아왔다. 비록 이전 편지들과 글씨체는 같았지만 말이다. 편지에는 이번 일로 인한 실망감에 아내가 신경쇠약에 걸려 몸져누웠고, 매우 심각한 위암 증세로 발전하기까지 했다는 내용이 쓰여 있었다. 그러면서 그는 내게 임명을 취소하고 아들을 앉혀 아내의 건강 회복을 도울 수 있는지 물었다.

나는 남편 앞으로 보내는 또 다른 편지를 썼다. 아내가 심각한 병에 걸려 얼마나 상심이 크냐며, 부디 오진이기를 바란다고 위로했다. 그렇지만 이미 정한 임명을 철회할 수는 없다고 밝혔다. 결국 임명 건은 원래대로 확정되었다. 그리고 편지를 받은 이틀 후쯤 우리 부부는 백악관에서 음악회를 열었고, 가장 먼저 인사한 두 사람은 바로 그 남편과 며칠 전까지만 해도 거의 죽어가고 있다던 부인이었다."

제이 맹검은 오클라호마주 털사에 있는 승강기 관리 회사의 대표다. 그는 털사의 유명 호텔과 승강기 관리 계약을 맺었다. 손님의 불편을 줄이고 싶었던 호텔 매니저는 승강기 운행이 두 시간 이상 중단되는 걸 원치 않았다. 하지만 수리는 적어도 여덟 시간은 걸릴 것으로 보였고, 전문 정비공의 시간을 호텔 측에서 편한 시간에 항상 맞출 수 있는 것도 아니었다. 맹검은 작업을 위해 최고 정비공을 예약한 후 매니저에게 전화를 걸었다. 그리고 충분한 시간을 달라고 논쟁하는 대신 이렇게 말했다.

"릭, 호텔이 매우 바쁜 만큼 승강기 정비 시간도 최소화했으면 하는 마음을 잘 압니다. 우려하는 부분을 이해하는 만큼 최대한 편의를 봐드리고 싶어요. 그런데 지금 작업을 완전히 끝내지 않으면 더 심각한 고장이 나 훨씬 오래 승강기를 중단해야 할 수도 있어요. 그렇게 오랫동안 손님에게 불편을 주는 건 분명 원치 않으실 겁니다."

매니저는 며칠씩 승강기를 운행하지 않는 것보다 여덟 시간만 중단하는 게 더 낫다고 동의할 수밖에 없었다. 맹검은 손님의 편의를 우선시하는 매니저의 마음에 공감하며 어떤 반감도 없이 그를 쉽게 설득할 수 있었다.

미주리주 세인트루이스에 사는 피아노 선생님인 조이스 노리스는 10대 여자아이에게 피아노를 가르칠 때 흔히 겪는 문제를 어떻게 해결했는지 들려주었다. 노리스가 가르치는 학생 중 바베트라는 여학생은 유난히 손톱이 길었다. 물론 긴 손톱으로는 피아노를 제대로 배우기 힘들다.

"손톱이 피아노를 잘 치는 데 방해가 될 거라는 걸 알았죠. 바베트와 교습에 앞서 이야기를 나누며, 저는 손톱에 관해서는 전혀 언급하지 않았습니다. 의욕을 꺾고 싶지 않았죠. 예쁘게 보이려 열심히 가꾼 자랑스러운 손톱을 포기하지 않을 거라는 것도 알았고요.

다만 첫 교습이 끝나고 적절한 때에 이렇게 말했습니다. '바베트, 손이 정말 예쁘고 손톱도 멋지구나. 그런데 네 재능을 발휘해 원하는 만큼 피아노를 잘 치고 싶으면 손톱을 좀 더 짧게 다듬으면 좋을 거야. 훨씬 쉽고 빠르게 연주할 수 있는 걸 보면 너도 놀랄걸? 한번 생각해보렴. 알았지?'

아이는 정말 싫다는 표정을 지었어요. 저는 바베트의 어머니에게도 상황을 설명했죠. 손톱이 예쁘다는 말도 다시금 하면서요. 이번에도 부정적인 반응이었습니다. 바베트에게는 예쁜 손톱이 꽤 중요한 게 틀림없었죠.

그런데 그다음 주에 두 번째 교습을 들으러 온 바베트의 손톱은 놀랍게도 다듬어져 있었습니다. 저는 그런 노력을 기울인 것을 기특해하며 칭찬했죠. 손톱을 깎도록 이끌어준 어머니에게도 감사해했고요. 그랬더니 어머니가 이렇게 말하는 게 아니겠어요. '저는 아무것도 한 게 없어요. 바베트가 직접 결정했거든요. 아이가 다른 사람 때문에 손톱을 정리한 건 이번이 처음이랍니다.'"

노리스가 바베트에게 으름장을 놓았던가? 긴 손톱을 가진 학생은 가르칠 수 없다고 했나? 아니다. 노리스는 그렇게 말하지 않았다. 그저 손톱이 매우 예쁘지만 다듬는 용기가 필요하다고 알려주었을 뿐이다. '네 마음 알아. 쉽지는 않겠지. 그렇지만 연주 실력을 향상하는 데 도움이 될 거야'라고 넌지시 알려준 것이다.

솔 휴록은 미국의 전설적인 공연 기획자다. 휴록은 50년 가까이 샬랴핀, 이사도라 덩컨, 파블로바 같은 세계적인 예술가와 작업했다. 그는 개성 강한 스타들과 작업하며 배운 첫 번째 교훈을 내게 알려주었다. 바로 그들의 특이한 성격에 공감, 공감, 또 공감해야 한다는 것이었다.

휴록은 3년간 표도르 샬랴핀의 공연 기획을 맡았다. 샬랴핀은 메트로폴리탄의 취향 높은 관객들을 매료시킨 위대한 베이스 가수다. 그러나 샬랴핀은 마치 버릇없는 아이처럼 끊임없이 문제를 일으켰다. 휴록의 독창적인 표현을 그대로 싣자면 "모든 면에서 별난 사람이었다." 예를 들어 공연 당일 점심쯤 전화를 걸어 이렇게 말하는 식이었다. "몸이 너무 안 좋네. 목구멍이 덜 익은 햄버거 같은 느낌이랄까. 오늘 밤 노래를 부르는 건 무리야."

휴록이 샬랴핀와 옥신각신했을까? 전혀 그렇지 않다. 휴록은 사업가란 자고로 예술가를 그렇게 다루어서는 안 된다는 걸 알았다. 그래서 샬랴핀의 호텔로 달려가 동정심을 쏟아내며 슬프게 말했다. "너무 안타깝네. 정말 안타까워! 이렇게 불쌍할 수가. 당연히 노래를 못 부르지. 공연은 당장 취소할 거야. 뭐 몇천 달러 정도 손해를 보겠지만 자네 명성에 그런 것쯤은 아무것도 아니지." 그러면 샬랴핀은 한숨을 쉬며 이렇게 말했다. "이따 늦게 다시 와보게. 5시쯤 내 상태가 어떤지 보자고."

그리고 휴록은 5시에 호텔로 달려가 또다시 동정심을 쏟아냈다. 그러면서 공연을 계속 취소해야 한다고 주장했다. 샬랴핀은 한숨을 쉬며 말했다. "이따 다시 보세. 그때쯤이면 좀 나아질 수도 있어." 7시 30분, 이 위대한 베이스 가수는 마침내 공연하기로 결심한다. 단, 휴록이 메트로폴리탄의 무대에 올라가 샬랴핀이 심한 감기에 걸려 목 상태가 좋지 않다고 말한다는 전제하에 말이다. 휴록은 그렇게 해야 샬랴핀이 무대에 오를 것을 알았기 때문에 그러겠다고 거짓으로 수긍했다.

아서 I. 게이츠 박사는 그의 저서 『교육 심리학Educational Psychology』에서 이렇게 말했다. "인간은 모두 공감을 갈망한다. 아이들은 다친 부분을 보여주려 애쓰고, 때로는 많은 공감을 얻기 위해 일부러 상처를 내거나 멍을 만들기도 한다. 같은 이유로 어른들도 상처를 보여주고, 자신의 병과 사고를 말하며 수술 과정을 자세히 늘어놓기도 한다. 진짜든 가짜든 불행에 관한 '자기 연민'은 인간의 보편적 행동이다." 그러므로 사람들을 당신의 생각대로 설득하고 싶다면 공감하는 태도를 실천하자.

원칙 9   상대방의 생각과 욕구에 공감하라.

Be sympathetic with the other person's ideas and desires.

상대가 원하게끔 호소하라

나는 무법자 제시 제임스가 살았던 미주리주의 변두리에서 자랐다. 한번은 미주리 커니 지역에 있는 제임스의 농장을 찾아갔는데, 그곳에는 그의 아들이 살고 있었다. 제임스의 아내는 그가 어떻게 열차를 탈취하고 은행을 털어, 이웃 농부들이 빚을 갚을 수 있도록 돈을 나누어주었는지 들려주었다.

제시 제임스는 마음속으로 자신을 이상주의자라 생각했을 것이다. 수십 년 후 더치 슐츠, 쌍권총 크롤리, 알 카포네와 그 외많은 범죄 조직의 우두머리들이 그랬듯 말이다. 사실 당신이 만나는 모든 사람은 자신을 높게 평가하고, 자기 기준에서 멋지고 이타적인 사람이 되고 싶어 한다. 은행가 J.P. 모건은 사람에게는 보통 두 가지 동기가 있다고 생각했다. 하나는 그럴싸해 보이는 동기고, 다른 하나는 진짜 동기다.

진짜 동기는 당사자의 생각인 만큼 당신이 언급할 필요도 없다. 그러나 마음속으로만큼은 이상주의자인 우리는 모두 그럴듯해 보이는 동기를 부여하고 싶어 한다. 그렇기 때문에 누군가를 바꾸기 위해서는 더 고귀한 동기에 호소해야 한다. 비즈니스에는 너무 이상적인 이야기일까? 펜실베이니아주 글레놀든에 있는 패럴미첼 회사의 해밀턴 J. 패럴의 사례로 알아보자.

패럴에게는 이사를 나가겠다고 으름장을 놓는 불만 많은 세입자가 있었다. 임대계약이 아직 4개월 남은 상황이었지만 그는 남은 기한과 상관없이 바로 짐을 빼겠다고 했다.

"이 세입자들은 제 집에서 겨우내 살았습니다. 일 년 중 가장 임대료가 비싼 시기죠. 가을까지는 세입자를 구하기도 힘들고요. 임대 수입이 끊긴다고 생각하니 정말 열이 받더군요. 보통 때 같으면 세입자에게 달려가 계약서를 다시 읽어보라고 했을 겁니다. 이사를 가게 되면 남은 임대료가 한 번에 청구될 거라고 하며, 어떻게든 돈을 받고 말겠다는 다짐과 권리를 보여주었을 거예요. 그러나 그렇게 다급하게 나서서 문제를 크게 만들기보다는 다른 방법을 써보기로 했죠. 그래서 이런 식으로 이야기했습니다.

'아무개 씨. 말씀은 잘 알겠습니다. 그렇지만 정말 이사할 거라고 생각하지는 않아요. 오랫동안 임대업을 하다 보니 사람 보는 눈이 생겼는데, 아무개 씨는 처음 봤을 때부터 자기가 한 말에 책임을 지는 분이라 생각했습니다. 그렇게 믿는 만큼 한번 위험을 감수해보려 합니다.

이렇게 해보죠. 며칠 시간을 두고 재고해보세요. 생각해본 후, 월 임대가 끝나는 다음 달 1일 전까지 제게 의사를 알려주세요. 그 결정을 최종으로 받아들이겠다고 약속하죠. 그래도 이사를 원하면 면책 처리하고, 저도 제 판단이 틀렸다는 걸 인정하겠습니다. 그렇지만 저는 아직 믿어요. 아무개 씨가 자기가 한 말에 책

임을 지고 계약을 지킬 거라고요. 결국 우리는 사람이거나 원숭이 입니다. 선택은 자신에게 달린 거죠.'

다음 달 1일, 세입자는 제게 찾아와 직접 임대료를 냈습니다. 아내와 상의한 후 머물기로 했다면서요. 임대 기간을 지키는 것이 고귀한 행동이라는 결론을 내린 겁니다."

작고한 노스클리프 경은 영국의 언론인이던 시절, 한 신문에 그가 원치 않는 사진이 실린 것을 보고 편집자에게 편지를 썼다. 그렇지만 노스클리프 경이 "제 사진을 더는 싣지 마십시오. 불쾌합니다"라고 적었을까? 아니다. 그는 더 고귀한 동기에 호소했다. 우리가 모두 지닌 어머니를 사랑하고 아끼는 마음에 호소하며 "제 사진을 더는 싣지 말아 주십시오. 어머니가 싫어하십니다"라고 적었다.

존 D. 록펠러 주니어는 신문기자가 자녀의 사진을 찍지 못하도록 막고 싶었다. 그래서 그 역시 더 고귀한 동기에 호소했다. "아이들 사진을 신문에 싣지 마시오"라 말하지 않고 모두에게 있는 어린이를 보호하는 마음에 호소했다. "여러분도 잘 아실 겁니다. 자식이 있는 분도 있을 거고요. 어린아이들이 언론에 너무 많이 노출되면 위험할 수 있죠."

메인주 출신의 가난한 소년이던 사이러스 H.K. 커티스는 훗날 《새터데이 이브닝 포스트》와 《레이디스 홈 저널》을 소유한 백만장자가 되었다. 하지만 화려한 커리어의 초창기에는 기고자에게 다른 잡지만큼 원고료를 지불할 여력이 되지 못했다. 돈만으로는 최상급 작가의 글을 받을 수 없었기에 그는 더 고귀한 동기에 호소했다. 예를 들어 당시 최고의 주가를 달리던 『작은 아씨들』의 작가 루이자 메이 올컷에게는 원고료 100달러를 그가 아닌 그가 가장 아끼는 자선단체에 기부하겠다고 제의해 성공을 거두었다.

이쯤에서 회의적인 독자들은 이렇게 말할 것이다. "그런 건 노스클리프, 록펠러, 감성적인 작가들에게나 통하겠지. 내가 수금해야 하는 골치 아픈 상대에게도 이런 방법이 통한다고?" 당신 말이 맞을 수도 있다. 모든 상황과 모든 사람에게 딱 들어맞는 방법은 없다. 당신이 지금의 결과에 만족한다면 변화는 필요 없을 것이다. 그러나 만족하지 못한다면 시도해서 나쁠 건 없지 않을까? 내 수강생이었던 제임스 L. 토머스의 흥미로운 경험담을 들어보자.

한 자동차 회사의 고객 여섯 명이 서비스 비용을 내지 않겠다고 한 일이 있었다. 비용 전부를 내지 않겠다고 한 건 아니지만 모두 특정 금액이 잘못되었다고 주장했다. 하지만 회사 측은 서비스를 받을 때마다 고객이 직접 서명한 만큼 기존 금액이 옳다고 확신했고 그렇게 주장했다. 이게 첫 번째 실수였다. 회사의 채권 관리 팀 직원은 미수금을 걷기 위해 다음 방법을 사용했다. 과연 성공했을까?

❶ 각 고객에게 전화를 걸어 기한이 한참 지난 대금을 받아야 한다고 냉철하게 말했다.

❷ 회사가 절대적으로 옳기에 고객은 무조건 틀렸다고 매우 단호하게 주장했다.

❸ 회사가 고객보다 자동차에 관해 훨씬 많이 아는 만큼 논쟁의 여지가 없음을 시사했다.

❹ 그 결과, 직원은 고객들과 격렬히 논쟁했다.

이 방법 중 하나라도 고객과 의견을 조정하고 비용을 회수하는 데 도움이 되었을까? 답은 보지 않아도 알 것이다. 이 단계에 이르자 채권 관리 팀 직원은 법적인 조처를 하려 했지만, 다행히 본부장이 이 사건을 알게 되었다. 채무를 이행하지 않은 고객들의 이력을 살펴본 본부장은 이전까지는 그들이 대금을 잘 내온 것을 발견했다. 무언가 잘못된 게 틀림없었기에 이렇게 수금하는 방식은 옳지 않았다. 본부장은 토머스를 불러 이 미수금을 회수해 오라고 지시했다. 토머스가 취한 조치는 다음과 같았다. 그가 한 말을 그대로 옮긴다.

❶ 저 역시 회사가 절대적으로 옳다고 믿는 미수금을 받기 위해 고객을 찾아갔습니다. 하지만 거기에 대해서는 한 마디도 꺼내지 않았습니다. 회사의 서비스 상태와 부족한 점을 알기 위해 찾아왔다고만 말했죠.

❷ 고객의 이야기를 다 듣기 전까지 판단하지 않겠다고 했습니다. 회사에는 아무런 잘못이 없다고 주장하는 게 아니라는 점을 확실히 했습니다.

❸ 제가 신경 쓰는 건 고객의 자동차며, 이 세상 그 누구보다 자기 차에 대해 잘 아는 것은 본인이니 고객이 이 문제의 권위자라고 이야기했습니다.

❹ 저는 고객의 이야기를 들어주었습니다. 고객이 원하고 바란 공감과 관심을 쏟으며 경청했습니다.

❺ 마지막으로 고객이 흥분을 가라앉혔을 때, 모든 상황을 공정한 시각으로 보게끔 했습니다. 더 고귀한 동기에 호소하면서요. 저는 이렇게 말했습니다.

"우선, 저 역시 이 문제를 잘 다루지 못했다고 생각한다는 걸 알아주셨으면 합니다. 우리 직원이 고객님을 불편하고 짜증 나고 불쾌하게 만들었죠. 그런 일은 다시는 없어야겠고요. 죄송한 마음으로 회사를 대표해 사과드리겠습니다. 여기 앉아 고객님의 말씀을 들어보니 정말 공정하고 인내심 많은 분이라는 생각이 듭니다. 그런 분이라는 걸 알기에 부탁을 하나 드리려고 합니다. 그 누구보다 잘하실 수 있고, 잘 아실 문제입니다. 여기 고객님의 청구서가 있습니다. 우리 회사의 대표라 생각하시고 청구 금액을 조정해주시죠. 믿을 수 있는 분인 만큼 모두 고객님께 맡기겠습니다. 저희는 말씀하시는 대로 따르지요."

"물론 고객들은 금액을 조정했습니다. 그것도 매우 즐거워하면서요. 청구서 금액은 150달러에서 400달러 정도였는데, 최대한 자신에게 유리하게 조정했을까요? 한 고객은 그랬습니다. 그는 논란이 된 금액은 단 한 푼도 낼 수 없다고 했죠. 그렇지만 나머지 다섯 명은 회사의 입장을 최대한 헤아려주었습니다. 무엇보다 짜릿한 일은 그 후 2년 동안 여섯 명의 고객 모두 우리 회사에서 새 차를 구입했다는 점입니다."

토머스는 이 경험에 대해 이렇게 말했다. "고객을 잘 알지 못할 때는 그 사람이 성실하고 정직하고 믿음직한 사람이라 생각하고 일을 진행하는 것이 최고라는 것을 이 경험으로 배웠습니다.

일단 금액이 옳다고 확신하면 기꺼이, 열심히 돈을 지급할 것이라고 믿는 거죠. 인간은 보통 정직하고 자신의 의무를 다하려 합니다. 이 규칙에 벗어나는 사람은 드물죠. 설령 당신을 속일 의도를 가진 사람이라도 당신이 그들을 정직하고, 바르고, 공정하다고 여기면 대부분 호의적으로 행동할 거라 믿습니다."

원칙 10 더 고귀한 동기에 호소하라.

Appeal to the nobler motives.

방송 매체처럼
극적으로 표현하라

오래전《필라델피아 이브닝 불러틴》은 떠도는 유언비어 때문에 비난을 받았다. 악의적인 소문은 계속 퍼져나가, 광고주들 사이에서 신문에 광고가 너무 많고 기사는 적어 독자가 떨어져 나간다는 이야기가 돌았다. 하루빨리 소문을 바로잡아야 했다. 그렇지만 어떻게 할 수 있을까?

그들은 하루치 신문에 게재된 모든 종류의 기사를 모아 분류한 후 책으로 펴내는 방법을 취했다. 이 책의 제목은 『하루One Day』로, 보통 양장본처럼 307쪽이라는 많은 분량이 나왔다. 신문사는 하루치 모든 뉴스와 기획 기사를 담은 이 책을 몇 달러가 아닌 단돈 몇 센트에 판매했다. 책은 《필라델피아 이브닝 불러틴》에 흥미로운 기사가 많다는 사실을 극적으로 보여주었다. 단순히 쪽수를 알려주고 설명하는 것보다 더 생생하고 재밌고 강렬하게 사실을 전달한 것이다.

지금은 극적인 표현이 만연한 시대로, 그저 사실을 말하는 것으로는 충분하지 않다. 사실을 생생하고 흥미롭고 극적으로 전달해야 한다. 영화와 TV에서처럼 쇼맨십이 필요하다. 관심을 원한다면 그렇게 해야 한다. 상품 진열 전문가들은 극적 효과의 힘을 안다. 예를 들어 한 쥐약 회사는 판매업자에게 신약을 제공할 때 살아있는 쥐 두 마리를 함께 진열하게끔 했다. 실제로 쥐가 진열된 주는 매출이 평소보다 다섯 배 더 증가했다.

TV 광고는 제품 판매를 위한 다양한 극적 기법을 보여준다. 저녁에 TV 앞에 앉아 광고들이 어떤 표현 기법을 사용하는지 분석해보자. 한 제산제 광고는 시험관 안에 든 산성 색깔을 경쟁 제품과 비교하며 어떻게 확연히 바뀌는지를 보여준다. 다른 제품을 쓸 때는 얼룩이 남지만 특정 브랜드의 비누나 세제를 사용할 때는 셔츠의 기름이 말끔히 없어지는 걸 표현한 광고도 있다. 광고를 보면 단순히 들을 때보다 어떤 자동차가 여러 회전과 커브에 뛰어난지 확연히 다가온다. 이런 광고에는 제품에 만족해하는 행복한 소비자의 얼굴도 등장한다. 이 모든 것이 제품이 제공하는 이점을 시청자에게 극대화해 알려주며 결국 소비로까지 이끈다.

일할 때나 일상생활에서도 생각을 극적으로 표현할 수 있다. 별로 어렵지 않다. 버지니아주에 있는 금전등록기 회사 NCR의 영업 사원 짐 예만스는 극적인 시연으로 제품을 판매한 경험을 들려주었다.

"지난주에 한 가게를 방문했는데, 계산대에서 매우 오래된 금전등록기를 사용하더라고요. 저는 주인에게 다가가 말했습니다. '손님이 계산대 앞에서 기다릴 때마다 사장님은 돈을 버리시는 거나 마찬가지예요.' 그러면서 바닥에 동전을 한 움큼 던졌습니다. 주인은 제 이야기에 더 빨리 집중했죠. 물론 그냥 설명해도 관심을 가질 수는 있겠지만, 바닥에 떨어진 동전 소리가 더 주목하게 만든 거죠. 그는 가게에 있는 모든 금전등록기를 새 제품으로 교체한다며 주문을 넣었습니다."

이런 극적 효과는 일상생활에서도 잘 통한다. 예전에는 연인에게 프러포즈할 때 사랑한다는 말뿐만 아니라 무릎을 꿇어 진심을 표현했다. 이제는 그렇게 무릎을 꿇고 청혼하는 이들이 흔하지는 않지만, 여전히 많은 구혼자가 청혼하기 전에 낭만적인 분위기를 연출한다.

아이들에게도 극적 효과를 사용할 수 있다. 앨라배마주 버밍햄에 사는 조 B. 판트 주니어는 다섯 살짜리 아들과 세 살 난 딸이 장난감을 정리하게 하는 것이 어려워 '기차 놀이'를 고안했다. 아들 조이의 세발자전거에 딸 재닛의 손수레를 매단 것이다. 저녁이 되면 기관사가 된 조이는 세발자전거에 재닛을 태워 방을 돌아다녔고, 재닛은 장난감 석탄을 손수레에 모두 실은 다음 올라탔다. 이렇게 어떤 훈계도, 논쟁도, 협박도 없이 방은 말끔히 정돈되었다.

인디애나주 미샤와카에 사는 매리 캐서린 울프는 직장에서 겪는 문제로 상사와 논의하고 싶었다. 월요일 아침 면담을 요청했지만 상사는 너무 바쁘다며 그 주 다른 날짜로 비서와 약속을 잡아보라고 했다. 비서는 그의 스케줄이 꽉 차 있지만 일정을 넣어보겠다고 말했다. 울프는 그 후 어떤 일이 있어났는지 설명했다.

"그 주 내내 소식이 없었어요. 물어볼 때마다 비서는 상사가 만나지 못하는 이유를 대고는 했죠. 금요일 오전까지도 정확한 일정을 듣지 못했습니다. 주말 전까지 상사와 꼭 문제를 논의하고 싫었던 저는 어떻게 해야 만날 수 있을지 생각해보았습니다. 그래서 공식적인 편지를 쓰기로 했죠. 그가 한 주 내내 얼마나 정신없었을지 이해하지만 꼭 논의할 일이 있다고 적었습니다. 그리고 편지지와 회신용 봉투를 동봉해 아래의 항목을 직접 채우거나 비서에게 부탁해 회신해달라고 했어요. 편지에는 이렇게 적었습니다.

> 울프 씨, ( )요일, 오전/오후 ( )시에 만날 수 있습니다.
> ( )분 동안 면담이 가능합니다.

저는 이 편지를 오전 11시에 상사의 우편함에 넣었어요. 그리고 오후 2시쯤 제 우편함을 확인하니 회신용 봉투가 도착해 있더군요. 그날 오후 10분간 면담이 가능하다고 적혀 있었죠. 그렇게 약속을 잡은 후 상사를 만나 한 시간 넘게 이야기를 나누며 저는 문제를 해결할 수 있었습니다. 하지만 제가 그를 정말로 만나고 싶다는 표현을 극적으로 하지 않았다면 아마 아직도 목 빠지게 기다리고 있었을 거예요."

이번에는 방대한 시장 보고서를 발표한 제임스 B. 보인턴의 사례를 보자. 보인턴의 회사는 한 유명 콜드크림 브랜드를 위한 광범위한 조사를 막 끝낸 참이었고, 시장의 경쟁 상황 자료를 바로 제공해야 했다. 자료를 요청한 잠재 고객은 광고업계에서 굉장한 영향력을 가진 거물이었다. 그러나 첫 회의는 본격적으로 무엇인가를 해보지도 못한 채 끝났다.

"회의에서 조사 방법을 두고 쓸데없는 논쟁을 벌이게 되었습니다. 주제가 옆길로 샌 거죠. 고객은 제가 틀렸다고 하고, 저는 제가 옳다는 걸 증명하다 시간을 다 보내고 말았습니다. 결국 논쟁에서 이겨 만족스럽긴 했지만 아무런 소득도 얻지 못했죠. 그래서 다음 회의에서는 숫자와 데이터 같은 도표를 제시하기보다 극적으로 내용을 전달하기로 했어요.

사무실에 들어갔을 때 고객은 통화 중이었습니다. 바쁘게 전화하는 동안 저는 가방을 열어 그에게도 익숙한 경쟁사의 콜드크림 서른두 개를 책상 위에 올려놓았습니다. 그리고 각 병에 시장조사 결과를 적은 메모지를 붙였어요. 짧고 굵게 각 제품의 특징이 한눈에 보이게끔 했죠.

그러자 더는 논쟁할 필요가 없었습니다. 새롭고 획기적인 방법이었죠. 고객은 병을 하나씩 집으며 메모지에 쓰인 정보를 읽었습니다. 우리는 우호적으로 대화를 나누었고, 그는 여러 질문을 던지며 굉장한 관심을 보였습니다. 원래 제게 주어진 발표 시간은 단 10분이었지만 10분, 20분, 40분이 지나 한 시간이 지난 시점에도 대화는 이어졌죠. 사실 제가 발표한 내용은 지난번과 같았습니다. 그러나 극적인 방법과 쇼맨십을 사용해 엄청나게 다른 결과를 낼 수 있었답니다."

원칙 11 당신의 생각을 극적으로 표현하라.
Dramatize your ideas.

12

아무것도 통하지 않을 때
최후의 수단

찰스 슈와브 밑에는 생산량을 제대로 달성하지 못하는 공장의 매니저가 있었다. "당신같이 유능한 매니저가 있는데 공장이 왜 제대로 돌아가지 않는 겁니까?" 슈와브는 물었다. "잘 모르겠습니다. 달래도 보고, 윽박질러보기도 하고, 화를 내면서 악담을 하기도 했습니다. 심지어는 자르겠다고 협박도 했지만 아무 소용이 없어요. 그냥 직원들이 일을 하려고 들지를 않습니다." 공장장은 답했다.

대화는 저녁 늦게까지 이어졌고, 곧 야간조가 교대할 시간이었다. 슈와브는 공장장에게 분필을 달라고 한 뒤 가장 가까운 곳에 있던 직원에게 물었다. "오늘 주간조는 용해 작업을 몇 개 처리했나?" "여섯 개입니다." 슈와브는 아무 말 없이 바닥에 숫자 6을 분필로 크게 적은 후 떠났다.

야간조는 공장에 들어와 6이라는 숫자를 보고 무슨 의미인지 궁금해했다. "사장님이 오늘 오셔서 용해 작업을 얼마나 했는지 묻더군. 여섯 개라고 했더니 바닥에 이렇게 적으셨어." 주간조 직원이 답했다.

다음 날 아침, 슈와브는 공장에 다시 들렀다. 야간조는 숫자 6을 지우고 7이라고 크게 적어놓았다. 작업 보고를 하러 온 주간조는 바닥에 커다랗게 쓰인 숫자 7을 보았다. '자기들이 일을 더 잘한다는 거야? 야간조에게 한 수 보여줘야겠군.' 그렇게 주간조는 열과 성을 다해 일했고, 일을 마친 후 숫자 10을 자랑스럽게 남겼다. 상황이 좋아지고 있었다. 생산량을 한참 못 맞추던 이 공장은 얼마 안 가 다른 공장보다 더 많은 작업을 해내기 시작했다. 어떤 원리였을까?

찰스 슈와브는 이렇게 말했다. "경쟁을 이끌며 일을 하고 싶게끔 만드는 겁니다. 돈만을 목표로 제시하는 게 아니라 잘하고 싶은 욕구를 자극하는 거죠." 잘하고 싶은 욕구와 도전 정신은 사기를 북돋는 확실한 방법이다.

도전이 없었다면 시어도어 루스벨트는 미국의 대통령이 되지 못했을 것이다. 그는 산후안 전투에서 기병대를 성공적으로 이끌고 쿠바에서 돌아온 후 뉴욕의 주지사로 낙점되었다. 그러나 반대 진영에서 그가 뉴욕주의 법적 거주자가 아님을 밝혀냈고, 겁이 난 루스벨트는 사퇴할 생각을 하던 중이었다. 그때 뉴욕 출신 상원 의원이던 토머스 콜리어 플랫이 루스벨트의 도전 정신을 자극했다. 그는 귀가 울릴 정도로 호통을 쳤다. "산후안 전투의 영웅이 이렇게 겁쟁이였소?"

플랫의 말을 들은 루스벨트는 물러서지 않았고, 그 이후는 역사가 말해주는 대로다. 도전은 루스벨트의 삶을 바꾸었을 뿐만 아니라 미국 역사에도 큰 영향을 미쳤다. "모든 사람은 두려움을 가지고 있다. 그러나 용감한 이는 두려움을 내려놓고 앞을 향해 나아간다. 죽을지언정 언제나 승리를 향해 나아간다"는 고대 그리스에서 왕을 지키던 병사들의 신조였다. 두려움을 극복하는 것보다 더 큰 도전이 있을까?

뉴욕주 주지사 시절, 알 스미스는 난감한 문제를 마주했다. 당시 가장 악명 높던 싱싱교도소의 소장 자리가 공석이었는데, 교도소 안에는 스캔들과 추악한 소문이 들끓고 있었다. 스미스는 싱싱을 통제할 강력한, 강철 같은 교도소장이 필요했다. 과연 누가 적격이었을까? 그는 뉴햄프턴에 있던 루이스 E. 로스를 불렀다. "자네가 싱싱교도소를 맡아보면 어떻겠소? 그곳에는 경험 많은 사람이 필요하네."

스미스는 유쾌하게 제안했지만 로스는 당황했다. 로스도 싱싱의 위험성을 익히 알고 있었기 때문이다. 그 자리는 정치적 변화에 많은 영향을 받아 임명되고는 했고, 교도소장은 자주 바뀌었으며, 심지어는 3주 만에 바뀐 사람도 있었다. 그만큼 위험을 무릅쓸 가치가 있을까? 로스는 고민에 빠졌다. 주저하는 로스를 본 스미스는 의자에 몸을 기대며 미소를 지었다. "젊은이, 자네가 겁먹었어도 탓할 생각은 없네. 어려운 자리지. 거기 가서 버티려면 그릇이 큰 사람이어야 할 거야."

스미스는 그렇게 로스의 도전 정신을 자극했다. 로스는 그릇이 큰 사람이 할 일에 도전한다는 개념이 마음에 들었다. 그래서 싱싱에 갔고, 버티고 버텨 당대 가장 유명한 교도소장이 되었다. 로스가 쓴 『싱싱의 2만 년20,000 Years in Sing Sing』은 수십만 부가 팔렸고, 방송에 나온 로스와 교도소 이야기는 많은 영화에 영감을 주기도 했다. 죄수들을 인간적으로 대한 로스의 방식은 교도소개혁에도 기적을 불러왔다. 파이어스톤사의 창업주 하비 S. 파이어스톤은 이렇게 말했다. "돈만으로는 좋은 인재를 모으거나 보유할 수 없다. 중요한 건 일 그 자체다."

위대한 행동과학자 프레더릭 허츠버그 역시 동의했다. 그는 공장 노동자부터 고위 임원까지 수천 명의 근무 태도를 깊게 연구했다. 그가 발견한 가장 강력한 동기부여 요소는 무엇이었을까? 일자리의 어떤 부분이 가장 의욕을 불러일으켰을까? 돈, 좋은 근무 환경, 부수적인 혜택 중 그 어느 것도 아니었다. 사람들은 일 자체에 가장 고무되었다. 업무가 즐겁고 재밌으면 일하고 싶어 했고, 잘하고 싶어 했다.

도전. 모든 성공한 이들은 도전을 즐겼다. 자신을 표현할 기회, 나의 가치를 증명하고 더 나아가 승리할 기회 말이다. 걷기 대회, 고함지르기 대회, 파이 먹기 대회가 열리는 이유도 이 때문이다. 우리에게는 더 뛰어나고 싶은 욕구, 중요해지고 싶은 욕구가 있다.

원칙 12　도전 정신을 자극하라.

Throw down a challenge.

사람을 설득하는 12가지 원칙

원칙 ❶ 논쟁에서 이기는 유일한 방법은 피하는 것이다.

원칙 ❷ 다른 사람의 의견을 존중하라. 절대 틀렸다고 말하지 마라.

원칙 ❸ 잘못했다면 빠르고 확실하게 시인하라.

원칙 ❹ 친절한 태도로 시작하라.

원칙 ❺ 상대의 긍정 반응을 바로 끌어내라.

원칙 ❻ 상대방이 많은 이야기를 하게 하라.

원칙 ❼ 상대가 본인이 생각한 것처럼 느끼게 만들어라.

원칙 ❽ 진심으로 다른 사람의 관점에서 생각하라.

원칙 ❾ 상대방의 생각과 욕구에 공감하라.

원칙 ❿ 더 고귀한 동기에 호소하라.

원칙 ⓫ 당신의 생각을 극적으로 표현하라.

원칙 ⓬ 도전 정신을 자극하라.

■

"아낌없이 칭찬하고 쉽게 할 수 있다고 믿게
만들자. 상대의 능력을 신뢰하고,
아직 피우지 못한 재능이 있다고 말해주자.
그러면 상대는 더 잘하기 위해
동이 틀 때까지 노력할 것이다."

사람의
변화를 이끄는
리더가 되는
9가지 원칙

비판해야 한다면
이렇게 시작하라

캘빈 쿨리지가 대통령이던 시절, 내 친구 한 명이 주말 동안 백악관에 머무르는 초대를 받았다. 대통령 집무실을 구경하던 중 그는 쿨리지 대통령이 비서에게 하는 말을 들었다. "오늘 입은 옷이 아주 근사하군요. 정말 멋지십니다." 과묵한 쿨리지가 비서에게 이렇게 과장된 칭찬을 하는 것은 매우 이례적이었다. 너무 예상 밖의 일이라 비서는 당황해 얼굴이 붉어졌다.

그때 쿨리지가 덧붙였다. "자, 너무 자만하지는 말고. 기분 좋아지라고 말했어요. 앞으로는 문서 작성할 때 구두점에 좀 더 신경을 써주면 좋겠군요." 그의 방법이 조금 노골적이기는 해도 효과적인 심리 작전이었다. 장점을 칭찬받은 후에는 달갑지 않은 이야기를 좀 더 쉽게 받아들일 수 있기 때문이다.

이발사는 손님의 얼굴에 면도날을 대기 전 비누 거품을 칠한다. 1896년, 대통령 선거에 출마하며 매킨리 역시 이 방법을 사용했다. 당시 한 유능한 공화당원이 선거 연설문을 작성했다. 그는 자신의 연설문이 전설적인 정치가 키케로, 패트릭 헨리, 대니얼 웹스터의 글을 다 합친 것보다 훌륭하다고 생각했다. 잔뜩 신이 난 이 공화당원은 자기가 쓴 불멸의 연설문을 매킨리 앞에서 큰 소리로 읽었다. 물론 괜찮은 부분도 있었지만 전반적으로 별로였고 엄청난 비난을 받을 소지도 있어 보였다. 하지만 매킨리는 상처 주고 싶지 않았다. 그의 열정을 꺾지 않는 동시에 연설문을 거절해야 했다. 매킨리가 어떤 노련한 방법을 썼는지 살펴보자.

"자네, 정말 잘 썼네. 대단한 연설문이야. 누가 자네보다 더 잘 준비할 수 있겠나. 이 글이 딱 들어맞는 많은 상황이 떠오르네. 그런데 이번 일에 딱 적합한지에 대해서는 잘 모르겠군. 자네에게는 논리적이고 타당해 보이겠지만 나는 당의 입장에서 생각해보아야 하니까. 자, 돌아가서 내 의견을 반영해 연설문을 쓴 후 다시 보내주게나."

그리고 그는 그렇게 했다. 매킨리는 연설문을 검토하면서 수정을 도왔고, 결국 선거운동에서 뛰어난 연설을 해낼 수 있었다.

다음은 에이브러햄 링컨이 쓴 편지 중 두 번째로 유명한 편지를 살펴보자(가장 유명한 편지는 전쟁에서 다섯 살 난 아들을 잃은 빅스비 부인의 슬픔을 위로하는 편지다). 링컨이 5분여 만에 써 내려갔을 이 편지는 훗날 1926년에 경매에서 1만 2000달러에 팔린다. 링컨이 50년 동안 힘들게 일해 모은 재산보다 더 많은 금액이었다. 링컨은 남북전쟁에서 북부군이 가장 수세에 몰렸던 1863년 4월 26일, 조지프 후커 장군에게 이 편지를 썼다.

18개월 동안 북부군을 이끈 링컨의 장군들은 전투에서 거듭 패배하고 있었다. 전투는 무모하고 어리석은 인간 도살장과 다름없었다. 온 나라가 경악했고 수많은 병사가 탈영했다. 공화당

상원 의원들도 반기를 들고 링컨을 백악관에서 몰아내려 했다. 링컨은 이렇게 말했다. "우리는 지금 파멸 위기에 놓여 있습니다. 신도 우리 편이 아닌 듯합니다. 한 줄기의 희망도 찾기 힘든 상황입니다." 편지 배경에는 이런 암흑 같은 슬픔과 혼란이 존재했다.

　　이 편지를 실은 이유는 한 장군의 행동에 나라의 운명이 달라질 수 있던 상황에서 제멋대로인 장군을 바로잡기 위해 링컨이 어떤 노력을 했는지가 잘 드러나기 때문이다. 비록 링컨이 대통령이 되고 쓴 가장 신랄한 편지지만, 그는 먼저 후커 장군을 칭찬한 후 실수에 대해 언급했다. 그렇다. 후커는 치명적인 실수를 저질렀다. 그러나 링컨은 그렇게 말하지 않았다. 링컨은 조심스럽게, 기분이 상하지 않게 접근했다. 그는 "장군에게 완전히 수긍할 수 없는 몇 가지 점에 대해 말하고 싶습니다"라며 요령 있고 능숙하게 서두를 끊었다. 링컨은 후커 장군에게 이렇게 편지를 썼다.

> 내가 장군을 포토맥 부대의 지휘관으로 임명한 것은 그럴 만한 이유가 충분하다고 판단했기 때문입니다. 그러나 장군에게 완전히 수긍할 수 없는 몇 가지 점에 대해서도 말하는 게 좋을 것 같군요.
> 장군은 용감하고 노련한 군인입니다. 물론 내가 좋아하는 점이죠. 그리고 자기 일과 정치를 혼동하지 않는 올바른 자세를 지녔습니다. 자신감도 넘치지요. 필수 요소는 아니더라도 가치 있는 자질이라고 생각합니다. 장군의 야심 역시 정도를 넘지 않는다면 득이 될 수 있다고 생각합니다. 그러나 번사이드 장군 휘하에서 장군은 너무 자기 야심만 생각한 나머지

번사이드 장군의 명령을 따르지 않았습니다. 이는 조국뿐만 아니라 뛰어나고 영예로운 동료 장군에게도 큰 잘못입니다. 믿을 만한 정보에 따르면 장군이 최근에 정부와 군대 모두 절대 권력자가 필요하다고 했다더군요. 나는 '그래서' 당신을 장군으로 임명한 것이 아니라 '그런데도' 지휘관 직을 맡긴 겁니다. 성공한 장군들만이 절대 권력도 세울 수 있습니다. 내가 지금 장군에게 원하는 건 군사적 승리입니다. 승리를 거둘 수 있다면 절대 권력의 위험이라도 감수하겠소.

정부도 최선을 다해 장군을 돕겠습니다. 지금까지 그래왔듯 앞으로도 모든 지휘관을 성심껏 지원할 것입니다. 내가 우려하는 점은 장군이 그동안 다른 지휘관을 비판하고 신뢰하지 않는 분위기를 군에 조성한 것이 이제 당신을 향할 수 있다는 것입니다. 나 역시 할 수 있는 한 이를 잠재우도록 도울 것이오. 그런 분위기가 팽배한 군에서는 장군뿐만 아니라 나폴레옹이 살아온다 해도 좋은 결과를 얻기 힘들 겁니다. 그러니 이제 분별 있게 행동해주시오. 경솔하지 않되 전력을 다하고, 끊임없이 적을 경계하며 우리에게 승리를 안겨주기 바랍니다.

자, 물론 여러분은 쿨리지, 매킨리, 링컨이 아닌 만큼 이런 원칙이 일상에서 일로 만나는 사람들에게도 통할지 궁금할 것이다. 과연 그럴까? 필라델피아 워크사에서 일하는 W.P. 고의 사례를 살펴보자. 워크사는 필라델피아에 큰 사무용 건물을 특정 날짜까지 완공하기로 계약을 맺었다. 모든 게 순조롭게 진행되었고 건물도 완공을 앞두고 있었다.

그런데 갑자기 외벽 청동 장식을 맡은 업자가 일정 내에 공사를 끝낼 수 없다는 소식을 통보했다. 뭐라고! 그러면 완공이 미루어지잖아! 엄청난 위약금에 어마어마한 손실은 어떡하고! 한 사람 때문에 이런 일이 벌어지다니! 장거리 전화로 고성이 오가고 과열된 논쟁을 벌였지만 소용없었다. 결국 고 씨가 뉴욕에 총대를 매고 들어갔다.

고 씨는 하청 업체의 사장을 만나 인사를 나눈 후 바로 이렇게 물었다. "브루클린에 사장님 이름은 단 한 명밖에 없는 거 알고 계셨나요?" 사장은 놀라며 답했다. "아니요, 몰랐습니다." "그게, 아침에 열차에서 내려 주소를 찾기 위해 전화번호부를 뒤졌습니다. 그랬더니 브루클린 전화번호부 책에 사장님 이름은 단 한 명이지 뭡니까." 고 씨는 답했다. "전혀 몰랐네요." 하청 업체 사장은 관심을 보이며 전화번호부를 흥미진진하게 뒤적였다.

"사실 흔치 않은 이름이기는 합니다." 사장은 자랑스럽게 말했다. "저희 집안은 200년 전에 네덜란드에서 넘어와 뉴욕에 자리를 잡았죠." 그는 몇 분 동안 자기 집안과 조상 이야기를 이어갔다. 그의 말이 끝나자 고 씨는 자신이 방문한 여러 동종 업계 공장과 비교해 그의 공장 규모가 대단하다며 감탄했다. "제가 본 청동 공장 중 가장 깨끗하고 정리가 잘 되어 있네요." "제 평생을 이 사업을 일구는 데 바친 만큼 꽤 자부심이 있답니다. 공장을 한번 둘러보시겠습니까?" 사장은 말했다.

공장을 둘러보는 와중에도 고 씨는 공장의 용접 시스템과 경쟁 업체보다 뛰어난 점을 칭찬했다. 처음 보는 기계들에 대해서도 언급하자 사장은 자신이 직접 발명한 제품임을 밝혔다. 그는 상당한 시간을 들여 고 씨에게 기계 작동법과 우수한 성능을 보여주었다. 그러고는 점심을 꼭 같이하자고 고집했다. 이때까지 고 씨는 자신이 방문한 진짜 목적에 관해서는 한 마디도 꺼내지 않았다는 점에 주목하자.

점심 식사 후, 사장은 말했다. "자, 이제 일 이야기를 해봅시다. 당신이 왜 여기까지 왔는지 당연히 알고 있습니다. 사실 오늘 미팅이 이렇게 즐거울지 몰랐네요. 필라델피아로 안심하고 돌아가십시오. 다른 주문이 밀리는 한이 있더라도 당신 회사의 물건은 꼭 완성해서 보내드리겠다고 약속드리죠." 고 씨는 어떠한 강요도 없이 원하던 결과를 달성했다. 실제로 물건은 제날짜에 도착했고, 건물도 계약에 명시된 날짜에 완공되었다.

그러나 같은 상황에서 흔히 취하는 강압적인 방법을 선택했다면 이런 결과가 나왔을까? 뉴저지주 포트 몬머스의 신용조합 지점장인 도로시 우르블루스키는 수업에서 직원의 생산성 향상을 도운 경험담을 들려주었다.

"최근에 저희는 젊은 여성 한 명을 수습 직원으로 채용했습니다. 그 직원은 고객 대응도 잘했고, 업무도 정확하고 효율적으로 처리했어요. 문제는 마감 후 정산할 때였습니다. 팀장이 와서 이 직원과는 같이 일할 수 없겠다고 강력히 말하더군요. '정산 속도가 너무 느려서 다른 사람들도 일을 못 끝내고 있어요. 반복해서 보여줘도 알아듣지를 못하네요. 해고하시죠.'

다음 날 저는 그 수습 직원이 일하는 모습을 지켜보았습니다. 그는 정확하고 빠르게 일상적인 거래 업무를 처리했습니다. 고객들에게도 매우 사냥했죠. 그리고 곧 정산 처리가 느린 원인을 발견했습니다. 영업이 끝난 후 저는 수습 직원에게 다가갔습니다. 매우 초조하고 긴장한 듯한 그에게 저는 먼저 칭찬을 건넸습니다. 친절하고 유쾌하게 고객을 대하고, 업무 처리도 빠르고 정확하다고요. 그런 다음에는 정산하는 과정을 같이 살펴보자고 했죠. 제가 자신을 믿는다는 확신을 주자 직원도 훨씬 수월하게 이해하며 정산 방법을 터득했습니다. 그 이후로는 지금까지 문제없이 일을 잘하고 있습니다."

칭찬으로 시작하는 것은 치과 의사가 치료에 앞서 마취제를 놓는 것과 같다. 마취를 하면 이에 드릴이 닿아도 고통이 덜하다. 리더는 이렇게 사람을 다루어야 한다.

원칙 1 칭찬과 진심 어린 인정으로 말을 시작하라.
Begin with praise and honest appreciation.

2

미움을 사지 않고
비판하는 법

찰스 슈와브는 점심 무렵 자신의 제철소를 거닐다 직원들이 담배를 피우는 모습을 보았다. 직원들의 머리 바로 위에 금연 표지판이 붙어 있는데도 말이다. 그러나 슈와브는 표지판을 가리키며 "이거 안 보이나?"라고 말하지 않았다. 그저 그들에게 걸어가 시가를 하나씩 건네며 말했다. "이건 자네들이 밖에서 펴주면 고맙겠네." 직원들은 규칙을 어긴 걸 알면서도 아무 말 없이 작은 선물을 주며 자신을 존중해준 슈와브를 우러러보았다. 이런 사람을 누가 좋아하지 않겠는가?

존 워너메이커도 같은 방법을 사용했다. 그는 매일 필라델피아에 있는 자신의 백화점을 둘러보았다. 한번은 고객이 계산대에 서 있는데도 대응하는 직원이 아무도 없는 장면을 목격했다. 직원들은 어디 있었을까? 그들은 구석에 옹기종기 모여 깔깔거리며 잡담 중이었다. 그러나 워너메이커는 아무 말도 하지 않았다. 그는 계산대 뒤쪽으로 살짝 들어가 직접 손님을 응대한 후, 직원에게는 포장을 부탁한다며 제품을 건네주고 떠났다.

공직자는 만나기 힘들다는 이유로 지역 주민에게 비난받을 때가 많다. 일정이 바쁘기도 하고, 많은 방문자로 상사를 힘들게 하고 싶지 않은 보좌진의 과잉보호 탓도 있다. 디즈니 월드의 본고장인 플로리다주 올랜도의 시장이었던 칼 랭포드의 이야기를 들어보자.

랭포드는 수년간 직원들에게 열린 정책을 주장하며 주민들과 소통하겠다고 말했다. 그러나 비서관과 사무관은 그를 찾아오는 지역 주민들을 막았다. 결국 시장이 찾은 해결책은 자기 사무실의 문을 아예 없애는 것이었다! 그러자 보좌진들은 비로소 그 의미를 헤아리게 되었고, 시장 역시 상징적인 의미로 문을 없앤 후부터는 진정으로 열린 정책을 펼쳐나갔다.

다른 사람을 설득하는 일의 성공 여부는 어떤 세 글자 단어를 사용하는가에 따라 갈릴 때가 많다. 우리는 대부분 비난에 앞서 칭찬을 한 후 '그러나'라는 단어를 붙여 못한 점을 지적한다. 예를 들어 집중해서 공부하지 않는 아이의 태도를 바꾸고 싶을 때면 보통 이런 식으로 말하고는 한다. "조니야, 이번 학기에 성적이 많이 올랐구나. 아빠와 엄마는 네가 정말 자랑스럽단다. 그러나 수학을 좀 더 열심히 했으면 결과가 더 좋았을 거야."

'그러나'라는 세 글자를 듣기 전까지 매우 기뻤던 조니는 이제 칭찬의 진정성에 의문이 생긴다. 마치 비난이라는 본론을 위해 서론에 칭찬을 둔 것처럼 느껴지기 때문이다. 그렇게 되면 말의 신뢰성이 떨어지고, 조니를 더 열심히 공부하게 만들려는 목적도 달성하기 힘들다.

이때 '그러나'를 '그리고'라는 세 글자로만 바꾸어도 상황은 쉽게 달라질 수 있다. "조니야, 이번 학기에 성적이 많이 올랐구나. 아빠와 엄마는 네가 정말 자랑스럽단다. 그리고 지금처럼 다음 학기에도 열심히 노력한다면 다른 과목만큼 수학 점수도 올라갈 거야." 뒤에 실패를 언급하지 않았기 때문에 조니는 칭찬을 받아들일 테고, 바꾸었으면 하는 행동도 돌려서 알려주었으므로 기대에 부응하려 노력할 것이다.

간접적으로 잘못을 알려주는 방법은 직접적인 비난에 분개하는 예민한 이들에게 특히 효과적이다. 로드아일랜드주 운소켓에 사는 마지 제이컵은 집 증축 공사 중 인부들이 뒷정리하게끔 만든 방법을 우리 수업에서 들려주었다.

공사가 시작되고 얼마 후, 제이컵은 직장에서 돌아와 나무토막으로 가득한 앞뜰을 마주했다. 제이컵은 일 잘하는 인부들에게 반감을 사고 싶지 않았다. 그래서 인부들이 퇴근한 후 아이들과 함께 나무토막을 모두 주워 한쪽 구석에 쌓아놓았다. 다음 날 아침, 제이컵은 감독관을 따로 불러 말했다. "지난밤 앞뜰을 깨끗하게 치워주셔서 정말 기쁘네요. 보기에도 좋고 깔끔하니 이웃들에게 폐도 덜 갈 것 같고요." 그날부터 인부들은 나무토막을 한쪽으로 치워놓았으며, 감독관은 매일 작업 종료 후 앞뜰의 상태가 괜찮은지 제이컵에게 확인받았다.

머리 모양은 예비군과 정규 부대 교관 사이에 자주 일어나는 논쟁 중 하나다. 예비군은 자신을 민간인이라 생각하므로 머리를 짧게 자르기 싫어한다. 542 미국 예비군 교육대의 할리 카이저 상사는 예비군 부사관들을 교육하며 이 문제에 봉착했다. 카이저는 고참 상사이므로 부대원에게 고함을 치고 협박할 거라고 생각할 수도 있겠지만, 그는 우회적으로 자신의 의견을 전달하는 방법을 택했다.

"여러분은 리더다. 뛰어난 리더는 모범을 보이며, 여러분은 부하에게 모범을 보일 의무가 있다. 모두 머리 모양에 관한 군의 규칙을 알 것이다. 나는 여기 몇 사람보다 머리가 훨씬 짧은데도 오늘 이발을 하러 간다. 거울 속 모습을 한번 보라. 머리를 다듬어 모범을 보이고 싶은 사람이 있다면 군대 내 이발소에 다녀올 시간을 주겠다."

결과는 예상한 대로다. 여러 부사관이 거울로 자신의 머리 상태를 확인하고, 그날 오후 이발소에 가 규칙에 맞게 머리를 다듬었다. 다음 날 아침, 카이저 상사는 발전된 리더십 자질을 보여 준 대원들이 있다며 칭찬했다.

1887년 3월 8일, 달변가 헨리 워드 비처 목사가 사망하자 라이먼 애벗은 비처의 죽음으로 공석이 된 일요일 연단에 설교자로 초대받았다. 최선을 다하고 싶은 마음에 비처는 세심한 작가 플로베르만큼 연설문을 계속해서 다듬었다. 그런 다음 아내에게 읽어주었지만 많은 글로 쓴 설교문이 그렇듯 형편없었다. 아내가 경솔한 사람이었다면 이렇게 말했을 것이다. "라이먼, 정말 형편없네요. 이렇게는 안 돼요. 사람들이 다 졸걸요. 마치 백과사전을 읽는 것 같아요. 설교를 그렇게 오랫동안 했는데 이것보다는 나아야 하지 않겠어요? 아니 정말, 좀 사람처럼 자연스럽게 말해봐요. 이대로 읽었다가는 망신만 당할 거예요."

하지만 그렇게 말했다면 어떤 결과가 나올지는 안 봐도 뻔했다. 아내 역시 이를 잘 알았고, 그래서 남편의 글이 문예지인

《노스 아메리칸 리뷰》에 실리면 아주 좋을 내용이라고 말했다. 즉 칭찬과 동시에 연설문으로는 적당하지 않다는 점을 넌지시 알려준 것이다. 무슨 뜻인지 알아들은 애벗은 열심히 준비한 원고를 찢어버렸다. 그리고 원고 없이 연설을 진행했다. 바로 이것이 다른 사람의 잘못을 알려주는 효과적인 방법이다.

원칙 2   상대의 잘못을 간접적으로 알려주라.

Call attention to people's mistakes indirectly.

3

당신의 잘못을 먼저 말하라

조카 조세핀 카네기가 내 비서로 일하러 뉴욕에 왔다. 열아홉 살인 조세핀은 3년 전 고등학교를 졸업했지만 사회생활 경험은 거의 없었다. 지금은 정말 유능한 비서지만 처음에 조세핀은… 개선할 점이 참 많았다. 하루는 조카를 야단치려다 문득 이런 생각이 들었다. '잠깐, 데일 카네기. 이러면 안 되지. 자네는 조세핀보다 나이가 두 배나 많고 사회생활 경험은 1만 배나 많다고. 어떻게 네 관점에서, 네 판단과 똑같이, 너처럼 적극적으로 행동할 거라 기대하나? 그게 평범한 수준이라 해도 말이야. 생각해봐, 데일. 네가 열아홉 살 때 무엇을 하고 있었는지. 네가 저지른 바보 같은 실수를 기억해봐. 너도 이런저런 잘못을 많이 저질렀잖아.'

상황을 솔직하고 공평하게 살펴본 후 나는 조세핀이 내 열아홉 살 시절보다는 평균적으로 더 낫다고 결론지었다. 그리고 부끄럽지만 조세핀에게 칭찬을 많이 못 해준 것 같다는 생각도 들었다. 그 후 조세핀의 실수를 알려주고 싶을 때는 이렇게 말을 꺼냈다.

"조세핀, 실수를 저질렀구나. 하지만 과거에 내가 한 수많은 실수에 비하면 아무것도 아니란다. 판단력은 타고나는 게 아니라 경험으로 길러지는 거니까. 네 나이 때 나보다 지금의 네가 훨씬 나아. 나도 예전에는 바보 같고 어리석은 실수를 자주 저질렀단다. 그래서 너나 다른 누구든 나무라고 싶지 않아. 그래도 이건 이런 식으로 했으면 더 나았겠지?"

상대방이 먼저 자신도 완벽하지 않다는 걸 겸손히 인정한 후 당신의 잘못을 열거하면 좀 더 쉽게 받아들일 수 있을 것이다.

캐나다 매니토바주 브랜던에 사는 E.G. 딜리스톤은 새 비서 때문에 골치가 아팠다. 편지를 받아쓴 뒤 자신의 서명을 받고자 책상에 올려둔 것을 보면 쪽마다 오타가 두세 개씩 있었다. 딜리스톤은 이 상황을 어떻게 해결했는지 들려주었다.

"다른 엔지니어들처럼 저도 영어나 철자를 특출나게 잘 쓰는 편은 아니었습니다. 그래서 수년간 철자가 헷갈리는 단어를 적은 검은색 소형 사전을 지니고 다녔어요. 오타를 지적해도 비서가 좀 더 검토하고 사전을 찾는 작업을 하지 않자, 저는 다른 방법을 취해보기로 했습니다. 물론 다음번 편지에도 오타가 있었고 비서를 앞에 앉혀두고 말했죠.

'이 단어는 철자가 틀린 거 같아. 나도 자주 헷갈리는 단어거든. 그래서 이렇게 내 전용 철자 사전을 만들었지.' 저는 사전의 해당 쪽을 보여주며 말했습니다. '그래, 여기 그 단어가 있네. 사람들은 편지로 우리를 판단하고 오타를 보면 전문적이지 않다고 여기기도 하지. 그래서 나는 철자에 매우 주의하는 편이라네.' 비서가 제 방식을 따라 했는지는 모르겠지만 그 이후로는 오타가 현저히 줄었습니다."

기품 있던 베른하르트 폰 뷜로 후작은 자신의 잘못을 먼저 말하는 중요성을 1909년에 명확히 깨달았다. 그는 당시 독일 제국의 수상이었고, 왕위에는 오만하기 짝이 없는 빌헬름 2세가 앉아 있었다. 빌헬름 2세는 독일의 마지막 황제로, 막강한 육군과 해군을 육성했다.

그러던 어느 날, 경악할 사건이 벌어졌다. 빌헬름 2세가 엄청난 발언을 한 것이다. 유럽 대륙을 강타하고 전 세계 곳곳에 분쟁을 일으킬 수 있는 발언이었다. 그는 이 어리석고 자기중심적이며 말도 안 되는 이야기를 영국에 국빈으로 있는 동안 공개적으로 발언하고 《데일리 텔레그래프》에 실어도 좋다며 허락까지 해 상황은 더 좋지 않았다.

예를 들면 이런 발언이었고, 이외에도 더 많았다. "영국인에게 우호적인 독일인은 내가 유일하다" "일본의 위협에 대응하기 위해 해군을 키우는 중이다" "영국이 러시아와 프랑스에 짓밟힐 뻔한 걸 내가 구해주었다" "영국의 로버츠 경이 남아프리카의 보어인을 무찌를 수 있던 것도 내 작전 때문이다."

평화가 유지되던 근 100년 동안 유럽의 어떤 왕도 그런 놀라운 발언을 한 적이 없었다. 유럽 전역이 벌집을 쑤신 듯한 분노로 들썩였다. 영국인들은 분개했고 독일의 정치가들은 기막혀했다. 이 혼란의 소용돌이에서 매우 당황한 황제는 수상인 폰 뷜로 후작에게 책임을 대신 지라고 요청했다. 그렇다. 뷜로가 모두 자기 탓이며, 황제에게 그러한 발언을 하게 조언한 것도 자신이라고 해주기를 원한 것이다.

"그렇지만 폐하, 독일과 영국의 그 누구도 제가 그런 말을

하게끔 조언했다는 걸 믿지 않을 겁니다." 말을 꺼낸 동시에 뷜로
는 자신이 엄청난 실수를 저질렀음을 깨달았다. 황제는 분노했다.
"나를 멍청이 취급하다니! 당신이라면 절대 안 할 그런 실수를 내
가 했다는 거로군!" 뷜로는 비난하기 전에 칭찬을 먼저 해야 했다
고 생각했지만 이미 너무 늦어버린 상황이었다. 그래서 비난 후에
칭찬을 건네는 차선책을 택했다. 그러자 마법 같은 효과가 일어
났다.

"그런 게 전혀 아닙니다." 뷜로는 정중하게 답했다. "폐하
는 많은 면에서 저보다 훨씬 뛰어나십니다. 해군과 군사 지식뿐
만 아니라 자연과학 분야에도 해박하시지요. 폐하께서 기압계,
무선전신, 엑스선에 관해 설명하시는 걸 들으며 감탄한 적도 많
습니다. 부끄럽지만 저는 모든 자연과학 분야의 문외한입니다.
화학이나 물리학 외에도 아주 간단한 자연현상의 원리조차 설명
하기 힘듭니다. 그러나 대신 저는 약간의 역사적 지식이 있고, 정
치학 가운데 외교에 유용한 자질을 조금 지니고 있지요."

뷜로의 말을 들은 황제의 얼굴이 환해졌다. 뷜로는 황제를
칭찬했다. 황제를 칭송하며 자신은 낮추었다. 황제는 그 후 어떤
것이든 용서할 수 있었다. "내가 누누이 말하지 않았는가!" 그는
신나서 목소리를 높였다. "우리는 서로를 아주 잘 보완해준다고.
그러니 계속 함께해야 하오. 앞으로도!" 황제는 뷜로의 손을 잡
고 흔들었다. 그것도 한 번이 아니라 여러 번을. 그리고 그날 오
후 아주 열정적으로 두 주먹을 불끈 쥐며 소리쳤다. "그 누구라도
내게 뷜로 후작을 나쁘게 말하는 사람이 있다면 혼쭐을 내줄 것
이다."

다행히 뷜로는 제때 위기를 모면했다. 그러나 뷜로처럼 노련한 외교가도 처음에는 실수를 저질렀다. 황제가 얼간이라는 암시를 비추기 전에 자신의 부족한 점과 황제의 뛰어난 점을 먼저 말해야 했던 것이다. 자신을 낮추고 상대를 높이는 몇 마디 말로 모멸감을 느낀 오만한 황제를 충직한 친구로 만들 수 있다면, 겸손과 칭찬이 우리가 일상에서 만나는 이들에게 어떤 작용을 할지 상상해보자. 제대로만 사용한다면 겸손과 칭찬은 인간관계의 진정한 기적을 불러올 것이다.

자기 잘못을 인정하는 것은 다른 이의 행동을 바꾸는 데도 도움이 된다. 설사 그 잘못을 아직 고치지 못했을 때도 말이다. 메릴랜드주 티모니움에 사는 클래런스 제르후센도 최근에 비슷한 경험을 했다. 바로 열다섯 살인 아들이 담배를 피우기 시작했다는 걸 발견하고 나서다.

"당연히 저는 아들 데이비드가 담배를 피우지 않기 바랐습니다. 하지만 저희 부부는 모두 흡연자예요. 결국 저희가 내내 나쁜 본보기를 보여준 셈이죠. 저는 아들에게 그 나이 때 담배를 시작한 계기와 좋았던 건강을 니코틴이 어떻게 해쳤는지, 이제는 금연이 얼마나 힘든지 설명했습니다. 담배 때문에 기침을 자주 한 탓에 데이비스가 불과 몇 년 전까지만 해도 저를 쫓아다니며 담배를 끊으라고 말한 일을 상기시켰죠. 저는 아들에게 담배를 끊으라고 설교하거나 위험성을 경고하고 위협하지 않았습니다. 오직 제가 어떻게 담배에 빠졌고, 그게 제게 어떤 영향을 주었는지 말했죠.

아들은 잠시 생각하더니 고등학교를 졸업할 때까지 담배

4부 사람의 변화를 이끄는 리더가 되는 9가지 원칙

를 피우지 않겠다고 다짐했습니다. 그 후 오랜 시간이 지나도 데이비드는 담배에 다시 손을 대지 않았고, 그럴 마음도 먹지 않았습니다. 그 대화를 한 후 저 역시 담배를 끊기로 다짐했고요. 다행히 가족들의 응원 속에서 금연에 성공했답니다."

원칙 3 다른 사람을 비난하기 전에 자기 잘못부터 말하라.

Talk about your own mistakes before criticizing the other person.

명령받기 좋아하는
사람은 없다

　한번은 미국을 대표하는 전기 작가 아이다 타벨과 저녁을 함께하는 영광을 누렸다. 내가 이 책을 집필 중이라고 말하자, 우리의 대화는 사람을 대하는 법에 관한 주제로 옮겨갔다. 아이다는 자신이 법률가 오언 D. 영의 전기를 집필할 때 오언과 같은 사무실에서 3년간 함께 일한 사람을 인터뷰했다고 한다. 그는 함께 일하는 동안 오언이 그 누구에게도 직접적인 명령을 내리는 걸 본 적이 없다고 했다.

　오언은 항상 명령이 아닌 제안을 했으며 "이렇게 해, 저렇게 해"라든지 "이거 하지 마, 저거 하지 마" 같은 말을 입에 담지도 않았다. 대신 "이렇게 한번 생각해보세요"나 "그게 더 좋을 거 같나요?"라고 말했다. 편지를 쓴 후에도 "어떻게 생각합니까?"라고 자주 의견을 물었다. 직원이 쓴 편지를 검토할 때는 "여기는 이런 식으로 표현하면 더 좋을 것 같군"이라고 말했다. 항상 다른 이들이 직접 일을 할 수 있도록 기회를 준 것이다. 그는 부하 직원에게 명령하지 않았다. 본인이 일을 하고 실수에서 직접 배우도록 했다.

이 기법은 상대방이 실수를 쉽게 바로잡을 수 있게 한다. 상대의 자존심도 살려주고 중요한 사람으로 존중받는다는 느낌도 준다. 즉 반발심이 아닌 협동심을 이끈다. 공격적인 명령을 받고 느낀 분노는 오래간다. 정말 나쁜 상황을 바로잡기 위해 내린 명령일지라도 그렇다. 펜실베이니아주 와이오밍의 직업학교 선생인 댄 산타렐리는 한 학생이 매점 앞에 불법 주차를 해 길을 막은 사건을 들려주었다.

다른 교사 한 명이 교실로 씩씩대며 들어와 거만한 목소리로 물었다. "진입로 가로막고 있는 차, 누구 거야?" 차 주인인 학생이 대답하자 그 교사는 고함을 쳤다. "당장 차 옮겨. 아니면 체인을 감아서 끌어내릴 거다." 물론 학생은 잘못을 저질렀다. 차를 그곳에 주차해서는 안 됐다. 그러나 그날부터 그 학생뿐만 아니라 반 전체가 교사의 행동에 분개해 갖은 방법으로 교사를 힘들고 불쾌하게 했다.

이 교사는 어떻게 문제를 해결해야 했을까? "진입로에 있는 차는 누구 거니?"라고 온화하게 물어보고 다른 차가 진입할 수 있게 옮겨주면 좋겠다고 제안했다면, 학생도 기꺼이 차를 옮기고 반 아이들도 화내거나 분노하지 않았을 것이다.

질문으로 말을 시작하면 명령이 좀 더 기분 좋게 들릴 뿐만 아니라 상대방의 창의적인 생각도 자극한다. 사람은 명령을 실행하는 결정에 본인이 직접 참여하면 더 잘 받아들인다. 남아프리카 요하네스버그에 살며 정밀기계 부품을 전문으로 제조하는 업체의 공장장인 이안 맥도널드는 어느 날 매우 많은 수량의 주문이 들어온 것을 확인했다. 아무래도 납품 기한을 맞추기에는 빠듯한 듯했다. 이미 계획된 업무와 이 주문의 촉박한 마감 기한을 고려하면 불가능한 일로 보였다.

맥도널드는 직원들에게 더 빨리 작업하고 주문을 신속히 처리하라며 밀어붙이는 대신 모든 직원을 모아 상황을 설명했다. 그리고 기한 내에 주문을 맞출 수 있다면 우리와 회사에 큰 의미가 있을 거라고 말했다. 그런 후 몇 가지 질문을 던졌다. "우리가 이 주문을 맞추려면 어떻게 해야 할까요?" "주문을 처리하기 위한 다른 공정 방식을 생각해볼까요?" "업무 시간이나 개인 업무를 조정해 주문 처리를 도울 방법이 있을까요?"

직원들은 다양한 아이디어를 내며 이 주문을 받아야 한다고 주장했고 '우리는 할 수 있다'는 자세로 문제에 접근했다. 결국 회사는 주문을 받았고 마감 기한 내에 제작과 배송을 완료했다. 뛰어난 리더가 되고 싶다면 이 원칙을 기억하자.

원칙 4   직접적인 명령 대신 질문을 제시하라.

Ask questions instead of giving direct orders.

4부 사람의 변화를 이끄는 리더가 되는 9가지 원칙

5

상대방의 체면을 세워주라

수년 전 제너럴일렉트릭, 즉 GE는 찰스 스타인메츠를 부서장 자리에서 끌어내려야 하는 민감한 상황을 마주했다. 스타인메츠는 전기 분야에서는 천재 중의 천재로 불렸지만 부서장 역할에는 적합하지 않았다. 그러나 회사는 감히 그를 모욕할 수 없었다. 스타인메츠는 대체 불가한 사람이었고 매우 예민했으므로 회사는 그에게 'GE 고문 엔지니어'라는 새로운 직함을 주었다. 이 새로운 직함 아래서 스타인메츠는 기존에 해오던 일을 했고 부서를 이끄는 일은 다른 이가 맡았다. 스타인메츠는 만족했다. GE 경영진도 만족스러웠다. 가장 괴팍한 스타 직원의 체면을 세워줌으로써 아무 문제없이 원활한 이동을 이끈 것이다.

상대방의 체면을 세워주자! 정말 중요하고도 필수적인 일이다! 그런데도 우리는 이를 얼마나 많이 간과하는가. 우리는 상대의 감정을 짓밟으며 독단적으로 행동하고, 꼬투리를 잡고, 위협을 가한다. 다른 사람 앞에서 아이와 직원을 비난하기도 한다. 상대방의 자존심에 얼마나 상처가 될지는 생각하지 않은 채 말이다.

반면에 잠시 생각을 가다듬고, 사려 깊은 한두 마디 말을 건네고, 상대방의 태도를 진심으로 이해한다면 상처를 훨씬 누그러뜨릴 수 있다. 만약 직원을 해고해야 하거나 질책해야 하는 불편한 상황을 마주하게 된다면 이를 꼭 기억하자. 다음은 공인회계사 마셜 A. 그레인저가 내게 보낸 편지에서 발췌한 내용이다.

"직원을 해고하는 일은 괴롭습니다. 하지만 해고를 당하는 건 더 괴로운 일이죠. 저희 업계는 시기를 많이 탑니다. 그래서 소득세 신고 시기가 지나면 많은 직원을 내보내야 하죠. 저희 업계에서는 흔히들 총대를 매고 감원을 주도하고 싶은 사람은 없다고 말해요. 그래서 가능한 한 빨리 과정을 마무리 짓는 게 일종의 관습이 되었습니다. 보통 이렇게 말하는 겁니다. '스미스 씨, 자리에 앉으세요. 소득세 신고철이 끝나 당신이 맡을 일이 없는 상황입니다. 물론 처음부터 바쁜 시기에만 고용될 걸 아셨겠지만…' 이때 사람들은 낙심하고 실망합니다. 회계 분야에 오래 종사해왔는데, 자신을 그렇게 쉽게 버리는 회사에는 특별한 애정을 느낄 수가 없죠.

그래서 최근에 저는 임시직 직원을 내보낼 때 좀 더 현명하고 사려 깊게 접근하기로 다짐했습니다. 그래서 각 직원이 겨울 동안 한 업무를 곰곰이 생각한 후 한 명씩 불렀어요. 그리고 진짜로 일을 잘했을 경우에는 이런 식으로 말했습니다. '스미스 씨, 업무를 잘 해내주셔서 감사합니다. 지난번 뉴어크에서 맡은 업무는 특히 어려웠죠. 힘든 상황에서도 성공적으로 일을 처리해내 회사도 무척 자랑스러웠습니다. 뛰어난 능력을 지닌 만큼 어디서든 건승하시리라 믿습니다. 우리 회사가 항상 스미스 씨를 신뢰하고 응원하고 있음을 기억해주십시오.'

결과는 어땠을까요? 직원들은 해고를 훨씬 수월하게 받아들이며 떠났습니다. 절망하지 않았어요. 업무가 계속 있었다면 회사가 고용을 유지했을 거라는 걸 이해했기 때문이죠. 그래서 회사에 다시 필요한 업무가 생겼을 때 더 특별한 애정을 가지고 돌아와 일할 수 있었습니다."

하루는 우리 수업에서 수강생 두 명이 상대의 실수를 비난하는 일의 부정적 영향과 체면을 세우는 일의 긍정적 효과를 논의했다. 펜실베이니아주 해리스버그에 사는 프레드 클라크는 자기 회사에서 일어난 한 사건을 들려주었다.

"생산 회의를 할 때였어요. 부사장이 생산관리자에게 생산공정에 관한 날카로운 질문을 던졌죠. 부사장은 공격적인 목소리로 관리자의 잘못을 파고들었습니다. 동료들 앞에서 창피당하기 싫은 마음에 관리자는 대답을 회피했죠. 그러자 부사장은 이성을 잃고 관리자를 호되게 질책하며 거짓말을 한다고 비난했습니다.

이 사건 전까지 두 사람이 회사에서 쌓아왔던 관계는 한순간에 산산조각 났습니다. 좋은 직원으로 평가받던 관리자가 한순간에는 쓸모없는 사람이 된 겁니다. 몇 달 뒤, 그는 회사를 떠나 경쟁사로 갔습니다. 아마 그곳에서 일을 아주 잘하고 있을 겁니다."

다른 수강생인 안나 마조네는 자기 직장에서도 비슷한 일이 있었지만 다른 방식을 취해 반대의 결과가 나왔다고 말했다. 마조네는 식품 포장 업체에서 마케팅 전문가로 근무 중이다. 그가 처음 맡은 중요한 임무는 신제품 테스트 마케팅이었다.

"테스트 결과를 보고 절망했어요. 계획을 세울 때 제가 중대한 실수를 한 거죠. 테스트를 전부 다시 해야 할 판이었습니다.

더 절망적인 건 결과를 발표하는 회의 전까지 상사와 논의할 시간이 없었다는 겁니다. 결과를 보고하라고 하자 두려움에 온몸이 떨렸죠. 저는 마음을 다잡으려 애썼어요. 울지 않겠다고 다짐했습니다. 회의실에 앉은 사람들에게 여성은 너무 감정적이라 관리직을 맡길 수 없다는 말을 들을 수는 없었죠. 저는 보고를 짧게 끝내고 오류가 있기 때문에 다음 회의에서 다시 결과를 보고하겠다고 했습니다. 발표를 끝내고 앉으며 상사가 불같이 화를 낼 거라 생각했죠. 그런데 상사는 제게 고생했다며, 새로운 프로젝트를 맡으면 실수할 수 있는 법이라고 말했습니다. 재조사한 보고서는 내용도 정확하고 회사에 많은 도움이 될 거라 믿는다고 했죠. 모든 동료 앞에서 저를 신뢰하고, 최선을 다한 것을 인정하며 실수의 원인이 제 능력이 아닌 단지 경험 부족 때문이라는 확신을 준거죠. 덕분에 저는 자신감에 가득 차 회의실을 나올 수 있었습니다. 그리고 절대 제 상사를 실망시키지 않겠다고 다짐했죠."

내가 옳고 상대가 전적으로 틀린 상황일지라도 상대의 체면을 깎는 행동은 자존심을 다치게 할 뿐이다. 전설적인 프랑스 비행사이자 작가인 앙투안 드 생텍쥐페리는 이런 글을 썼다.

"내게는 상대를 과소평가하게 만드는 말이나 행동을 할 권리가 없다. 내가 그를 어떻게 생각하는지는 중요하지 않다. 그가 자신을 어떻게 생각하는지가 중요하다. 사람의 존엄성을 훼손하는 건 범죄다."

원칙 5 상대방의 체면을 세워주라.

Let the other person save face.

다른 이를 성공으로
이끄는 방법

내게는 피트 발로라는 오랜 친구가 있다. 피트는 동물 쇼를 기획해 서커스와 곡예단을 따라다니며 한평생을 살았다. 나는 피트가 공연을 위해 새로운 개를 훈련시키는 모습을 즐겁게 구경했다. 개가 아주 작은 발전이라도 보이면 피트는 쓰다듬으며 칭찬했고 간식을 주며 대견해했다. 이건 새로운 방법이 아니다. 동물 훈련가들은 수십 년간 이 방법을 사용해왔다.

그런데 왜 똑같은 방식을 사람에게는 적용하지 않는 걸까? 왜 채찍 대신 당근을, 비난 대신 칭찬을 사용하지 않는 걸까? 아주 작은 발전에도 칭찬한다면 사람들은 더 나아지기 위해 분발할 것이다. 심리학자 제스 레어는 저서 『대단하지 않지만 나는 내가 가진 전부다 Ain't Much, Baby-But I'm All I Got 』에서 이렇게 말했다. "칭찬은 따뜻한 우리 영혼의 햇볕과도 같다. 그래서 칭찬 없이는 자랄 수도, 꽃을 피울 수도 없다. 그런데도 우리는 남에게 비난이라는 찬바람을 불어대고, 칭찬이라는 따뜻한 햇볕을 주는 데는 인색하다."

인생을 돌이켜보면 칭찬 몇 마디에 내 미래가 송두리째 바뀐 일이 있었다. 당신도 살면서 비슷한 경험을 한 적이 있지 않은 가? 역사에도 칭찬으로 인해 마법 같은 놀라운 일이 벌어진 사례가 가득하다.

예를 들자면 이러하다. 오래전 열 살 난 소년이 네이플스에 위치한 공장에서 일하고 있었다. 소년의 꿈은 가수였지만 처음 가르쳐준 선생님이 사기를 꺾었다. "너는 노래는 아닌 것 같다. 일단 목소리가 안 좋거든. 문틈으로 새어 나오는 바람 소리 같구나." 그러나 가난한 농부였던 어머니는 아이를 안아주며 칭찬했다. 자기 생각에는 소년이 노래도 잘하고, 벌써 실력이 많이 좋아진 것 같다고 말했다. 아이의 어머니는 열심히 일해 교습 비용을 모으기도 했다. 어머니의 칭찬과 격려는 아이의 인생을 바꾸었다. 자, 이 소년의 이름은 무엇일까? 바로 엔리코 카루소다. 훗날 당대 최고의 오페라 가수로 이름을 날린 그 엔리코 카루소다.

19세기 초, 런던의 한 젊은이는 작가가 되고 싶었다. 그러나 모든 일이 뜻대로 풀리지 않았다. 학교는 4년밖에 다니지 못했고 빚을 갚지 못한 아버지는 교도소에 갇혔다. 굶주림에 시달리던 청년은 겨우 일자리를 구했지만, 쥐가 득실한 창고에서 검정 구두약 용기에 상표를 붙이는 일이었다. 밤에는 음울한 다락방에서 런던 빈민가 출신의 부랑아 두 명과 함께 지냈다.

자신의 글쓰기 실력에 확신이 없던 이 젊은이는 아무도 비웃지 못하도록 한밤중에 몰래 나가 첫 원고를 출판사로 보냈다. 하지만 계속 거절당했다. 그러다 마침내 한 작품이 채택되는 영광스러운 날이 찾아왔다. 원고료는 한 푼도 못 받았지만 편집자 한 명이 그를 칭찬하고 인정해주었다. 그는 너무 감격해 눈물을 흘리며 거리를 정처 없이 걸었다. 그의 글이 세상에 나오자 청년은 많은 칭찬과 인정을 받았고 그 후의 인생도 완전히 달라졌다. 편집자의 격려가 없었다면 그는 쥐가 들끓는 공장에서 한평생 일했을지도 모른다. 당신도 그의 이름을 들어보았을 것이다. 그는 바로 작가 찰스 디킨스다.

런던에 사는 또 다른 소년은 직물 상점 점원으로 일하며 생계를 꾸렸다. 소년은 새벽 5시에 일어나 가게를 청소하고 하루에 열네 시간을 노예처럼 일했다. 일은 고되고 단조로워 도저히 참을 수 없을 정도였다. 2년이 흐르자 한계를 느낀 소년은 어느 날 일어나자마자 아침도 건너뛰고 24킬로미터를 걸어 어머니가 가정부로 일하는 곳에 찾아갔다.

미칠 것 같은 마음에 그는 울면서 어머니에게 애원했다. 그곳에서 더 일해야 한다면 차라리 죽는 게 낫다고 호소했다. 그러고는 자신의 옛 선생님에게 너무 비참해 더는 살고 싶지 않다는 슬픈 장문의 편지를 보냈다. 은사는 학창 시절에 그가 매우 똑똑했다며 칭찬을 건넸고, 더 적합한 일자리를 찾는 것이 좋겠다며 교사 일을 제안했다. 이런 칭찬은 소년의 미래를 바꾸었고 영국 문학사에도 영원한 발자취를 남게 했다. 훗날 그가 수많은 베스트셀러 작품을 탄생시키며 펜 하나로 백만장자가 되었기 때문이다. 당신도 들어보았을 그의 이름은 바로 허버트 조지 웰스다.

"비난하지 말고 칭찬하라"는 위대한 심리학자 B.F. 스키너가 가르친 기본 개념이다. 그는 동물과 인간 실험에서 비난은 줄이고 칭찬을 극대화했을 때 좋은 행동은 강화되고 안 좋은 행동은 쇠퇴한다는 사실을 보여주었다.

노스캐롤라이나주 로키마운트에 사는 존 링켈스포는 자녀를 대할 때 이를 적용해보았다. 부모는 자녀와 대화하다 고함을 칠 때가 많다. 하지만 그런 일이 있고 나서 아이들은 더 좋아지기는커녕 나빠지기만 하고, 부모도 기분이 안 좋기는 마찬가지다. 끝없이 반복되는 문제다. 링켈스포는 이 상황을 해결하기 위해 우리 수업에서 배운 원칙을 적용해보기로 했다. 그는 수업에 참여해 경험담을 들려주었다.

"저희 부부는 아이들의 잘못을 계속 지적하기보다는 칭찬을 해주기로 결심했습니다. 그런데 자꾸 단점만 눈에 들어와 칭찬 거리를 찾기가 쉽지 않았죠. 그래도 몇 가지를 칭찬하자 아이들은 매우 거슬리던 행동을 곧 그만두었습니다. 다른 잘못된 행동들도 점차 사라지기 시작했죠. 칭찬이 긍정적으로 작용한 겁니다. 알아서 좋은 행동을 하려 애쓰는 모습도 보였죠. 아내와 저는 정말 놀랐어요. 물론 계속 지속되지는 않았지만 다시 원래대로 돌아가도 상황은 예전보다 훨씬 나았습니다. 이전처럼 아이들을 대할 필요가 없었죠. 아이들은 잘못된 행동보다 올바른 행동을 훨씬 많이 했습니다."

이 모든 것이 아이의 잘못을 사사건건 비난하기보다 조금의 발전이라도 칭찬한 덕분이었다.

직장에서도 마찬가지다. 캘리포니아주 우드랜드 힐스에 사는 키스 로퍼는 이 원칙을 회사에서 발생한 상황에 적용해보았다. 어느 날 그는 자기 인쇄소에서 매우 뛰어난 제작물을 발견했다. 이 제작물을 만든 인쇄공은 그동안 회사에 적응하는 데 어려움을 겪던 신입 직원이었다. 상사는 신입의 태도에 불만이 있었고 진지하게 해고를 고려했다. 이 상황을 들은 로퍼는 직접 신입 직원을 찾아가 만났다. 그리고 그가 만든 제작물이 정말 마음에 들고, 최근 인쇄소에서 본 작업 중 최고라며 칭찬했다. 제작물의 어떤 점이 뛰어난지, 그의 노력이 회사에 어떻게 기여하는지도 구체적으로 말했다.

이후 회사를 향한 신입 직원의 마음은 달라졌을까? 그의 태도는 며칠 만에 완전히 달라졌다. 그는 동료들에게 로퍼와 나눈 대화를 들려주며 그가 좋은 결과물을 어떻게 진심으로 인정해주었는지 설명했다. 그날부터 신입 직원은 헌신적이고 충실한 직원이 되었다. 로퍼가 그저 직원의 기분을 좋게 해주기 위해 '잘한다'고 칭찬한 것은 아니다. 로퍼는 그의 작업물이 왜 훌륭한지를 구체적으로 알려주었다. 그저 일반적인 아첨성 발언이 아니라 구체적인 성과를 꼽았기 때문에 칭찬은 훨씬 의미 있게 다가갈 수 있었다.

우리는 모두 칭찬받기를 원한다. 그러나 상대방은 그 칭찬이 구체적이어야 진심으로 받아들인다. 기억하자. 우리는 감사와 인정을 갈망하며 이를 얻기 위해서라면 어떤 것이든 하려 한다. 그러나 영혼 없는 칭찬을 원하는 이는 없다. 즉 아첨은 필요 없다.

다시 강조하지만 이 책에 나오는 원칙들은 진심에서 우러나올 때만 효과가 있다. 내가 제안하는 건 일련의 묘책이 아닌 삶을 살아가는 새로운 방식이다. 사람을 변화시키는 방법을 논하는 것이다. 우리가 다른 사람의 숨겨진 잠재력을 발휘하게끔 이끈다면 단순한 변화를 넘어 말 그대로 새 사람을 만들 수 있다. 과장 같은가? 그렇다면 미국의 저명한 심리학자이자 철학가인 윌리엄 제임스의 격언을 다시 들어보자.

"우리는 가능성에 비해 절반만 깨어 있다. 자기 신체와 정신적 능력을 아주 조금만 사용한다. 넓은 의미로 해석하자면, 그래서 인간은 자신의 한계에 훨씬 못 미치는 삶을 산다. 많은 능력이 있지만 습관적으로 사용하지 않는다."

그렇다. 이 글을 읽는 당신에게도 습관적으로 사용하지 않는 많은 능력이 있다. 그리고 당신이 최대한으로 사용하지 않는 능력에는 다른 이를 칭찬하고 숨은 가능성을 발현하게끔 이끌어주는 기적의 힘도 포함된다. 능력은 비판 속에서 시들어버리지만 격려 속에서는 활짝 피어난다. 그러니 사람을 잘 이끄는 훌륭한 리더가 되고 싶다면 칭찬을 실천하자.

원칙 6 아주 작은 발전을 포함한 모든 발전을 칭찬하라.
'진심으로 인정하고 폭풍같이 칭찬하라.'
Praise the slightest improvement and praise every improvement.
Be "hearty in your approbation and lavish in your praise."

7

좋은 평판을 부여하라

일을 곧잘 하던 직원이 갑자기 형편없어진다면 어떻게 해야 할까? 해고할 수도 있겠지만 실질적인 해결책은 아니다. 꾸짖을 수도 있지만 이 방법은 분노를 일으킬 뿐이다. 인디애나주 로웰의 대형 트럭 대리점에서 서비스 매니저로 일하는 헨리 헹케 밑에는 성과가 점점 나빠지는 정비공이 있었다. 하지만 헹케는 호통치거나 으름장을 놓는 대신 그를 사무실로 불러 솔직한 이야기를 나누었다.

"빌, 자네는 뛰어난 정비공이네. 상당히 오랫동안 이 일을 해오며 많은 자동차를 수리해 고객을 만족시켰지. 고객들이 자네를 칭찬한 적도 많았다네. 그런데 최근 들어서 일 처리 속도가 늦어지고 결과물도 예전 수준에 못 따라가고 있군. 자네가 정말 뛰어난 정비공이었기 때문에 내 안타까운 마음을 전해야 한다고 생각하네. 우리 함께 이 문제를 해결할 방법을 찾아보세."

빌은 성과가 나빠졌는지 몰랐다며 자신의 전문 분야인 만큼 앞으로 더 열심히 노력하겠다고 상사에게 약속했다. 과연 그는 약속을 지켰을까? 물론이다. 빌은 다시금 신속하고 빈틈없는 정비공이 되었다. 헹케가 부여한 평판에 부응하기 위해 이전 수준으로 성과를 끌어올릴 수 있도록 노력한 것이다.

볼드윈 기관차 회사의 사장이던 새뮤얼 보클레인은 이렇게 말했다. "상대가 당신을 존중하고, 당신도 상대의 특정 능력을 존중한다는 걸 보여주면 그 사람을 쉽게 이끌 수 있다." 다시 말해 상대가 어떤 부분을 개선하기 원한다면, 이미 그 부분이 그 사람의 특출한 장점인 것처럼 이야기하라. 셰익스피어는 말했다. "미덕을 갖추지 못했다 해도 가진 것처럼 행동하라." 그러니 상대가 개선했으면 하는 부분을 이미 갖추었다고 가정하고 공공연히 말해주는 것이 좋다. 그 사람이 부응할 좋은 평판을 제시하자. 그러면 당신의 환상을 깨뜨리고 싶지 않은 그는 엄청난 노력을 할 것이다.

프랑스 가수 조젯 르블랑은 저서 『마테를링크와 함께한 삶을 추억하며My Life with Maeterlinck』에서 벨기에 출신의 초라한 신데렐라가 놀랍게 변신한 이야기를 들려준다.

"근처 호텔에서 허드렛일하는 소녀가 내 식사를 나르는 일을 했다. 부엌일을 거들며 처음 일을 시작한 아이는 '접시닦이 마리'라고 불렸다. 사팔뜨기에 안짱다리였던 마리는 얼굴에 혈색과 생기가 없는 야수 같은 모습이었다. 하루는 빨갛게 부르튼 손으로 마카로니 접시를 든 소녀를 보고 단도직입적으로 말했다. '마리, 너는 네 안에 있는 보물을 아직 모르는 것 같구나.' 자신의 감정을 드러내지 않는 데 익숙한 마리는 무슨 일이 있을까 두려워 미동도 하지 않은 채 가만히 있었다. 그러더니 잠시 후 접시를 식탁에 내려놓고 한숨을 쉬며 순수하게 말했다. '부인께서 그렇게 말씀해주시지 않았다면 절대 몰랐을 거예요.' 마리는 의심을 품지도, 더 묻지도 않았다. 그저 부엌으로 돌아가 내가 한 말을 곱씹었다. 믿음의 힘이 너무도 강력해 누구도 그를 조롱하지 못했다.

그날부터 마리는 좀 더 특별한 대우를 받았다. 그러나 가장 진귀한 변화는 초라했던 마리의 내면에서 일어났다. 자신에게 보이지 않는 비범함이 있다고 믿으며 마리는 얼굴과 몸을 소중히 가꾸기 시작했다. 메말라 있던 마리의 젊음은 피어났고, 개성도 드러나기 시작했다.

두 달 후, 마리는 주방장의 조카와 결혼한다는 소식을 알렸다. '이제 정말 숙녀가 되는 거죠'라고 말하며 내게 감사해했다. 작은 칭찬이 마리의 삶을 완전히 바꾼 것이다." 조젯 르블랑은 접시닦이였던 마리가 부응할 수 있는 평판을 제시했고, 그 기대치가 마리의 인생을 바꾼 것이다.

플로리다주 데이토나 해변의 식품 회사에서 영업 사원으로 일하는 빌 파커는 회사에서 출시하는 신제품에 고무되어 있었다. 그러나 막상 대형 식료품 가게의 매니저가 신제품을 취급하지 않겠다고 하자 몹시 마음이 상했다. 빌은 하루 종일 곰곰이 생각하다 퇴근 전에 다시 가게에 들러 매니저를 설득해보기로 했다.

"잭, 아침에 여기서 나간 후 생각해보니 저희 신제품을 충분히 소개해드리지 않았다는 생각이 들더군요. 제가 미처 설명하지 못한 부분을 알려드릴 수 있게 시간을 내주시면 감사하겠습니다. 매니저님은 언제나 들을 준비가 되어 있으시죠. 그리고 근거가 충분하다면 생각을 바꿀 만큼 배포가 넓으신 점을 항상 존경해왔습니다." 과연 매니저는 듣지 않겠다고 거절했을까? 상대방이 자신에게 그런 존중을 표했는데 어찌 거절할 수 있겠는가?

아일랜드 더블린에 사는 치과의사 마틴 피츠휴 박사는 어느 날 환자가 양치 컵 받침대가 더럽다고 지적하자 깜짝 놀랐다. 물론 환자는 받침대가 아닌 그 안에 든 종이컵으로 입을 헹구지만, 녹슨 기구를 사용하는 건 분명 병원의 전문성을 떨어져 보이게 했다. 환자가 떠나고 피츠휴 박사는 집무실로 돌아가 일주일에 두 번씩 사무실을 청소하러 오는 브리짓에게 편지를 썼다.

> 브리짓 여사께.
> 자주 뵐 수가 없어 그동안 깨끗이 청소해주신 여사님께 감사를 드리고 싶었습니다. 그런데 말입니다, 일주일에 두 번씩 두 시간은 매우 빠듯한 시간이니 필요하다 싶을 때는 30분 정도 추가 근무를 하셔도 좋겠다는 생각이 듭니다. 컵 받침대를 닦는 일같이 '가끔 해야 할 일'이 발생할 때요. 물론 추가 근무에 대해서는 따로 수당을 드리겠습니다.

"다음 날 아침에 출근해 사무실로 들어갔더니 책상은 거울처럼 광이 났고, 의자도 미끄러질 정도로 윤이 났죠. 진료실에는 지금껏 본 적 없는 깨끗하고 윤이 나는 컵 받침대가 용기에 놓여 있었습니다. 저는 브리짓이 부응할 좋은 평판을 제시했고, 이 작은 제안이 평소보다 그를 훨씬 열심히 일하게 만든 거죠. 이렇게 일하기 위해 그가 더 쏟은 시간은 얼마나 될까요? 추가 시간은 전혀 필요 없었답니다."

오래된 속담이 있다. "개를 잡으려면 미친개라는 나쁜 평판을 씌워라." 그러나 좋은 평판을 주면 놀라운 결과를 얻는다! 뉴

　　　　　4부 사람의 변화를 이끄는 리더가 되는 9가지 원칙

욕 브루클린에서 4학년을 가르치는 루스 홉킨스는 학기 첫날 맡은 반의 명단을 훑어보았고, 새 학기를 시작하며 흥분되고 기뻤던 마음은 곧 걱정으로 변했다. 가장 악명 높은 문제아로 꼽히던 토미 T가 있었기 때문이다. 토미의 3학년 때 담임은 교장과 동료 선생을 비롯한 여러 사람에게 토미에 관한 끊임없는 불평을 토로해왔다. 토미는 그저 말썽꾸러기 수준을 넘어 반의 규율을 심각하게 어기고, 친구들에게 싸움을 걸었으며, 여자아이들을 놀렸다. 선생님에게도 버릇없이 굴었고 학년이 높아지면서 행동은 더욱 나빠졌다. 유일한 장점이라고는 빠른 학습 능력과 습득 능력뿐이었다.

홉킨스는 토미의 문제에 바로 대응하기로 결심하고, 새로운 학생들과 인사하며 한 명 한 명에게 짧은 칭찬의 말을 건넸다. "로즈, 원피스가 정말 예쁘구나" "알리샤는 그림을 멋지게 그린다고 들었단다"처럼 말이다. 그리고 토미의 차례가 오자 홉킨스는 아이의 눈을 마주 보며 말했다. "토미는 리더십이 탁월하다고 들었어. 올해 우리 학급이 최고의 반이 되도록 토미가 도와줄 거라 믿어." 홉킨스는 처음 며칠 동안 토미가 하는 모든 행동을 칭찬하며 좋은 학생이라고 추켜세웠다. 좋은 평판을 들은 토미는 아직 어린이지만 선생님을 실망하게 하고 싶지 않았고, 실제로 실망시키지 않았다. 다른 이의 태도나 행동을 바꿔야 하는 어려운 리더십을 잘 발휘하고 싶다면 이 원칙을 기억하자.

원칙 7   **상대가 부응할 좋은 평판을 건네라.**

Give the other person a fine reputation to live up to.

8

고치기 쉬운 잘못이라
느끼게 하라

　　마흔이 다 된 친구 한 명이 어느 날 약혼을 했다. 친구의 약혼자는 좀 늦은 감이 있지만 그가 댄스 교습을 받으면 좋겠다고 애원했다. 친구는 내게 고백했다.

　　"물론 나도 교습이 필요하다는 건 잘 알지. 20년 전 처음 춤을 배웠을 때와 비슷한 수준이니까 처음 찾아간 선생님 말이 맞기는 해. 내 춤이 완전 꽝이라는 거야. 그냥 다 잊어버리고 백지상태에서 시작하자고 하더군. 그런데 그 말에 의욕이 완전히 사라졌어. 잘하고 싶은 마음이 없어지더라고. 그래서 더는 그 선생님에게 배우지 않았지.

　　두 번째 선생은 약간의 거짓을 섞었을지는 몰라도 마음에 들었어. 내 춤이 좀 구식이기는 해도 기본기는 괜찮다고 차분하게 말해주더라고. 그러면서 몇 가지 새 스텝도 쉽게 배울 거라고 용기를 주는 거야. 첫 번째 선생님은 내 잘못을 강조해 기를 꺾었고, 두 번째 선생님은 내가 잘하는 부분은 칭찬하되 못하는 부분은 거의 언급하지 않았어. '리듬감이 좋으시네요' '정말 타고난 댄서예요'라며 힘을 실어주었지.

물론 나도 지각이 있기에 옛날에도, 앞으로도 내 실력이 삼류 댄서에도 못 미친다는 건 잘 알지. 하지만 속으로는 그 선생님 말이 옳다고 믿고 싶은 마음이 들거든. 물론 내가 수강료를 내니 그런 말을 한 걸 수도 있지만 굳이 파고들어 생각할 필요는 없잖아? 어쨌든 그 선생님이 타고난 리듬감이 있다고 말해준 덕분에 더 춤을 잘 출 수 있게 되었어. 그 말이 힘이 되고 희망을 준 걸세. 더 잘하고 싶게끔 만든 거지."

당신이 아이와 배우자와 직원이 한 어떤 행동에 바보 같은 데다 멍청하고 재능도 없으며 전부 잘못하고 있는 거라 말한다면 잘하고 싶은 마음을 모조리 짓밟는 것이다. 반대 방법을 사용해보자. 아낌없이 칭찬하고 쉽게 할 수 있다고 믿게 만들자. 상대의 능력을 신뢰하고, 아직 피우지 못한 재능이 있다고 말해주자. 그러면 상대는 더 잘하기 위해 창밖에 동이 틀 때까지 노력할 것이다.

대인 관계에 매우 뛰어났던 언론인 로웰 토머스도 이 방법을 사용했다. 토머스는 다른 사람에게 용기와 믿음을 주며 자신감을 북돋웠다. 한번은 토머스 부부와 함께 주말을 보낸 적이 있다. 토요일 저녁에 벽난로 앞에서 단란하게 브리지 게임을 하자고 초대받은 것이다. 브리지 게임이라니? 절대 안 될 말이다. 나는 브리지의 '브' 자도 모르기 때문이다. 브리지란 언제나 내게 미지의 세계 같은 존재였다. 불가능하지. 그렇고말고!

그러자 토머스가 말했다. "아니야, 데일. 어려운 게임이 전혀 아니야. 그냥 기억력과 판단력만 있으면 돼. 자네는 기억력에 관한 글도 썼잖나. 식은 죽 먹기일 거야. 자네에게 딱 맞는 게임이지." 그렇게 나는 순식간에 난생처음 브리지 게임을 하게 되었다. 순전히 내게 타고난 재능이 있다는 말을 들었다는 이유로 게임이 쉽게 느껴졌기 때문이다.

브리지 게임이라고 하면 엘리 컬버트슨이 떠오른다. 엘리가 쓴 브리지 책은 수십 개의 언어로 번역되어 100만 부 이상이 팔렸다. 그러나 그는 한 여성이 자신에게 브리지 게임에 재능이 있다고 말해주지 않았더라면 절대 직업으로 삼지 않았을 거라고 내게 말했다. 1922년에 미국으로 온 뒤, 엘리는 철학과 사회학을 가르치는 일을 열심히 찾았지만 실패했다. 그다음에는 석탄 장사를 했지만 그마저도 신통치 않았다. 커피 장사도 해보았지만 역시 망하고 말았다.

엘리는 더러 브리지 게임을 했지만 훗날 자신이 그 게임을 가르칠 줄은 꿈에도 몰랐다. 카드놀이에 서툴뿐더러 성격이 매우 완고했기 때문이다. 엘리는 질문을 너무 많이 하고, 게임이 끝난 후에도 분석을 자주 해서 아무도 그와 게임하고 싶지 않아 했다.

그러던 중 엘리는 조세핀 딜런이라는 아름다운 브리지 게임 강사를 만나 사랑에 빠져 결혼한다. 딜런은 엘리가 신중히 카드를 분석하는 걸 알아챈 후, 브리지 게임에 천부적인 재능이 숨겨져 있다고 말했다. 엘리는 자신이 브리지 게임 강사가 된 건 오직 단 하나, 딜런의 격려 덕분이었다고 말했다.

오하이오주 신시내티에서 우리 수업의 강사로 일하는 클래런스 M. 존스는 잘못을 쉽게 고칠 수 있다는 믿음과 격려 덕에 아들이 어떻게 180도 변했는지 들려주었다.

"1970년에 열다섯 살이던 아들 데이비드가 저랑 살기 위해 신시내티로 왔어요. 데이비드는 그동안 힘든 삶을 살았습니다. 세 살 무렵에 차 사고로 머리를 다쳐 이마에 흉측한 상처가 남았죠. 1960년에 아이 엄마와 저는 이혼했고, 아들은 엄마와 함께 텍사스 주 댈러스로 이사를 갔어요. 그리고 열다섯 살이 될 때까지 느린 학습자를 위한 학교 특수학급에서 대부분 시간을 보냈습니다. 흉터를 보고 학교에서는 아이가 머리를 다쳐 뇌가 제 기능을 못 한다고 생각했어요. 아이는 또래보다 2년 아래인 중학교 1학년 학급에서 공부했죠. 그렇지만 곱셈은 물론이고 덧셈도 어려워했고 글도 잘 읽지 못했습니다. 한 가지 긍정적이었던 건 데이비드가 라디오와 TV 만지는 일을 좋아한다는 것이었죠. 데이비드는 TV 기술자가 되고 싶어 했습니다. 저는 적극 찬성하며 기술을 배우기 위해서는 수학을 알아야 한다고 말했죠. 저는 아이의 수학 공부를 돕기로 마음먹었습니다. 곧 덧셈, 뺄셈, 곱셈, 나눗셈이라는 4가지 플래시 카드를 마련했죠. 우리는 카드를 하나씩 살펴보며 정답 맞히기 게임을 했습니다. 틀린 문제는 정답을 알려주고 따로 카드를 쌓아놓았다가 못 맞춘 카드가 다 사라질 때까지 게임을 했습니다. 아이가 정답을 맞힐 때마다 저는 열렬히 환호했고, 특히 틀렸던 문제를 맞히면 더욱 기뻐했죠. 저희는 매일 밤 못 맞힌 카드가 다 사라질 때까지 게임을 했습니다.

그리고 게임을 할 때마다 스톱워치를 설정했어요. 아이가 8분 안에 모든 카드 문제를 맞히면 게임을 그만하겠다고 약속했죠. 데이비드에게는 쉽지 않은 목표였습니다. 첫째 날은 52분이 걸렸고, 둘째 날은 48분, 그리고 45분, 44분, 41분이 되더니 곧 40분 이내로 줄었죠. 저희는 시간이 줄어들 때마다 환호했습니다. 아이를 껴안고 춤을 추었죠. 한 달 후쯤에는 모든 카드를 8분 이내에 맞추었습니다. 데이비드는 조금씩 능숙해질 때마다 다시 해보고 싶어 했어요. 배움이 쉽고 즐겁다는 엄청난 발견을 한 거죠.

데이비드의 수학 점수는 자연스레 수직 상승했습니다. 곱셈을 깨치면 수학은 놀랍게 쉬워지죠. 수학에서 B 학점을 받고는 자신도 깜짝 놀라더군요. 다른 과목도 믿을 수 없을 만큼 빠른 속도로 좋아졌어요. 읽기 능력도 향상되었고, 타고난 그리기 재능도 발휘하기 시작했습니다. 학년이 끝나갈 무렵에는 과학 선생님이 전시회에 낼 작품을 만들어보라고 권했어요. 데이비드는 지렛대의 효과를 보여주는 고도로 복잡한 모델을 만들기로 했죠. 작품을 만들려면 그리기와 조립뿐만 아니라 응용수학 능력도 필요했습니다. 결국 데이비드의 작품은 교내 전시회에서 일등을 차지했고, 신시내티 전체 도시 대회에서는 3등을 거두었습니다.

그렇게 해낸 겁니다. 두 학년이나 뒤처지고 뇌 손상을 입었다고 여겨지던 아이가, 반 아이들에게 프랑켄슈타인 괴물이라고 놀림 받고 머리에 난 상처 사이로 뇌가 빠져나간 게 틀림없다는 소리를 듣던 아이가 어느새 자기도 무엇인가를 배우고 이룰 수 있다는 걸 깨달은 거죠. 그 이후요? 데이비드는 중학교 2학년 2학기부터 고등학교를 졸업할 때까지 항상 우등생 자리를 놓치지 않았고, 명예로운 전국우등생학회 회원으로 뽑히기도 했습니다. 배움이 쉽다는 걸 깨닫고 아이는 다시 태어났죠."

상대방의 발전을 돕고 싶다면 이 원칙을 기억하자.

원칙 8   고치기 쉬운 잘못이라 느끼도록 격려하라.
    Use encouragement. Make the fault seem easy to correct.

9

기꺼이 협력하게
만드는 법

1915년, 미국은 경악했다. 유럽에서는 일 년이 넘도록 전대미문의 대규모 살상이 일어나고 있었다. 평화를 다시 찾을 수 있을지 아무도 장담할 수 없었다. 그러나 당시 미국 대통령이던 우드로 윌슨은 평화를 되찾는 시도를 해보기로 한다. 윌슨은 유럽의 군사령관들과 협의할 대리인인 평화 특사를 파견하기로 했다.

평화주의자인 국무장관 윌리엄 제닝스 브라이언은 그 임무를 맡고 싶어 했다. 브라이언은 이 임무가 위대한 업적을 쌓고, 자신의 이름을 역사에 남길 기회라고 보았다. 그러나 대통령은 친한 친구이자 고문인 에드워드 M. 하우스 대령을 그 자리에 임명했고, 하우스는 브라이언의 기분을 상하지 않게 하면서 달갑지 않은 소식을 전해야 하는 난처한 임무를 맡게 되었다.

하우스는 일기에 이렇게 적었다. "내가 평화 특사로 유럽에 간다고 하자 브라이언은 정말 실망한 눈치였다. 그는 자신이 직접 갈 계획이었다고 말했다. 나는 누구든 공식적으로 이 임무를 행하는 것이 현명하지 않다는 게 대통령의 판단이라 답했다. 국무장관인 그가 가면 이목이 쏠릴 것이고, 사람들이 그 배경을 궁금해할 것이라고 말이다."

　이 말이 넌지시 의미한 건 무엇이었겠는가? 하우스는 사실상 국무장관인 브라이언이 이 일을 맡기에는 너무 중요한 사람이라고 전달한 것이다. 그의 의도대로 브라이언은 만족했다. 삶에 경험이 많고 노련한 하우스 대령은 인간관계의 중요한 법칙을 잘 지켰다. 바로 '당신의 제안에 상대방이 언제나 기꺼이 협력하게 하라'는 법칙이다.

　우드로 윌슨 대통령은 윌리엄 기브스 맥아두에게 내각에 합류하라 제안할 때도 이 법칙을 사용했다. 장관직은 대통령이 부여할 수 있는 최고의 영예지만, 맥아두가 자신의 중요성을 배로 느끼게끔 제안을 극대화했다. 맥아두는 이렇게 말했다. "윌슨 대통령은 내각을 구성하며 제가 재무장관을 맡아주면 정말 기쁘겠다고 말했습니다. 그 영광스러운 자리를 승낙하면 그에게도 큰 호의를 베푸는 일인 것처럼 아주 기분 좋게 제안했죠."

　그러나 불행히도 윌슨이 항상 그런 방법을 사용한 것은 아니다. 그랬다면 역사는 크게 달라졌을지도 모른다. 예를 들어 윌슨은 미국이 국제연맹에 가입하는 과정에서 상원과 공화당의 원활한 협조를 끌어내지 못했다. 윌슨은 엘리후 루트, 찰스 에번스 휴스, 헨리 캐벗 로지 같은 공화당의 주요 리더들을 평화 회담에 데리고 가지 않았다. 대신 자기 당의 이름이 잘 알려지지 않은 의원들을 동반했다. 공화당원들을 냉대하고, 국제연맹이 공동의 생각에서 탄생했다고 인정하지 않았으며, 그들이 관여하지도 못하게 했다. 이렇게 유치한 대응으로 윌슨의 정치 생명은 무너졌고,

건강이 나빠진 탓에 수명도 짧아졌다. 결국 미국이 국제연맹에 가입하지 못하면서 세계 역사 역시 달라졌다.

　물론 정치가와 외교관만 상대방이 기꺼이 협력하게 만드는 방법을 사용하는 것은 아니다. 인디애나주 포트웨인에 사는 데일 O. 페리어는 어린 자녀가 어떻게 자진해서 집안일을 하도록 만들었는지 들려주었다.

　"아들 제프가 맡은 집안일은 배나무 아래에 떨어진 배를 줍는 것이었습니다. 잔디 깎는 사람이 배를 줍느라 작업을 멈추지 않도록 말이죠. 아들은 매우 하기 싫어했어요. 아예 하지 않을 때도 많았고, 제대로 줍지 않아서 잔디 깎는 이가 작업을 멈추고 남은 배를 주워야 했죠. 하루는 직접 야단치는 대신 제프에게 이렇게 말했죠. '제프야, 아빠가 제안을 하나 하마. 네가 배를 한 바구니 가득 채워 가져올 때마다 1달러를 줄게. 대신 일이 다 끝나고 마당에 남아 있는 배가 있을 때마다 1달러를 가져가마. 어때?' 예상대로 제프는 모든 배를 주워 담아 왔습니다. 바구니를 채우려 나무에서 배를 일부러 따는 건 아닌지 지켜봐야 할 정도였죠."

　내가 아는 한 사람은 지인이나 중요하게 얽힌 이들이 부탁하는 수많은 연사 요청을 거절했다. 그러나 매우 지혜롭게 거절한 덕에 아무도 불평하지 않았다. 어떻게 거절한 걸까? 그는 그저 이런저런 사정 때문에 바쁘다고 말하지 않았다. 우선 제안에 감사를 표하고 참여할 수 없어 아쉽다고 말했다. 그러고는 자신을 대신할 연사를 추천했다. 즉 상대방이 거절에 불쾌해할 시간을 주지 않았고, 강연할 수 있는 다른 연사를 떠올리며 생각을 바로 전환하게끔 했다.

독일에서 우리 수업에 참여한 건터 슈미트는 자신이 관리하는 식료품점에서 일하는 직원의 이야기를 들려주었다. 직원은 물건을 진열한 선반에 가격표를 제대로 붙이지 않았고, 이 때문에 손님들은 혼란스럽고 불편해했다. 슈미트 역시 훈계하고 경고해보았지만 별 소용이 없었다.

마침내 슈미트는 사무실로 그 직원을 불러 전체 점포의 '가격표 부착 책임자'로 임명한다고 말했다. 모든 선반에 가격표가 제대로 붙었는지 확인하는 책임을 준 것이다. 이렇게 새로운 책임과 직함을 받자 직원의 태도는 완전히 달라졌으며 지금까지 자신의 의무를 충실히 해내고 있다고 했다.

유치하다고? 그럴지도 모른다. 하지만 나폴레옹이 '레지옹도뇌르' 훈장을 만들어 1만 5000명의 군사에게 수여하고, 장군 열여덟 명을 '프랑스 원수'로 임명하고, 자신의 군대를 '대육군'이라고 칭할 때도 그런 말은 나왔다. 참전 용사들에게 장난감을 안겨주었다고 비난받을 때마다 나폴레옹은 이렇게 답했다. "사람들을 이끄는 건 바로 그 장난감이다."

상대방에게 직함과 권위를 부여하는 방법은 나폴레옹뿐만 아니라 우리 모두에게 효과가 있다. 뉴욕주 스카스데일에 사는 내 친구 어니스트 젠트는 동네 아이들이 뛰어다녀 집 잔디가 망가지는 일 때문에 고민이었다. 혼도 내고 달래도 보았지만 소용없었다. 그러자 젠트는 무리 중 가장 악동인 소년에게 직함과 권한을 부여했다. 이 아이를 '탐정'으로 임명하고 잔디밭을 침입하는 아이들을 감시하게끔 한 것이다. 그러자 문제는 해결되었다. 젠트의 탐정이 뒷마당에 모닥불까지 피워놓은 뒤 달군 막대기를 들고 지키며 잔디에 들어오는 아이들을 혼쭐내주겠다고 한 것이다. 훌륭한 리더는 다른 사람의 태도나 행동을 바꾸고 싶을 때 다음 지침을 마음속에 항상 간직해야 한다.

❶ 진심으로 대하자. 지킬 수 없는 약속은 하지 마라. 자신보다 상대방이 얻는 혜택에 더 집중하자.

❷ 당신이 다른 사람에게 바라는 것을 정확히 알라.

❸ 공감하자. 상대방이 진정 원하는 것이 무엇인지 파악하자.

❹ 당신의 제안을 받아들이면 상대에게는 어떤 혜택이 있을지 생각하라.

❺ 그 혜택을 상대방의 욕구와 일치시키자.

❻ 요청할 때는 상대방이 그 일을 해서 얻는 혜택을 알 수 있게끔 표현하자.

우리는 보통 이런 식으로 퉁명스럽게 명령을 내린다. "존, 내일 손님이 올 거니 창고를 청소해야 하네. 그러니 빗자루로 쓸고 물건을 선반 위에 잘 정리해주게. 계산대도 닦고 말이야."

하지만 같은 생각이라도 그 일로 존이 얻을 혜택을 알려주는 방식으로 표현할 수 있다. "존, 우리가 급히 끝내야 할 일이 있네. 지금 끝내면 나중에 수고할 필요가 없지. 우리 가게를 보러 내일 손님들이 오셔. 창고도 보여줄 계획인데 지금 매우 지저분하거든. 자네가 창고를 청소하고 선반 위 물건과 계산대도 깨끗이 정리해준다면 우리 회사가 일을 잘한다는 이미지를 줄 수 있을 거야. 자네도 회사의 좋은 이미지를 만드는 데 기여하는 거지."

그러면 존이 신나서 일을 할까? 굉장히 신나지는 않더라도 혜택을 말하지 않았을 때보다는 더 기꺼이 임할 것이다. 만약 존이 창고 상태에 자부심을 느끼고 회사 이미지를 좋게 만들고 싶어 한다면 더욱 협조할 것이 분명하다. 어차피 할 일이고, 지금 하면 나중에 수고하지 않아도 된다는 사실도 존의 마음을 끌었을 것이다.

물론 이 방법을 사용한다고 항상 호의적인 반응이 나오기를 기대할 수는 없다. 그러나 많은 사람의 경험이 이 원칙을 사용하지 않을 때보다 사용할 때 다른 이의 태도를 더 바꾸기 쉽다는 것을 보여준다. 그리고 이로써 단 10퍼센트라도 성공률을 높인다면 당신은 전보다 10퍼센트는 더 훌륭한 리더가 될 것이다. 그것이 당신이 얻을 혜택이다. 원하는 일에 상대가 더 자진해서 동참하기를 바란다면 이 원칙을 따르자.

원칙 9   당신의 제안에 상대방이 기꺼이 협력하게 하라.

Make the other person happy about doing the thing you suggest.

사람의 변화를 이끄는 리더가 되는 9가지 원칙

리더라면 때로는 사람들의 태도와 행동 변화를 이끌어야 한다.

그러기 위해서는 아래의 원칙을 실천하자.

원칙 ❶ 칭찬과 진심 어린 인정으로 말을 시작하라.

원칙 ❷ 상대의 잘못을 간접적으로 알려주라.

원칙 ❸ 다른 사람을 비난하기 전에 자기 잘못부터 말하라.

원칙 ❹ 직접적인 명령 대신 질문을 제시하라.

원칙 ❺ 상대방의 체면을 세워주라.

원칙 ❻ 아주 작은 발전을 포함한 모든 발전을 칭찬하라.

   '진심으로 인정하고 폭풍같이 칭찬하라.'

원칙 ❼ 상대가 부응할 좋은 평판을 건네라.

원칙 ❽ 고치기 쉬운 잘못이라 느끼도록 격려하라.

원칙 ❾ 당신의 제안에 상대방이 기꺼이 협력하게 하라.

■

"기억하자.
우리는 감사와 인정을 갈망하며
이를 얻기 위해서라면 어떤 것이든 하려 한다.
하지만 위선을 원하는 사람은 없다.
아첨을 원하는 사람도 없다."

5부

기적을
가져다준
편지들

❖

당신이 무슨 생각을 할지 알고 있다. "기적을 가져다준 편지라니! 말도 안 되지! 엉터리 약 광고 같은 이야기를 하네!" 아마 이렇게 생각할 것이다. 그렇다고 당신을 비난할 생각은 없다. 15년 전에 이런 책을 접했다면 나도 똑같이 생각했을 것이다. 의심이 많다고? 나는 의심 많은 사람이 좋다. '쇼 미 스테이트Show me state'인 미주리에서 태어나 20년을 산 만큼, 나는 증거를 보여줘야 믿는 사람들을 좋아한다. 인류가 사고하며 만들어낸 모든 발전은 대부분 의심 많은 사람, 질문자, 도전자, 증거를 직접 보여달라는 이들이 이끌었다.

과연 '기적을 가져다준 편지들'이라는 제목이 적절할까? 아니다. 이 제목은 오히려 절제한 표현이다. 여기서 소개할 편지들은 기적의 갑절만큼 대단한 결과를 가져왔다. 누가 그렇게 말했을까? 미국에서 가장 유명한 영업 판촉 전문가인 켄 R. 다이크다. 존스맨빌에서 판촉 매니저로 일한 다이크는 현재 콜게이트 파몰리브 피트의 광고 매니저이자 전국광고주협회의 이사회 의장직을 맡고 있다.

다이크는 판매업자에게 정보를 구하는 편지를 보내면 회신율이 5~8퍼센트에 불과하다고 말했다. 15퍼센트 정도면 엄청난 수치고, 20퍼센트의 회신율은 기적으로 여겼을 것이라고 말이다. 하지만 지금 소개할 다이크의 편지는 회신율 42.5퍼센트를 기록했다. 다시 말해 그가 기적이라 표현한 수치의 두 배에 가깝다. 웃어넘길 일이 아니다. 이 편지는 단순한 운이나 요행이나 우연으로 볼 수 없다. 다른 편지도 비슷한 결과를 얻었기 때문이다. 어떻게 한 걸까? 다이크의 설명을 들어보자.

"카네기의 '효과적인 말하기와 인간관계' 수업을 들은 후 편지의 회신율은 엄청나게 달라졌습니다. 그동안 잘못된 방법을 써왔다는 걸 깨달았죠. 책에 나오는 원칙을 적용해 정보를 요청하는 편지를 작성하자 회신율이 5~8배까지 오른 겁니다."

이제 내용을 한번 살펴보자. 작은 호의를 베풀어달라고 요청하는 이 편지는 상대가 중요한 사람이라는 느낌을 전달하며 기쁘게 만든다. 편지에 관한 내 의견은 괄호 안에 넣었다.

> 인디애나주 ○○빌
>
> ○○○ 귀하
>
> 제가 가진 작은 문제를 해결하는 데 부디 도움을 주실 수 있는지 여쭙고자 합니다.
>
> (상황을 정리해보자. 인디애나에 사는 목재 판매상이 존스맨빌의 임원에게 이런 편지를 받았다고 생각해보라. 편지 첫 줄에 뉴욕의 몸값 비싼 임원이 문제를 해결해달라고 자신에게 도움을 요청한다. 아마 인디애나의 판매상은 이렇게 생각했

을 것이다. '그래, 이 뉴욕 친구가 곤경에 처했군. 번지수를 잘 찾아왔네. 나는 항상 다른 사람에게 관대하고, 도움을 주려고 하니까. 문제가 뭔지 살펴보지!')

저는 작년에 저희 판매상들이 지붕 재시공 실적을 올리려면 존스맨빌이 전액 지원하는 연간 다이렉트 메일 캠페인이 필요하다고 설득했습니다.
(인디애나의 이 판매상은 이렇게 중얼거릴 것이다. "돈 대는 게 당연한 이치지. 본사가 이익의 대부분을 독차지하니까. 나는 임대료도 못 내 버둥거리는데 회사는 수백만 달러를 벌잖아. 이 사람이 말하는 어려움이 대체 뭐지?")

얼마 전 저는 이 다이렉트 메일 캠페인을 사용한 판매상 1600분에게 설문을 보냈고, 기쁘게도 그분들 역시 협업을 반기며 유용하게 생각한다는 수많은 답장을 받았습니다. 덕분에 최근 저희는 여러분이 더욱 환영하실 새로운 다이렉트 메일 캠페인을 마련했습니다. 그런데 오늘 아침, 사장님께서 작년 캠페인 보고서를 검토하시다가 비즈니스 성과를 물어보셨습니다. 이에 답을 구하기 위해서는 귀하의 도움이 꼭 필요합니다.
(좋은 문장이다. '답을 구하기 위해서는 귀하의 도움이 꼭 필요합니다' 같은 문장은 뉴욕의 이 대단한 임원이 진실을 말하고 있으며, 인디애나에 사는 판매상에게 솔직하고 진심 어린 인정을 표현한다는 느낌을 준다. 주목하자. 다이크는 자기 회

사가 얼마나 대단한지 떠드는 데는 1분도 쓰지 않았다. 대신 그는 상대방의 도움이 절실히 필요함을 바로 피력했고, 판매상의 도움 없이는 존스맨빌의 사장을 위한 보고서조차 만들 수 없다고 인정한다. 당연히 인디애나의 판매상도 사람인지라 이런 식의 화법에 마음이 갈 것이다.)

귀하께서 다음 두 질문에 답변해주시기를 부탁드립니다.
❶ 동봉된 엽서에 작년 다이렉트 메일 캠페인이 얼마나 많은 지붕 설치와 재시공 비즈니스 성사에 도움이 되었다고 생각하시는지 적어주십시오.
❷ 가능한 한 정확하게, 성사된 비즈니스의 총 비용을 기준으로 추정 가치 금액을 표기해주시기 바랍니다.
정보를 보내주신다면 정말 고맙겠습니다. 귀하의 친절함에 진심으로 감사드릴 것입니다.
(마지막 문장까지도 다이크가 얼마나 자신은 낮추고 상대를 높이는지 주목하자. '고맙겠습니다' '귀하의 친절함' '진심으로 감사'와 같은 말을 아낌없이 사용하며 칭찬하는 것도 눈여겨보자.)

켄 R. 다이크 판촉 매니저 드림.

간단한 편지다. 그렇지 않은가? 그러나 상대방이 중요한 사람이라는 느낌을 전달하는 작은 호의를 부탁하면서 기적과도 같은 결과를 얻었다. 석면 지붕을 팔든 포드 자동차를 타고 유럽을 여행하든 이런 심리 작전은 언제나 효과가 있다.

예를 들어보자. 한번은 작가 호머 크로이와 함께 프랑스 내륙을 여행하다 길을 잃은 적이 있었다. 포드의 모델 T 자동차를 멈추고 우리는 농부들에게 가까운 큰 마을로 향하는 길을 물었다. 반응은 놀라웠다. 나막신을 신은 농부들은 모든 미국인이 부자라고 생각했다. 특히 자동차는 찾아보기 힘들 만큼 매우 희귀한 지역에서 차를 타고 프랑스를 여행하는 미국인이라니! 농부들은 우리가 백만장자임이 틀림없고 아마 헨리 포드의 친척쯤 된다고 생각했을 것이다.

그러나 농부들은 우리가 모르는 정보를 알고 있었다. 우리가 더 부자일지는 몰라도 가까운 마을로 가는 법을 알기 위해서는 공손하게 다가가 도움을 요청해야 했다. 그리고 이 태도가 그들로 하여금 자신이 중요한 사람이라는 느낌이 들게 만들었다. 농부들은 일제히 말하기 시작했다. 특히 한 농부는 흔치 않은 기회에 잔뜩 신이 나 다른 이들에게 조용히 하라며 명령하기도 했다. 우리에게 길을 알려주는 짜릿함을 독차지하고 싶었던 것이다.

당신도 시도해보라. 낯선 곳에 방문할 일이 있을 때 당신보다 경제적 혹은 사회적으로 낮은 위치에 있는 사람을 붙잡고 이렇게 부탁해보자. "제 어려움을 해결하는 데 부디 도움을 주실 수 있는지 여쭙고자 합니다. 이런저런 장소에 어떻게 가야 하는지 알려주시겠습니까?"

벤저민 프랭클린은 이 방법을 사용해 신랄한 적을 평생의 친구로 만들었다. 젊은 시절 프랭클린은 자신이 모은 모든 돈을 작은 인쇄소에 투자했다. 그리고 필라델피아 의회의 서기로 선출되자 모든 공문서의 인쇄를 담당하게 되었다. 당연히 큰 이익이

나는 만큼 프랭클린은 계속 그 자리를 유지하고 싶었다. 그러나 위험이 도사리고 있었다. 의회에서 가장 부유하고 유능한 의원이 프랭클린을 너무도 싫어한 것이다. 그는 프랭클린을 그냥 싫어한 정도가 아니라 공개적으로 맹렬히 비난하기도 했다.

매우 위태하고도 위태한 상황이었다. 프랭클린은 그 사람이 자신을 좋아하게 만들고 싶었다. 그러나 어떻게? 그것이 관건이었다. 적의에 찬 상대에게 호의를 베풀어야 할까? 아니다. 그런 방법은 의심만 부추기고 어쩌면 경멸을 받을 수도 있다. 매우 현명하고 노련한 프랭클린은 그런 덫에 빠지지 않았다. 그래서 반대로 행동했다. 적대적인 상대에게 호의를 부탁한 것이다.

돈을 빌려달라고 했을까? 절대! 절대 그렇지 않다! 프랭클린은 상대가 기뻐할 만한 도움을 부탁했다. 상대의 자만심을 부추기고 인정해주며 지식과 업적을 존경한다는 마음을 넌지시 표현하는 그런 호의를 부탁했다. 남은 이야기는 프랭클린의 입으로 들어보자.

그의 서재에 매우 귀중하고 흥미로운 책이 있다는 말을 듣고 나는 편지를 썼다. 그 책을 읽고 싶던 마음을 표현하며 며칠간 내게 빌려주는 호의를 베풀 수 있는지 요청한 것이다. 그는 바로 책을 보내주었다. 일주일 후 책을 돌려주면서 나는 깊은 감사의 인사를 편지에 써 보냈다. 그 후 의회에서 만났을 때 그는 내게 말을 걸며(전에는 한 번도 그런 적이 없었다) 매우 정중하게 대했다. 후로는 내 모든 일에 발 벗고 도와주는 좋은 친구가 되었고, 우리는 그가 죽을 때까지 우정을 이어갔다.

벤저민 프랭클린은 이미 150년도 훨씬 전에 세상을 떠났지만 그가 사용한 심리, 바로 상대방에게 호의를 요청하는 심리 작전은 아직도 유효하다.

일례로 우리 수업을 들었던 앨버트 B. 암셀도 이 방법을 사용해 엄청난 성공을 거두었다. 수년간 배관과 난방 자재를 판매해 온 암셀은 브루클린의 한 배관공과 거래를 트려 애써왔다. 이 배관공은 사업을 매우 크게 운영하고 있었고 신용도 대단히 좋은 사람이었지만 암셀은 처음부터 그에게 압도당했다. 그가 무례하고, 거칠고, 고약한 것에 자부심을 느끼며 상대를 당황하게 만드는 사람이었기 때문이다. 그는 커다란 시가를 비스듬히 문 채 책상에 앉아 암셀이 방문할 때마다 이렇게 소리쳤다. "지금 필요한 것 없소! 서로 시간 낭비하지 맙시다! 돌아가시오!"

어느 날 암셀은 새로운 방법을 시도했다. 그리고 그 방법으로 거래를 성사하고, 친분을 쌓고, 많은 주문을 얻어냈다. 당시 암셀의 회사는 롱아일랜드 퀸스 빌리지에 새로운 지점을 낼지 고민 중이었다. 그 지역은 배관공이 잘 알고 많은 사업을 하는 곳이기도 했다. 그래서 암셀은 그를 방문해 이렇게 말했다. "오늘은 물건을 팔러 온 게 아닙니다. 도움을 주십사 부탁드리려 하는데, 잠시 시간을 내주실 수 있을까요?"

"흠, 그래요." 배관공은 시가를 고쳐 물며 말했다. "무슨 일입니까? 말해보시오." "저희 회사가 퀸스 빌리지에 지점을 내려고 계획 중입니다. 사장님께서 그 지역에 익숙하시고 주민들도 잘 아시는 만큼 어떻게 생각하시는지 여쭤보고 싶습니다. 현명한 선택일까요, 아닐까요?"

새로운 상황이었다! 수년간 이 배관공은 영업 사원들에게 소리치고 돌아가라고 말하며 자신이 중요한 사람이라는 기분을 느꼈다. 그러나 이 영업 사원은 자신의 조언을 간절히 원했다. 대기업 담당자가 자기 회사가 어떻게 하면 좋을지 의견을 물은 것이다.

"앉아보세요." 배관공은 의자를 앞으로 내어주며 말했다. 그리고 한 시간 동안 퀸스 빌리지 배관 시장의 특별한 이점과 혜택을 상세히 설명했다. 지점을 여는 것에 동의했을 뿐 아니라 자기 지식을 총동원해 건물 매입, 비축할 물품, 거래 개시를 위한 전반적인 계획까지 제시했다. 그는 도매 배관 업체의 사업 운영 방식을 설명하며 자신이 중요한 사람이 된 기분을 느꼈다. 그리고 그때부터 개인적인 마음도 열었다. 한층 친근한 태도로 암셀에게 집안 문제나 부부 싸움 같은 사적인 일도 말하기 시작한 것이다.

"저녁에 사무실을 나설 때, 제 주머니에는 그에게서 처음으로 받은 대량의 장비 주문서가 들어 있었습니다. 뿐만 아니라 비즈니스 동반자로 단단한 기반도 다질 수 있었죠. 전에는 제게 화를 내고 소리를 지르던 그와 지금은 함께 골프를 치는 사이가 되었습니다. 상대에게 중요한 사람이라는 느낌을 주는 작은 호의를 부탁하자 상대의 태도가 변한 거죠."

이번에는 다이크의 다른 편지를 살펴보며 그가 얼마나 노련하게 '호의를 부탁하는' 심리 작전을 이용했는지 다시금 눈여겨보자. 몇 년 전까지만 해도 다이크는 사업가, 도급업자, 건축가에게 정보를 구하는 편지를 보내도 회신율이 낮아 고민이었다. 그 당시 건축가와 엔지니어에게 받는 회신율은 1퍼센트도 채 되지 않았다. 2퍼센트면 매우 훌륭했고 3퍼센트면 대단한 수준이었다.

그런데 10퍼센트라면? 10퍼센트는 그야말로 기적이라 불렸을 것이다. 그러나 다이크의 이 편지는 50퍼센트에 가까운 답장을 얻었다. 기적의 다섯 배에 가까운 수치다. 답장의 내용은 또 어떤가! 친절한 조언과 협조 정신으로 빛나는 내용이 편지 두세 장에 걸쳐 담겨 있었다.

여기 그 편지가 있다. 여러분은 편지에 사용한 심리 작전과 몇 문장의 표현이 앞에서 인용한 다이크의 편지와 거의 동일하다는 점을 발견할 것이다. 정독하면서 행간의 숨은 뜻을 파악하고 수신자의 감정을 곰곰이 생각해보자. 왜 이 편지가 기적의 다섯 배에 가까운 결과를 낼 수 있었는지 살펴볼 필요가 있다.

> 친애하는 ○○ 님께.
> 제가 가진 작은 문제를 해결하는 데 부디 도움을 주실 수 있는지 여쭙고자 합니다.
> 일 년 전쯤 저는 주택 수리와 개조에 쓰이는 저희 회사의 자재와 부품을 설명하는 카탈로그가 건축가들에게 가장 필요하다고 회사에 피력했습니다. 그 결과 지금 동봉해드린 카탈로그가 최초로 만들어졌죠. 그러나 이제 재고가 거의 바닥나 사장님께 보고드렸고, 대부분의 사장님이 그렇듯 카탈로그가 소기의 목적을 달성했다는 충분한 근거가 있어야 다시 제작할 수 있다고 말씀하시더군요.
> 하여 실례를 무릅쓰고 귀하와 전국 각지의 건축가 마흔아홉 분께 배심원이 되어주시기를 부탁드리고자 합니다. 답하시기 쉽도록 편지 뒷면에 몇 가지 간단한 질문을 적었습니다.

답변과 원하는 의견을 달아주신 후 동봉된 회신용 봉투에 넣어 보내주시면 제게 정말 큰 도움이 될 것입니다.

물론 강제 사항은 아니니 전혀 부담 느끼실 필요는 없습니다. 카탈로그를 중단할지, 귀하의 조언과 경험을 반영해 개선한 카탈로그를 다시 제작하는 게 좋을지 자유롭게 의견을 주시면 됩니다. 어느 쪽이든 귀하의 협조에 매우 감사할 것입니다. 고맙습니다!

켄 R. 다이크 판촉 매니저 드림.

한 가지 주의할 점이 있다. 경험으로 비추어볼 때 이 편지를 보고 기계적으로 같은 방법을 따라 하려는 사람도 있을 것이다. 하지만 그건 진실하고 진정한 감사가 아닌 아첨과 위선으로 상대방의 자부심을 부추기는 방법인 만큼 효과가 없다. 기억하자. 우리는 감사와 인정을 갈망하며 이를 얻기 위해서라면 어떤 것이든 하려 한다. 하지만 위선을 원하는 사람은 없다. 아첨을 원하는 사람도 없다. 다시 강조하지만 이 책에 나오는 원칙들은 진심에서 우러나올 때만 효과가 있다. 내가 제안하는 것은 일련의 묘책이 아닌 삶을 살아가는 새로운 방식이다.

"나는 이 길을 한 번 지나간다. 그러므로
사람들에게 줄 수 있는 친절과 행동을
지금 실천하겠다. 다시는 이 길을 갈 수 없으니
친절을 미루거나 외면하지 않겠다."

행복한 결혼생활을 위한 7가지 원칙

1

결혼 생활의 무덤을 파는
가장 빠른 방법

75년 전, 나폴레옹 1세의 조카인 나폴레옹 3세는 세상에서 가장 아름답다는 테바의 여백작 마리 외제니 이냐스 오거스틴 드 몽티조와 사랑에 빠져 결혼했다. 참모들은 외제니가 하찮은 스페인 백작의 딸이라고 만류했지만 나폴레옹은 이렇게 응수했다. "그게 뭐가 중요하다는 말인가?"

나폴레옹은 외제니의 우아함, 젊음, 매력, 아름다움에 빠져 한없이 행복했다. 나폴레옹은 왕좌에서 이렇게 외치며 온 나라의 의견에 맞섰다. "아무 의미 없는 여인보다 내가 사랑하고 존중하는 여인을 선택하겠다." 나폴레옹과 외제니는 건강, 부, 권력, 명예, 아름다움, 사랑, 애정같이 완벽한 연애를 위한 모든 조건을 갖추었다. 신성한 결혼의 불꽃이 이보다 더 빛날 수는 없었다.

그러나 불행하게도 신성한 불꽃은 곧 사그라졌고 격정도 식어 재만 남았다. 나폴레옹은 외제니를 황후로 만들 수 있었지만 그의 사랑, 권력, 아름다운 프랑스의 그 어떤 것으로도 외제니

6부 행복한 결혼생활을 위한 7가지 원칙

의 잔소리를 멈추게 할 수는 없었다. 엄청난 질투와 의심에 사로잡힌 외제니는 나폴레옹의 말을 무시했고 사생활을 존중하지 않았다. 나랏일을 보고 있을 때 집무실에 불쑥 들어가고, 중대한 사안을 논의할 때도 방해했으며, 다른 여인과 만날까 항상 노심초사하며 혼자 놔두지 않았다.

언니를 찾아가 남편의 험담을 늘어놓을 때가 많았으며 불평하고 울고 잔소리를 늘어놓고 협박하기 일쑤였다. 남편의 서재에 쳐들어가 고함을 치고 욕을 퍼붓기도 했다. 여러 화려한 궁전의 주인이자 프랑스 황제이던 나폴레옹은 벽장 하나조차 진정한 자기 것이라 느끼지 못했다.

결국 이 모든 행동으로 외제니는 무엇을 얻었을까? E.A. 라인하르트가 쓴 흥미진진한 책 『나폴레옹과 외제니: 왕국의 희비극Napoleon and Eugenie: The Tragicomedy of an Empire』에서 그 답을 한번 살펴보자.

"나폴레옹은 한밤중에 작은 쪽문으로 자주 빠져나오고는 했다. 부드러운 모자를 푹 눌러쓰고 절친한 친구를 동반해 진짜로 그를 기다리는 아름다운 여성을 방문하거나 예전처럼 대도시를 돌아다녔다. 평소에 접하기 힘든 궁전 밖의 길거리를 걸으며 나폴레옹은 자신의 선택을 후회하는 한숨을 쉬었다."

이것이 바로 외제니의 잔소리가 가져온 결과였다. 그렇다. 외제니는 프랑스 왕좌에 올랐고 세상에서 가장 아름다운 여인이기도 했다. 그러나 왕권도 아름다움도 잔소리라는 독가스 앞에서는 사랑을 지켜낼 수 없었다. 외제니는 구약성서에 나오는 욥처럼 울부짖었을지도 모른다. "내가 가장 두려워한 것이 오고야 말왔다." 무엇이 다가왔다는 것인가? 불쌍한 여인을 자초한 건 외제니 자신이다. 질투와 잔소리가 그렇게 만든 것이다.

악마가 지옥에서 사랑을 파괴하기 위해 발명한 가장 확실하고 악한 장치 중에서도 잔소리는 가장 지독하다. 실패한 적이 없다. 킹코브라에게 물린 것처럼 잔소리는 언제나 사랑을 파괴하고 죽인다.

레프 톨스토이 백작의 아내는 이를 너무 늦게 깨달았다. 그는 임종을 앞두고 딸들에게 고백했다. "너희 아버지가 죽은 데는 내 책임이 크다." 딸들은 대답 없이 그저 흐느꼈다. 어머니 말에 수긍했기 때문이다. 톨스토이의 부인은 끊임없이 불평하고 비판과 잔소리를 이어가면서 남편의 목숨을 조였다. 하지만 모든 면에서 볼 때 톨스토이 백작과 그의 아내는 행복했어야만 했다. 톨스토이는 역사상 가장 유명한 작가였다. 그의 저서인 『전쟁과 평화』와 『안나 카레니나』는 인류 문학사에서 영원히 빛날 위대한 고전이다.

톨스토이는 너무 유명해서 밤낮없이 추종자들이 따라다니며 그가 하는 모든 말을 빠르게 받아 적을 지경이었다. 그가 그저 "이제 자러 가야겠소" 같은 사소한 말을 해도 사람들은 모두 받아 적었다. 러시아 정부는 그가 쓴 모든 문장을 책자로 만드는 중인데, 모두 합쳐 100권이 될 정도다.

톨스토이와 그의 아내는 이런 명성과 더불어 부, 사회적 지위, 자녀까지 모든 것을 가지고 있었다. 하늘 아래 그런 결혼도 없었다. 처음에는 너무도 완벽하고 강렬한 행복을 누려 불안할 정도였다. 그래서 함께 무릎을 꿇고 전능하신 신에게 이 황홀한 행복을 계속 누리게 해달라고 빌었다. 그런데 놀라운 일이 벌어졌다. 톨스토이가 점차 변한 것이다. 완전히 다른 사람이 된 톨스토이는 자신이 쓴 위대한 책들을 부끄럽게 여기기 시작했다. 그리고 그 후로는 전쟁과 가난의 종결과 평화를 설교하는 책자를 쓰는 데 인생을 바쳤다.

젊은 시절 살인을 비롯해 수없이 많은 죄를 지었다고 고백한 톨스토이는 예수의 가르침을 그대로 따르기 위해 노력했다. 그는 자신의 모든 땅을 내놓고 가난한 삶을 살았다. 나무를 자르고 건초 더미를 던지며 밭에서 일했다. 직접 신발을 만들고, 방을 쓸고, 나무 접시에 밥을 먹었으며, 원수를 사랑하려 애썼다.

레프 톨스토이의 삶은 비극이었다. 그리고 그 비극은 결혼에서 시작되었다. 그의 아내는 화려한 삶을 원했고 톨스토이는 이를 경멸했다. 아내는 명성과 사회적 칭송을 갈망했지만 그에게 그런 천박한 것들은 아무 의미도 없었다. 아내는 돈과 부를 원했지만 톨스토이는 부와 사유재산을 죄라 여겼다. 톨스토이는 인세도 받지 않고 책의 저작권을 무료로 나눠주려 했고, 이에 아내는 수년간 불평하고 비난하고 소리를 질러댔다. 아내는 그 책들이 벌어줄 돈을 원했다. 톨스토이가 이를 반대하자 아내는 발작하며 히스테리를 부렸다. 목숨을 끊겠다며 아편을 마신 후 바닥을 구르고 우물에 뛰어들겠다고 협박했다.

그중에서도 가장 안타깝다고 느껴지는 장면이 있다. 앞서 말한 대로 이들 부부는 결혼 후 처음에는 엄청난 행복을 누렸다. 그러나 48년이 지나자 톨스토이는 아내의 모습조차 참을 수 없었다. 때때로 저녁이 되면 늙고 상처 입은 아내는 애정에 목말라 남편 곁에 앉아 50년 전 그가 일기에 쓴 자신을 향한 멋진 사랑의 문장을 읽어달라고 간청했다. 이제 사라지고 없는 아름답고 행복한 날들의 일기를 읽기 시작하자 두 사람은 모두 흐느꼈다. 오래전 꿈꾼 낭만과 현실의 삶은 얼마나 달랐던가.

마침내 불행하고 참담한 가정생활을 더는 견딜 수 없던 82세의 톨스토이는 1910년 10월의 눈 내리던 어느 날 밤, 아내를 떠났다. 행선지도 정하지 않은 채 어둠과 추위를 헤치며 말이다. 11일 후 그는 기차역에서 폐렴에 걸려 죽었다. 그리고 그의 유언은 아내가 보러 오지 못하게 막아달라는 것이었다. 이것이 바로 잔소리와 불평과 히스테리가 가져온 결과였다.

그럴 만한 이유가 있으니까 잔소리를 하지 않았겠냐 생각하는 사람도 있을 것이다. 인정한다. 그러나 이는 중요치 않다. 잔소리가 도움이 되었는가? 아니면 상황을 더 악화시켰는가? 이것이 핵심이다. 톨스토이의 아내는 훗날 이렇게 말했다. "내가 정신이 나갔던 게 틀림없다." 하지만 때는 이미 너무 늦었다.

에이브러햄 링컨의 인생에서 가장 비극적인 일 역시 결혼이었다. 기억하라. 암살이 아닌 결혼이다. 부스에게 총격당했을 때 링컨은 자신이 상처 입은 줄도 몰랐다. 그러나 그의 법률 파트너인 헌든의 표현에 따르면 링컨은 23년간 거의 매일 '부부 불화로 인한 쓰라린 상처'를 입었다. 좋게 말해서 부부 불화다. 링컨의 아내는 25년 가까이 그를 괴롭히고 궁지에 몰았다.

아내는 언제나 불평하고 남편을 비판했다. 남편에게 마음에 드는 구석이라고는 한 군데도 없었다. 어깨는 구부정하고 원주민처럼 발을 뻣뻣하게 올리고 다녀 걸음걸이도 이상했다. 부인은 링컨이 사뿐하게 걷지 못하고 우아하게 움직이지 못한다며 비난했다. 그의 걸음걸이를 흉내 내며 렉싱턴에 있는 마담 멘텔 기숙학교에서 자신이 배운 대로 발끝을 아래로 모아 걸으라고 잔소리했다.

링컨의 큰 귀가 머리와 직각을 이루며 두드러져 보이는 것도 싫어했다. 코가 비뚤며 아랫입술이 튀어나왔다 지적하고, 폐결핵 환자 같은 모습에 손과 발은 크고 머리는 너무 작다는 말까지 했다. 에이브러햄 링컨과 메리 토드 링컨은 모든 면에서 달랐다. 교육 수준, 성장 배경, 기질, 취향, 인생관까지 정반대였다. 두 사람은 끊임없이 서로의 신경을 긁었다.

당대 최고의 링컨 권위자인 앨버트 J. 베버리지 상원 의원은 이렇게 적었다. "링컨 부인의 크고 날카로운 목소리는 길 건너까지 들릴 정도였다. 끊임없이 폭발하는 분노의 소리를 이웃들 모두가 들을 수 있었다. 링컨 부인은 종종 다른 방식으로 분노를 표출하기도 했다. 수많은 일화가 그의 폭력성을 극명히 보여준다."

일례로 신혼 초기에 링컨 부부는 스프링필드에 사는 제이컵 얼리 부인의 집에서 지냈다. 의사인 남편이 작고한 후 하숙을 치기 시작한 부인의 집이었다. 하루는 아침을 먹다가 링컨이 아내의 불같은 성미를 돋울 만한 행동을 했다. 무슨 일인지는 기억도 못할 사소한 일이었다. 화가 난 아내는 뜨거운 커피를 남편의 얼굴에 부어버렸다. 그것도 다른 하숙인들이 보는 앞에서 말이다. 링컨은 아무 말도 하지 않은 채 굴욕과 적막 속에 앉아 있었다. 얼리 부인은 젖은 수건을 가져와 그런 링컨의 얼굴과 옷을 닦아주었다.

너무나 어리석고, 강렬하고, 엄청난 질투심 때문에 링컨의 아내가 공공장소에서 일으킨 한심하고 교양 없는 일화는 75년이 흐른 지금 읽어도 경악스럽다. 결국 링컨 부인은 미쳤다. 그런 정신 질환의 조짐이 성격에 내내 영향을 주었을 거라는 말이 가장 너그러운 표현일 것이다. 이 모든 불평과 비난과 분노가 링컨을 변화시켰을까? 한편으로는 그렇다. 아내를 향한 그의 태도는 확실히 변했다. 링컨은 불행한 결혼 생활을 후회하며 가능한 한 아내를 피하려 했으니 말이다.

스프링필드에는 변호사가 열한 명 있었다. 그곳에서 충분한 일감을 찾기 힘들었던 변호사들은 말을 타고 데이비드 데이비스 판사가 재판을 여는 장소들을 따라 옮겨 다녔고, 그런 식으로 제8지방법원 구역의 모든 마을 사건을 맡을 수 있었다.

다른 변호사들은 매주 토요일마다 스프링필드로 돌아가 가족과 주말을 보냈지만 링컨은 그러지 않았다. 그는 집에 가기가 죽기보다 싫었다. 그래서 봄 3개월과 가을 3개월 동안은 재판을 따라 옮겨 다니며 스프링필드 근처에는 가지도 않았다. 링컨은 매년 이런 생활을 반복했다. 시골 숙소의 환경은 열악할 때가 많았지만 그렇다 해도 집에 돌아가 아내의 끊임없는 불평과 분노를 견디는 것보다는 나았다.

외제니 황후, 톨스토이의 아내, 링컨 부인이 잔소리를 하며 얻은 결과는 이러하다. 이들은 삶의 비극을 자초하며 가장 소중하게 여겼던 모든 것을 파괴했다.

뉴욕 가정법원에서 11년간 일하며 수천 가지의 사례를 검토한 베시 햄버거는 남편이 가정을 떠나는 가장 주된 원인이 아내

의 잔소리 때문이라고 밝혔다. 《보스턴 포스트》는 이렇게 표현한
다. "많은 아내가 끊임없는 잔소리라는 작은 삽질을 하며 스스로
결혼의 무덤을 판다."

그러므로 행복한 가정생활을 유지하고 싶다면 이렇게 하자.

원칙 1   절대, 절대 잔소리하지 마라!

Don't, don't nag!!!

있는 그대로를 존중하라

"살면서 어리석은 행동을 많이 할지는 몰라도, 사랑 때문에 결혼하는 일은 절대 없을 것이다." 영국의 총리 디즈레일리는 이렇게 말했고, 실제로도 자신이 한 말을 지켰다. 그는 35세까지 독신으로 지내다 자신보다 열다섯 살 연상의 부유한 여성에게 청혼했다. 50번의 겨울을 지내며 백발이 된, 남편과 사별한 여성이었다.

사랑해서였을까? 아니다. 그 여성도 디즈레일리가 사랑이 아닌 돈 때문에 청혼한 것을 알고 있었다! 그래서 한 가지 부탁을 했다. 디즈데일리가 어떤 사람인지 파악할 수 있도록 일 년의 시간을 달라고 했다. 그리고 일 년이 다 되었을 무렵, 그 여성은 디즈레일리와 결혼했다.

꽤 세속적이고 계산적으로 보인다. 그렇지 않은가? 그러나 역설적으로 두 사람은 난장판과 진흙탕 싸움이 난무하는 결혼의 역사에서 매우 빛나는 성공을 거둔다. 디즈레일리가 선택한 부유한 여성 메리 앤은 젊지도, 아름답지도, 똑똑하지도 않았다.

오히려 이와는 거리가 멀었다. 문학이나 역사적 지식이 없어 대화할 때 실소를 유발하는 실수를 저지르기도 했다. 예를 들어 그리스인과 로마인 중 누가 먼저인지도 모를 정도였다. 옷과 가구를 고르는 취향도 특이했다. 그러나 가정생활의 가장 중요한 부분에 있어서는 단연코 뛰어났다. 그것은 바로 남편을 다루는 기술이었다.

메리 앤은 디즈레일리와 지성을 겨루려 하지 않았다. 디즈레일리가 오후 내내 똑똑한 공작부인들과 재담을 주고받은 후 따분하고 지쳐 집에 돌아오면 메리 앤은 가벼운 수다로 그의 피곤을 풀어주었다. 그러자 기쁘게도 디즈레일리에게 집이란 점차 메리 앤의 따뜻한 애정 속에 마음의 휴식을 취하는 곳이 되어갔다. 나이든 아내와 함께 집에서 보낸 시간이 인생에서 가장 행복한 나날이었다. 아내는 그의 조력자이자 절친한 친구이자 조언가였다. 매일 밤 하원에서 일을 마치면 디즈레일리는 서둘러 집에 와 그날 있던 일을 아내에게 말했다. 여기서 가장 중요한 점이 있다. 메리 앤에게는 남편이 무슨 일을 하든 실패하지 않을 거라는 굳은 믿음이 있었다는 사실이다.

30년간 메리 앤은 디즈레일리만을 위해 살았다. 자기 재산도 그의 삶을 더 편하게 할 수 있는 데에 의미가 있었다. 그 대가로 메리 앤은 디즈레일리의 영웅이 되었다. 아내가 죽은 후 디즈레일리는 백작의 작위를 받았지만 평민 신분일 때도 빅토리아 여왕에게 메리 앤을 귀족으로 승격해달라며 간청했다. 결국 1868년, 메리 앤은 비콘스필드 자작 부인이 된다.

그는 사람들 앞에서 아내가 무식하고 산만한 모습을 보여도 절대 비난하지 않았다. 모욕을 주는 말도 하지 않았다. 누군가 조롱하려 들면 맹렬한 충성심으로 아내를 변호했다.

메리 앤은 완벽하지 않았지만 30년 내내 남편에 관해 칭찬의 말을 하고 존경하기를 멈추지 않았다. 결과는 어땠을까? 디즈레일리는 이렇게 말했다. "30년을 함께 살았지만 한순간도 아내가 지루한 적이 없습니다." (그런데도 어떤 이들은 역사를 잘 모른다고 메리 앤이 무식하다고 생각한다!)

디즈레일리는 어땠을까? 그는 인생에서 메리 앤이 가장 소중함을 공공연히 표현했다. 그 결과 메리 앤은 친구들에게 자주 이렇게 말했다. "친절한 남편 덕분에 인생이 행복 그 자체야." 두 사람 사이에는 그들만 아는 가벼운 농담거리가 있었다. 디즈레일리가 "당신도 알다시피 나는 돈 때문에 당신과 결혼했소"라고 말하면 메리 앤은 웃으며 이렇게 응수했다. "맞아요. 그렇지만 다시 선택하면 당신은 나와 사랑 때문에 결혼할 거예요. 그렇지 않나요?" 디즈레일리는 아내의 말에 수긍했다. 물론 메리 앤이 완벽한 사람은 아니었지만 현명한 디즈레일리는 아내가 자기 본연의 모습으로 살아가도록 놔두었다.

헨리 제임스는 이렇게 표현했다. "인간관계에서 우리가 가장 먼저 배울 점은 상대가 행복을 느끼는 고유의 방식을 존중하는 것이다. 단 그 방식이 우리의 방식을 강압적으로 방해하지 않는 한 말이다."

너무 중요한 말이니 다시 짚어보자. "인간관계에서 우리가 가장 먼저 배울 점은 상대가 행복을 느끼는 고유의 방식을 존중하는 것이다." 릴런드 포스터 우드가 저서 『가족 안에서 함께 성장하기『Growing Together in the Family 』에서도 밝혔듯이 "성공적인 결혼 생활을 위해서는 적합한 상대를 찾는 것 이상으로, 자신이 그 적합한 상대가 되는 것도 중요하다."

원칙 2 배우자를 바꾸려 들지 마라.

Don't try to make your partner over.

3

이혼으로 향하는 지름길

공직 생활에서 디즈레일리의 가장 큰 숙적은 윌리엄 글래드스턴이었다. 둘은 모든 논쟁에서 부딪혔다. 그러나 이들에게 공통점이 하나 있었으니, 그건 매우 행복한 가정생활을 누렸다는 것이다. 윌리엄 글래드스턴과 캐서린 글래드스턴은 59년간 함께 살았으며, 변함없는 헌신으로 60년에 가까운 세월을 아름답게 보냈다. 영국의 가장 위엄 있는 총리였던 글래드스턴이 아내의 손을 잡고 벽난로 깔개 위에서 이런 노래를 부르며 춤추는 모습이 상상된다.

> 덥수룩한 남편과 말괄량이 아내,
> 인생의 굴곡을 우리는 함께 헤쳐나가지.

글래드스턴은 공식적인 자리에서 무시무시한 상대였지만 집에서는 다른 사람을 전혀 비난하지 않았다. 아침 식사를 하러 내려왔을 때 식구들이 아직 잠을 자고 있다면 부드럽게 돌려서 나무랐다. 알 수 없는 노래를 온 집 안에 울리도록 크게 부르면서 말이다. 이런 방식으로 영국에서 가장 바쁜 사람이 아래층에서 홀로 식사를 기다린다는 것을 가족들에게 알려준 셈이다. 노련하고 사려 깊은 그는 가정에서 비난하는 언행을 하지 않도록 매우 조심했다.

예카테리나 2세 역시 마찬가지였다. 전 세계에서 가장 큰 제국을 다스린 예카테리나 2세는 수백만 국민의 목숨을 쥐락펴락하는 막강한 권력을 지닌 사람이었다. 정치적으로는 쓸모없는 전쟁을 일으키고 수많은 적에게 총살형을 내리는 무자비한 폭군의 모습을 보일 때도 많았다. 그러나 예카테리나 2세는 왕실 요리사가 고기를 태워도 뭐라 하지 않았다. 그냥 웃으며 먹었다. 많은 가정에서 본받아야 할 관용이다.

불행한 결혼 생활의 원인에 정통한 권위자인 도로시 딕스는 모든 결혼의 50퍼센트 이상이 실패한다고 말했다. 그리고 그렇게 수많은 낭만적 꿈이 이혼으로 산산조각 나는 주요 원인은 비난 때문임을 밝혔다. 상대의 마음에 깊은 상처만 주는 무익한 비난 말이다.

따라서 행복한 가정생활을 지키고 싶다면 기억하자.

원칙 3 비난하지 마라.

Don't criticize.

4

모두가 행복한 지름길

로스앤젤레스 가족관계연구소 소장 폴 포페노는 이렇게 말한다. "남성들은 대부분 아내를 구할 때 임원감을 찾는 게 아닙니다. 매력 있고 자신의 허영심을 채워주며 본인이 뛰어나다고 느끼게 해줄 아내를 원하죠. 고위직 여성도 오찬에 한 번쯤 초대받을 수는 있습니다. 그러나 대학에서 배운 고루한 현대 철학의 주류를 논하고 자기가 먹은 음식값은 직접 내겠다고 주장하다가는 결과적으로 홀로 남죠. 반대로 대학을 못 나온 타이피스트가 오찬에 초대되면 자신을 모임에 에스코트한 남성을 열정적으로 바라보며 간절히 말합니다. '당신에 대해 좀 더 말해주세요.' 그 결과는 어떨까요? 남성은 다른 동료들에게 이렇게 말합니다. '뛰어난 미인은 아닐지 몰라도 최고의 대화 상대야.'"

남성들은 아름답고 멋진 옷을 입기 위해 여성이 쏟는 노력을 인정할 줄 알아야 한다. 여성이 얼마나 옷에 진심인지 남성은 잘 모르며, 안다 해도 이내 잊어버린다. 예를 들어 길에서 한 남녀가 다른 남녀를 마주쳤다고 해보자. 여성은 다른 남성에게는 별 관심이 없다. 대개는 상대편 여성이 어떻게 옷을 입었는지를 더 살펴본다.

몇 년 전 내 조모는 98세의 나이에 돌아가셨다. 돌아가시기 얼마 전 우리는 할머니께 30년쯤 전에 찍은 당신의 사진을 보여드렸다. 할머니는 시력이 안 좋아져 사진을 잘 보실 수도 없었는데 딱 한 가지를 물으셨다. "내가 어떤 옷을 입은 거니?" 생각해보라! 100세를 앞두고 지친 몸으로 누워 생애 마지막 12월을 보내는 노년의 여성이, 기억도 빠르게 사라져 자기 딸조차 못 알아볼 지경인 와중에 30년 전에 입은 옷이 궁금하다니! 할머니가 이 질문을 하실 때 곁에 있던 나는 깊은 인상을 받았다.

이 글을 읽는 남성들은 5년 전 자신이 어떤 옷이나 셔츠를 입고 있었는지 기억할 수 없을 것이다. 사실 기억하고 싶은 마음도 없다. 그러나 여성은 다르다. 우리 미국 남성은 이를 반드시 알아야 한다. 프랑스 상류층 남성은 어릴 적부터 여성의 드레스와 모자에 찬사를 보내도록 교육받았다. 그것도 한 번이 아니라 모임이 열리는 저녁 내내 여러 번 말이다. 5000만 프랑스 남성이 틀릴 리 없다! 모스크바와 상트페테르부르크의 방자한 귀족들도 예전에는 좋은 매너를 지녔다. 차르 시대의 러시아 상류층들은 멋진 저녁 식사를 마친 후 으레 요리사를 불러 찬사를 표했다.

이런 세심함을 아내에게도 보이면 어떨까? 아내가 만든 부드러운 닭 요리를 맛보면 이를 표현하자. 당신이 건초 더미를 먹는 게 아니라는 사실에 감사하다는 걸 알려주는 것이다. 아니면 배우이자 사업가였던 텍사스 기년의 말처럼 "당신의 아내에게 박수갈채를 보내라."

그렇게 하는 김에 피하지 말고 아내가 당신의 행복에 얼마나 중요한 사람인지도 알려주자. 디즈레일리는 영국이 낳은 위대한 정치가였다. 그러나 우리가 봐온 것처럼 그는 아내가 얼마나 고마운 존재인지 온 세상에 스스럼없이 표현했다.

얼마 전 잡지를 읽다가 배우이자 가수인 에디 캔터의 인터뷰를 보았다. "이 세상 그 누구보다 아내에게 정말 고마운 게 많습니다. 어릴 적부터 최고의 친구였던 아내는 제가 항상 바른길을 갈 수 있게 도와주었습니다. 결혼 후에는 돈을 차곡차곡 모아 투자하고, 이를 다시 투자해 제게 큰 부를 안겨주었죠. 우리는 사랑스러운 다섯 아이를 길렀고 아내 덕분에 가정도 언제나 화목했습니다. 제가 이룬 모든 것은 아내의 공이죠."

할리우드는 세계 최대 보험자협회인 런던로이즈도 위험을 감수하지 않을 만큼 결혼이 모험인 곳이다. 하지만 이곳에서 드물게 행복한 결혼 생활을 보여준 부부가 있다. 바로 워너 백스터 부부다. 위니프레드 브라이슨으로 불리던 백스터 부인은 결혼 후 화려한 무대를 떠났다. 그러나 이 희생으로 행복이 무너지지는 않았다. 워너 백스터는 이렇게 말했다.

"아내는 무대의 박수갈채를 그리워했습니다. 저는 그 대신 제가 항상 전적인 박수갈채를 보내고 있다는 걸 아내가 느끼게끔 노력했어요. 남편의 인정과 노력이 있어야 여성이 결혼 생활에서 조금이라도 행복을 찾을 수 있는 겁니다. 그렇게 진심으로 아내를 인정하고 노력해야 남편도 행복할 수 있죠."

원칙 4 진심 어린 감사를 표현하라.

Give honest appreciation.

5

여성에게 중요한 것

　　아주 오래전부터 꽃은 사랑의 매개체였다. 특히 제철 꽃들은 값이 비싸지도 않고 길모퉁이 상점에서 쉽게 볼 수 있다. 그런데도 수선화 한 다발을 사 들고 퇴근하는 남편이 얼마나 드문가. 아무래도 수선화가 난초처럼 비싸거나 구름 낀 알프스산맥 절벽에 피는 에델바이스처럼 구하기 힘들다고 생각하는 듯하다. 왜 아내가 병원에 갈 때까지 기다렸다가 꽃을 줄 생각을 하는가? 당장 내일 밤 아내에게 장미 몇 송이를 건네보는 건 어떨까? 직접 시도해보자. 결과는 놀라울 것이다.

　　브로드웨이에서 대활약한 배우 조지 M. 코핸은 어머니가 돌아가시기 전까지 하루에 두 번씩 전화를 걸었다. 매번 전화할 때마다 특별한 소식이 있었을까? 아니다. 이러한 작은 관심이 보여주는 의미는 이렇다. 사랑하는 상대에게 내가 당신을 생각하고 있고, 기쁘게 하고 싶고, 당신의 행복과 안녕이 매우 소중하고 중요하다는 걸 알려주는 것이다.

　　여성들은 생일과 기념일에 많은 의미를 부여한다. 그 이유는 여성에 관한 영원한 수수께끼로 남을 것이다. 대부분의 남성은 살면서 날짜를 기억하지 못하는 실수를 많이 저지르고는 한다. 그러나 절대 잊어서 안 되는 날들이 있다. 콜럼버스가 신대륙을 발견한 1492년과 미국이 독립을 선언한 1776년, 그리고 아내의 생일과 결혼기념일이다. 앞의 두 날짜는 여차하면 잊어도 잘 살아갈 수 있지만 뒤의 두 날짜는 잊으면 안 된다!

시카고의 조셉 사바스 판사는 4만 건의 결혼 분쟁을 검토하고 2000쌍을 화해시켰다. 그는 이런 말을 남겼다. "불행한 결혼 생활은 매우 사소한 것들에서 시작합니다. 남편이 출근할 때 아내가 손을 흔들며 인사하는 간단한 행동만으로 이혼을 막을 수 있죠."

엘리자베스 배럿 브라우닝과 인생을 함께한 로버트 브라우닝은 역사상 가장 이상적인 사랑을 나누었을 것이다. 로버트 브라우닝은 아내에게 사소한 칭찬과 관심을 끊임없이 보내며 사랑을 지켰고 병든 아내를 세심히 보살폈다. 엘리자베스가 자매들에게 보내는 편지에 "이제는 내가 진짜 천사인지 헷갈릴 지경이야"라고 쓸 정도였다.

하지만 많은 남성이 이렇게 매일 보여주는 사소한 관심의 중요성을 과소평가한다. 음식 평론가 게이너 매덕스는 잡지《픽토리얼 리뷰》에 실린 기사에서 이렇게 말했다. "미국 가정은 몇 가지 새로운 일탈이 필요하다. 예를 들어 침대에서 아침을 먹는 것은 많은 여성이 누려야 할 기분 좋은 일탈이다. 여성들이 침대에서 먹는 아침은 남성들이 사교 클럽에 가는 것과 같은 즐거움을 준다."

길게 볼 때 결혼 생활이란 결국 그런 사소한 일들의 연속이다. 그 사실을 간과하는 부부는 어려움을 겪는다. 시인 에드나 세인트 빈센트 밀레이는 이를 간결한 운문으로 함축해 표현했다.

사랑 때문에 날마다 슬픈 것이 아니라,
사소한 것들로 사랑이 사라지는 게 나를 슬프게 한다.

기억해두면 좋을 구절이다. 네바다주 리노에서는 일주일 중 6일간 이혼 법정이 열리며 부부 열 쌍 중 한 쌍꼴로 이혼을 결정한다. 하지만 이 중 진짜 심각한 비극 때문에 깨지는 부부는 몇 쌍이나 될까? 매우 적을 것이라 장담한다. 허구한 날 그곳에 앉아 불행한 남편과 아내의 증언을 듣고 있으면 '사소한 것들로 사랑이 사라진다'라는 게 어떤 의미인지 알 것이다.

이제 주머니칼로 다음 문장을 오려내 당신의 모자 안에 붙이거나 아침에 면도할 때마다 볼 수 있게 거울에 붙여보자. "나는 이 길을 한 번 지나간다. 그러므로 사람들에게 줄 수 있는 친절과 행동을 지금 실천하겠다. 다시는 이 길을 갈 수 없으니 친절을 미루거나 외면하지 않겠다."

원칙 5   사소한 관심을 보여라.
Pay little attentions.

행복해지고 싶은 당신이
지켜야 할 것

　　지휘자 월터 댐로시는 미국의 위대한 연설가이자 대통령 선거에도 출마한 제임스 G. 블레인의 딸과 결혼했다. 스코틀랜드에 있는 앤드루 카네기의 집에서 처음 만난 이래로 그들은 매우 행복한 결혼 생활을 꾸려왔다. 과연 비결이 무엇일까?

　　댐로시의 부인은 이렇게 말했다. "배우자 선택 다음으로 중요한 것이 결혼 후에 보여주는 예의라고 생각합니다. 젊은 아내들이 낯선 사람을 대할 때처럼 남편에게도 예의를 차리면 얼마나 좋을까요! 날카로운 말에 달아나지 않을 사람은 없을 겁니다."

　　무례함은 사랑을 집어삼키는 암 덩어리다. 모두 이를 안다. 그러나 익히 악명이 나 있듯 사람들은 가까운 가족보다 낯선 사람에게 더욱 예의를 차린다. 낯선 이에게는 "아우 정말, 허구한 날 똑같은 이야기!"라고 감히 말을 막지 못한다. 허락 없이 친구의 편지를 열어보거나 개인적인 비밀을 파헤치는 건 상상할 수도 없다. 그러면서 가장 가깝고 소중한 가족들에게는 사소한 잘못에도 비난을 퍼붓는다.

도로시 딕스의 말을 다시 떠올려보자. "놀랍지만 우리에게 상처와 모욕을 주고 비난의 말을 하는 유일한 이들은 사실상 가족이다." 헨리 클레이 리스너는 이렇게 말했다. "예의란 부서진 문보다 그 너머 마당에 핀 꽃에 관심을 기울일 줄 아는 마음가짐이다." 기름 없이 자동차가 갈 수 없듯이 결혼 생활에도 예의는 꼭 필요하다.

많은 인기를 끈 『아침 식탁의 독재자Autocrat of Breakfast Table』의 저자 올리버 웬들 홈스는 집에서 결코 독재자가 아니었다. 오히려 너무 배려심이 많아 자신이 기분이 안 좋거나 침울할 때도 그런 모습을 가족들에게 숨기려 했다. 다른 가족에게 고통을 나눠주느니 혼자 참는 게 나았다고 홈스는 말한다.

그러나 일반적인 사람들은 어떤가? 회사에서 일이 뜻대로 풀리지 않고, 거래처를 잃고, 상사에게 혼난다. 두통은 심해지고 퇴근 시간 기차도 놓친다. 그들은 빨리 집에 가 이 모든 것을 가족들에게 쏟아붓고 싶은 마음이 굴뚝같다. 네덜란드에서는 집에 들어가기 전에 신발을 문간에 벗어둔다. 해리 경은 이렇게 네덜란드 사람들을 본받아 일터의 힘든 일은 집에 들어가기 전에 벗어두라고 말한다.

윌리엄 제임스의 『인간의 맹점에 대하여On a Certain Blindness in Human Beings』는 가까운 도서관을 방문해 읽어보면 좋은 책이다. 제임스는 이렇게 말한다. "여기서 밝힐 인간의 맹점은 우리 모두를 불행하게 하는 타인의 감정에 대한 무지를 뜻한다." 많은 남편이 고객이나 사업 파트너에게 날을 세워 이야기하는 모습은 꿈도 꾸지 못하면서 아내에게 고함치는 것은 예사로 여긴다. 그러나 개인의 행복에 있어 결혼은 일보다 훨씬 중요하고도 중요하다.

행복한 결혼 생활을 하는 평범한 남성이 고독 속에 사는 천재보다 훨씬 행복하다. 전 세계 독자의 사랑을 받는 러시아의 위대한 소설가 투르게네프는 이런 말을 남겼다. "내가 집에 와 늦은 저녁을 먹을지 신경 써주는 여인이 어딘가에 있다면, 내 모든 천재성과 책들을 포기해도 좋소."

행복한 결혼 생활을 누릴 확률은 얼마나 될까? 앞서 도로시 딕스는 결혼 생활의 절반 이상이 실패한다고 보았다. 그러나 폴 포페노 박사는 다르게 생각하며 이렇게 말했다. "사업에 뛰어들 때보다 결혼 생활에서 성공할 확률이 더 높습니다. 식료품 사업을 시작한 이들 중에 70퍼센트는 실패하지만 결혼한 사람 중 70퍼센트는 성공하죠." 도로시 딕스는 모든 것을 이렇게 종합했다.

"결혼과 비교하면 탄생은 우리 삶의 한 에피소드에 지나지 않으며 죽음은 하찮은 사건에 불과해 보입니다. 남성들이 사업이나 직업적 성공을 위해 노력하는 만큼 가정에서는 왜 애쓰지 않는지 여성들은 이해할 수 없죠. 그러나 아내를 만족시키고, 평화롭고 행복한 가정을 꾸리는 게 많은 돈을 버는 것보다 의미 있다 해도 성공적인 결혼 생활을 위해 진지하게 생각해보거나 진정한 노력을 기울이는 남편은 매우 드뭅니다. 인생에서 가장 중요한 일을 그저 운에 맡기고 그 운에 따라 성공하거나 실패하는 거죠. 강압적인 방법보다 부드러운 방법을 사용하는 게 더 이득인데 남성들은 왜 조화롭게 상황을 대하지 않는지 여성들은 받아들이기 힘듭니다.

모든 남성은 아내를 즐겁게 하면 무에서 유를 이룰 수 있음을 인지합니다. 집안을 얼마나 훌륭하게 관리하는지, 그것이 자신에게 얼마나 도움이 되는지 몇 가지 칭찬만 건네도 아내가 살림을 더 알뜰히 할 거라는 걸 알고 있죠. 작년에 산 드레스를 입었을 때 얼마나 사랑스럽고 아름다웠는지 말하면 파리에서 건너온 최신 드레스를 사지 않을 것도 알고는 있습니다. 모든 남성은 눈이 흐려질 때까지 아내의 눈에 한없이 키스할 수 있고, 말을 멈추게 하는 데는 따뜻한 입맞춤만 하면 된다는 사실을 알죠.

그리고 모든 아내 역시 남편이 이러한 사실을 인지하고 있다는 것을 알고 있습니다. 자신을 어떻게 대하면 좋은지 누누이 말해왔기 때문입니다. 그런데도 남편들은 아내가 간절히 원하는 방식으로 대하거나 사소한 칭찬을 건네는 노력을 쏟기보다 아내와 싸우고 나서는 그 대가로 식은 밥을 먹고 새로운 드레스, 차, 진주를 사는 데 돈을 낭비하는 쪽을 선택합니다. 아내는 이런 남편에게 화를 내야 할지 넌더리를 내야 할지 난감하죠."

그러니 행복한 가정생활을 유지하고 싶다면 다음을 기억하자.

원칙 6 예의를 지켜라.

Be courteous.

7

'결혼 문맹'이 되지 마라

　　사회위생국의 사무총장 캐서린 베먼트 데이비스 박사는 기혼 여성 1000명을 대상으로 일련의 은밀한 문제를 조사해 매우 솔직한 답변을 받아냈다. 결과는 놀라웠다. 일반적인 미국 성인들의 성적 불만에 관한 충격적인 내용들이 쏟아진 것이다. 수많은 기혼 여성의 답변을 정독한 후 데이비스 박사는 미국 내 이혼의 주요 원인이 성적인 문제에서 기인한다는 확신을 자신 있게 발표했다.

　　G.V. 해밀턴 박사의 연구도 이를 뒷받침한다. 해밀턴 박사는 4년에 걸쳐 남녀 100명의 결혼 생활을 연구했다. 그는 결혼 생활과 관련된 질문 400개를 이들에게 각각 물었고, 문제를 철저히 파고들었다. 너무 철저하게 논의해 조사 기간이 4년이나 걸렸으며 주요 자선가들이 후원할 만큼 사회학적으로도 매우 중요한 연구라 여겨졌다. 그 결과는 해밀턴 박사와 케네스 맥고완이 쓴 『결혼 생활의 문제는 무엇일까?What's Wrong with Marriage?』에서 확인할 수 있다.

자, 도대체 결혼 생활의 문제는 무엇일까? 해밀턴 박사는 이렇게 말한다. "굉장히 편협하고 신중하지 못한 정신의학자들은 많은 문제의 원인이 성적 불만족에 있다고 인정하지 않는다. 하지만 적어도 부부 간의 성관계가 만족스럽다면 다른 문제에서 발생하는 갈등은 무마될 때가 매우 많다."

로스앤젤레스 가족관계연구소의 소장 폴 포페노 박사는 수천 건의 결혼을 검토한 미국 내 가정 문제의 최고 권위자라 할 수 있다. 폴 포페노 박사에 따르면 결혼 생활의 실패는 보통 4가지 요인에서 기인한다. 그는 다음과 같은 순서로 4가지 요인을 뽑았다.

❶ 성적 불만족
❷ 여가를 보내는 방식에 관한 의견 차이
❸ 경제적 어려움
❹ 정신적, 육체적, 감정적 이상

4가지 요인 중 가장 먼저 성적 불만족을 꼽은 점에 주목하자. 놀랍게도 경제적 어려움은 세 번째 순위에 있다. 이혼 전문가들은 성적 만족의 절대적 필요성에 모두 동의한다. 일례로 수많은 가정생활의 비극을 들어온 신시내티 가정법원의 호프만 판사는 몇 년 전 이런 말을 남겼다. "열 쌍 중 아홉 쌍이 성적인 문제로 이혼한다."

유명한 심리학자 존 B. 왓슨은 이렇게 표현했다. "성생활은 우리 삶에서 명백히 가장 중요한 문제이며, 남성과 여성의 행복을 무너뜨리는 가장 큰 요소다." 그리고 이는 우리 수업에서 연설한 수많은 현직 의사가 강조한 말이기도 하다. 20세기 지성의 시대에 가장 원초적이고 자연적인 이 본능에 관한 무지 때문에 결혼이 파괴되고 삶이 망가진다는 게 안타깝지 않은가?

올리버 M. 버터필드는 뉴욕시 가족 상담소를 이끌기 위해 연단에서 내려오기 전까지 18년간 감리교 목사로 일했다. 그는 이 세상 어떤 이보다 수많은 젊은 커플의 주례를 보았을 것이다. 버터필드는 이렇게 말했다. "저는 목사 일을 시작하며 많은 커플이 사랑과 좋은 마음으로 식장에 들어오지만 막상 결혼에는 무지한 '결혼 문맹'이라고 느꼈습니다."

결혼 문맹이라니! 그는 이어서 말했다. "결혼 생활의 어려움을 해결할 때 많은 부분을 운에 맡긴다는 사실을 생각하면 이혼율이 16퍼센트밖에 되지 않는다는 것이 기적이죠. 충격적이게도 많은 부부가 단지 이혼하지 않았을 뿐 진정한 결혼 생활은 영위하지 못하는 일종의 연옥에 갇혀 삽니다. 행복한 결혼은 우연의 산물이 아닙니다. 현명하고 신중하게 계획된다는 점에서 건축물과 비슷하다고 할 수 있죠."

이를 돕기 위해 버터필드는 수년간 그가 주례를 볼 예비부부들이 반드시 그와 미래 계획을 터놓고 논의하게끔 했다. 그리고 많은 논의를 거치며 너무도 많은 커플이 결혼 문맹 상태라는 결론을 내렸다. "성생활은 결혼 생활에서 만족감을 주는 많은 요소 중 하나지만 이 관계가 원만하지 않다면 모든 것을 망칠 수 있습니다."

그러면 어떻게 바로잡을 수 있을까?

6부 행복한 결혼생활을 위한 7가지 원칙

"감상적인 침묵 대신 냉철한 태도와 실행 의지를 갖추고 결혼 생활을 객관적으로 논의할 수 있어야 합니다. 건전하고 좋은 내용을 담은 책을 보며 이런 능력을 익히는 게 가장 좋죠. 저는 제가 쓴 『결혼과 균형 잡힌 성생활Marriage and Sexual Harmony』 외에도 이런 책을 많이 가지고 있습니다. 시중에 있는 책 중 일반적으로 읽기에 가장 좋은 3가지로는 이사벨 E. 허턴의 『결혼 생활의 성적 테크닉The Sex Technique in Marriage』, 맥스 엑스너의 『결혼의 성적 문제The Sexual Side of Marriage』, 헬레나 라이트의 『결혼 생활의 성적 요소The Sex Factor in Marriage』를 추천합니다."

원칙 7   결혼 생활의 성적인 면을 다루는 좋은 책을 읽어라.
Read a good book on the sexual side of marriage.

책으로 성생활을 배운다고? 왜 말이 안 되는가? 몇 년 전 컬럼비아대학교와 미국 사회위생협회는 주요 전문가들을 초빙해 대학생들의 성과 결혼 문제를 논의했다. 그 토론에서 폴 포페노 박사는 이렇게 언급했다. "이혼이 감소 추세인 까닭은 사람들이 성과 결혼을 주제로 한 양서들을 더 많이 읽고 있기 때문입니다."

행복한 결혼 생활을 위한 7가지 원칙

원칙 ❶ 절대, 절대 잔소리하지 마라!

원칙 ❷ 배우자를 바꾸려 들지 마라.

원칙 ❸ 비난하지 마라.

원칙 ❹ 진심 어린 감사를 표현하라.

원칙 ❺ 사소한 관심을 보여라.

원칙 ❻ 예의를 지켜라.

원칙 ❼ 결혼 생활의 성적인 면을 다루는 좋은 책을 읽어라.

《아메리칸 매거진》은 1933년 6월호에 에밋 크로지어가 쓴 결혼이 실패하는 원인을 게재했다. 다음은 그 기사에서 발췌한 질문지로, 여러분도 사용해보면 도움이 될 것이다. 자신 있게 답할 수 있는 질문에는 10점을 매기자.

남편에게 던지는 질문

❶ 가끔 꽃을 선물하고, 생일과 결혼기념일을 챙기며, 예기치 못한 관심과 따뜻함으로 계속해서 아내의 마음을 사려 노력하는가?

❷ 다른 사람 앞에서 아내를 비난하지 않도록 조심하는가?

❸ 생활비 외에 아내가 전적으로 사용할 수 있는 돈을 주는가?

❹ 아내의 감정 변화를 이해하려 노력하고, 아내가 피곤하고 예민하고 짜증 나는 시기를 잘 견디도록 도와주는가?

❺ 적어도 여가 시간의 절반은 아내와 함께 보내는가?

❻ 아내가 더 뛰어난 상황을 제외하고, 아내의 요리와 살림 솜씨를 당신의 어머니나 다른 집 아내와 비교하지 않도록 조심하는가?

❼ 아내의 지적 생활, 사교 활동과 모임, 읽는 책이나 사회문제에 대한 관점에 관심을 기울이는가?

❽ 아내가 다른 사람과 춤추고 그들에게 다정한 시선을 받아도 질투를 드러내지 않는가?

❾ 아내를 칭찬하고 찬사를 보낼 기회를 항상 엿보는가?

❿ 단추를 달고, 양말을 꿰매고, 세탁소에 옷을 맡기는 일같이 아내가 당신을 위해 하는 소소한 일들에 고마움을 표현하는가?

아내에게 던지는 질문

❶ 일과 관련된 사항은 남편에게 온전한 자유를 주는가?

❷ 그의 동료, 선택한 비서, 근무 시간 같은 사항을 비난하지 않는가?

❸ 즐겁고 아름다운 가정을 만들기 위해 최선을 다하는가?

❹ 식탁에서 어떤 메뉴가 나올지 예상할 수 없을 정도로 다양한
   식단을 마련하는가?

❺ 남편의 비즈니스 상황을 잘 파악하고 도움을 줄 수 있도록 의견을
   나누는가?

❺ 경제적 어려움이 있어도 남편을 비난하거나 성공한 남성과
   비교해 깎아내리지 않고 씩씩하고 긍정적인 자세로 대처하는가?

❻ 시어머니를 비롯한 남편의 가족들과 잘 지내도록 특별히
   노력하는가?

❼ 옷을 입을 때 남편이 선호하는 색깔이나 스타일을 고려하는가?

❽ 화목한 가정을 위해 사소한 의견 차이는 타협하는가?

❾ 같이 여가를 즐길 수 있도록 남편이 좋아하는 취미를 배우려
   노력하는가?

❿ 최신 뉴스, 신간, 새로운 아이디어를 꾸준히 파악해 남편과 지적
   관심사를 공유하는가?

굿라이프 클래식은
나의 세계를 단단하게 하는
고전의 철학을 전합니다.

**① 나폴레온 힐
『생각하라 그리고 부자가 되어라』**

1937년 출간된 20세기 최고의 성공 철학서. 목표
와 꿈, 행동이 하나로 강렬하게 움직일 때 인간의
가능성이 얼마나 크고 강력해지는지, '생각의 힘'
을 발견하게 하는 책이다.

나폴레온 힐 지음 | 김미란 옮김 | 328쪽

**② 데일 카네기
『인간관계론』**

1936년 출간된 영원한 인간관계의 바이블. 20세
기 자기계발과 성공학의 원전. 인간 본성을 꿰뚫
고 타인을 움직이는 방법을 알려준다. 이 책을 읽
으면 풀지 못할 인간관계란 없다.

데일 카네기 지음 | 송보라 옮김 | 348쪽

옮긴이 송보라

서강대학교에서 영문학과 경영학을 전공하고 다국적 기업에서 커뮤니케이션 전문가로 일했다. 한 권의 책이 가진 힘을 믿으며 글을 옮긴다. 옮긴 책으로는 『워런 버핏의 백만장자 비밀클럽』『지브리 스튜디오에선 무슨 일이?』『오 헨리 사랑의 단편』『하루에 한 걸음씩 행복해지기』『최고 직장의 비결』『10대부터 읽는 머니 스쿨』등이 있다. 현재 바른번역 소속 번역가로 활동 중이다.

굿라이프 클래식 2

인간관계론

펴낸날 초판 1쇄 2024년 10월 30일
지은이 데일 카네기
옮긴이 송보라
펴낸이 이주애, 홍영완
편집장 최혜리
편집 양혜영, 김혜원, 김하영, 박효주, 강민우, 한수정,
    홍은비, 안형욱, 최서영, 송현근, 이소연, 이은일
디자인 박정원, 김주연, 기조숙, 윤소정, 박소현
홍보마케팅 백지혜, 김태윤, 김준영, 김민준
콘텐츠 이태은, 조유진
해외기획 정미현, 정수림
경영지원 박소현
도움교정 박주희
펴낸곳 (주)윌북 출판등록 제 2006 - 000017호
주소 10881 경기도 파주시 광인사길 217
홈페이지 willbookspub.com 전화 031 - 955 - 3777 팩스 031 - 955 - 3778
블로그 blog.naver.com/willbooks 포스트 post.naver.com/willbooks
트위터 @onwillbooks 인스타그램 @willbooks_pub
ISBN 979-11-5581-716-2 (04190) 979-11-5581-718-6 (세트)